《道行般若经》"格义"研究

唐　嘉　著

北京时代华文书局

图书在版编目（CIP）数据

《道行般若经》"格义"研究 / 唐嘉著 . -- 北京：北京时代华文书局，2018.3
（中国艺术研究院学术文库 / 王文章主编）
ISBN 978-7-5699-2275-2

Ⅰ.①道… Ⅱ.①唐… Ⅲ.①大乘－佛经②《道行般若经》－研究 Ⅳ.① B942.1

中国版本图书馆 CIP 数据核字（2018）第 025245 号

中国艺术研究院学术文库
Zhongguo Yishu Yanjiuyuan Xueshu Wenku

《道行般若经》"格义"研究
Daohengborejing Geyi Yanjiu

著　　者 | 唐　嘉

出 版 人 | 王训海
项目统筹 | 余　玲
责任编辑 | 徐敏峰
装帧设计 | 程　慧
责任印制 | 刘　银

出版发行 | 北京时代华文书局 http：//www.bjsdsj.com.cn
　　　　　北京市东城区安定门外大街 138 号皇城国际大厦 A 座 8 楼
　　　　　邮编：100011　电话：010－64267955　64267677
印　　刷 | 北京盛通印刷股份有限公司　　010-52249888
　　　　　（如发现印装质量问题，请与印刷厂联系调换）
开　　本 | 710mm×1000mm　　1/16
印　　张 | 23
字　　数 | 363 千字
版　　次 | 2018 年 5 月第 1 版　　2018 年 5 月第 1 次印刷
书　　号 | ISBN 978-7-5699-2275-2

定　　价 | 70.00 元

总　序

王文章

　　以宏阔的视野和多元的思考方式，通过学术探求，超越当代社会功利，承续传统人文精神，努力寻求新时代的文化价值和精神理想，是文化学者义不容辞的责任。多年以来，中国艺术研究院的学者们，正是以"推陈出新"学术使命的担当为己任，关注文化艺术发展实践，求真求实，尽可能地从揭示不同艺术门类的本体规律出发做深入的研究。正因此，中国艺术研究院学者们的学术成果，才具有了独特的价值。

　　中国艺术研究院在曲折的发展历程中，经历聚散沉浮，但秉持学术自省、求真求实和理论创新的纯粹学术精神，是其一以贯之的主体性追求。一代又一代的学者扎根中国艺术研究院这片学术沃土，以学术为立身之本，奉献出了《中国戏曲通史》、《中国戏曲通论》、《中国古代音乐史稿》、《中国美术史》、《中国舞蹈发展史》、《中国话剧通史》、《中国电影发展史》、《中国建筑艺术史》、《美学概论》等新中国奠基性的艺术史论著作。及至近年来的《中国民间美术全集》、《中国当代电影发展史》、《中国近代戏曲史》、《中国少数民族戏曲剧种发展史》、《中国音乐文物大系》、《中华艺术通史》、《中国先进文化论》、《非物质文化遗产概论》、《西部人文资源研究丛书》等一大批学术专著，都在学界产生了重要影响。近十多年来，中国艺术研究院的学者出版学术专著至少在千种以上，并发表了大量的学术论文。处于大变革时代的中国艺术研究院的学者们以自己的创造智慧，在时代的发展中，为我国当代的文化建设和学术发展作出了当之无愧的贡献。

为检阅、展示中国艺术研究院学者们研究成果的概貌，我院特编选出版"中国艺术研究院学术文库"丛书。入选作者均为我院在职的副研究员、研究员。虽然他（她）们只是我院包括离退休学者和青年学者在内众多的研究人员中的一部分，也只是每人一本专著或自选集入编，但从整体上看，丛书基本可以从学术精神上体现中国艺术研究院作为一个学术群体的自觉人文追求和学术探索的锐气，也体现了不同学者的独立研究个性和理论品格。他们的研究内容包括戏曲、音乐、美术、舞蹈、话剧、影视、摄影、建筑艺术、红学、艺术设计、非物质文化遗产和文学等，几乎涵盖了文化艺术的所有门类，学者们或以新的观念与方法，对各门类艺术史论作了新的揭示与概括，或着眼现实，从不同的角度表达了对当前文化艺术发展趋向的敏锐观察与深刻洞见。丛书通过对我院近年来学术成果的检阅性、集中性展示，可以强烈感受到我院新时期以来的学术创新和学术探索，并看到我国艺术学理论前沿的许多重要成果，同时也可以代表性地勾勒出新世纪以来我国文化艺术发展及其理论研究的时代轨迹。

中国艺术研究院作为我国唯一的一所集艺术研究、艺术创作、艺术教育为一体的国家级综合性艺术学术机构，始终以学术精进为己任，以推动我国文化艺术和学术繁荣为职责。进入新世纪以来，中国艺术研究院改变了单一的艺术研究体制，逐步形成了艺术研究、艺术创作、艺术教育三足鼎立的发展格局，全院同志共同努力，力求把中国艺术研究院办成国内一流、世界知名的艺术研究中心、艺术教育中心和国际艺术交流中心。在这样的发展格局中，我院的学术研究始终保持着生机勃勃的活力，基础性的艺术史论研究和对策性、实用性研究并行不悖。我们看到，在一大批个人的优秀研究成果不断涌现的同时，我院正陆续出版的"中国艺术学大系"、"中国艺术学博导文库·中国艺术研究院卷"，正在编撰中的"中华文化观念通诠"、"昆曲艺术大典"、"中国京剧大典"等一系列集体研究成果，不仅展现出我院作为国家级艺术研究机构的学术自觉，也充分体现出我院领军国内艺术学地位的应有学术贡献。这套"中国艺术研究院学术文库"和拟编选的本套文库离退休著名学者著述部分，正是我院多年艺术学科建设和学术积累的一个集中性展示。

多年来，中国艺术研究院的几代学者积淀起一种自身的学术传统，那就是勇于理论创新，秉持学术自省和理论联系实际的一以贯之的纯粹学术精神。对此，我们既可以从我院老一辈著名学者如张庚、王朝闻、郭汉城、杨荫浏、冯其庸等先生的学术生涯中深切感受，也可以从我院更多的中青年学者中看到这一点。令人十分欣喜的一个现象是我院的学者们从不固步自封，不断着眼于当代文化艺术发展的新问题，不断及时把握相关艺术领域发现的新史料、新文献，不断吸收借鉴学术演进的新观念、新方法，从而不断推出既带有学术群体共性，又体现学者在不同学术领域和不同研究方向上深度理论开掘的独特性。

在构建艺术研究、艺术创作和艺术教育三足鼎立的发展格局基础上，中国艺术研究院的艺术家们，在中国画、油画、书法、篆刻、雕塑、陶艺、版画及当代艺术的创作和文学创作各个方面，都以体现深厚传统和时代创新的创造性，在广阔的题材领域取得了丰硕的成果，这些成果在反映社会生活的深度和广度及艺术探索的独创性等方面，都站在时代前沿的位置而起到对当代文学艺术创作的引领作用。无疑，我院在文学艺术创作领域的活跃，以及近十多年来在非物质文化遗产保护实践方面的开创性，都为我院的学术研究提供了更鲜活的对象和更开阔的视域。而在我院的艺术教育方面，作为被国务院学位委员会批准的全国首家艺术学一级学科单位，十多年来艺术教育长足发展，各专业在校学生已达近千人。教学不仅注重传授知识，注重培养学生认识问题和解决问题的能力，同时更注重治学境界的养成及人文和思想道德的涵养。研究生院教学相长的良好气氛，也进一步促进了我院学术研究思想的活跃。艺术创作、艺术教育与学术研究并行，三者在交融中互为促进，不断向新的高度登攀。

在新的发展时期，中国艺术研究院将不断完善发展的思路和目标，继续培养和汇聚中国一流的学者、艺术家队伍，不断深化改革，实施无漏洞管理和效益管理，努力做到全面协调可持续发展，坚持以人为本，坚持知识创新、学术创新和理论创新，尊重学者、艺术家的学术创新、艺术创新精神，充分调动、发挥他们的聪明才智，在艺术研究领域拿出更多科学的、具有独创性的、充满鲜活生命力和深刻概括力的研究成果；在艺术创作领域推出更多具有思想震撼力和艺术感染力、具有时代标志性和代表性的精品力作；同时，培养更多德才兼备的优秀青年人才，真正把中国艺术研究院办成全国一流、世界知名的艺术研究中心、艺术教育中心和国际艺术交流中心，为中华民族伟大复兴的中国梦的实现和促进我国艺术与学术的发展作出新的贡献。

2014年8月26日

目　录

序

友生唐嘉女士《〈道行般若经〉"格义"研究》即将付梓，来信嘱序，此一言而破清寂——自唐生出站赴任，相晤时浅，间或微信往还；今为之序书，岂不胜之万千！

唐生，出自著名佛学家方立天先生门下。立天先生，亦吾师也——多次请益，问无不答；聆其"法音"，莫非新意。唐嘉，其得意生也，既结业矣，意欲潜心深研；立天先生力赞之，遂命璐助其续也。璐遂曰："唯唯。"唐生既入博士流动站，璐不敢以导师自居，然其有所得，时来切磋，得益者，则非其一人也。

唐生苦读有年，其于"格义"，尤措意焉，以其非但事关传译，亦可以观中土、佛国文化之同与异。其所著也，资料丰赡，剖析精微，补前人之疏漏，变往论之笼统，以"格义"为佛法西来必经之途，故为佛教史中重要一页。其间，中土所有及自西而来之释经者，其传译之艰辛及贡献，可不言而喻矣。今《〈道行般若经〉"格义"研究》面世，佛教人士无论出家在家，或当审视之，批评之，校正之。如是，则非独唐生之幸、有意于是学之僧俗之幸，亦有益于世界和平所需之跨文化交流也。

唐生，亦吾之爱生也。尝语之曰："汝何以孜孜于是学也？复何以着力'格义'之学为？"答曰："佛法殊胜，闻之非易。西行险阻，舍身为道。菩萨情怀，无缘大慈。念念相继，救度苍生。异质文化，在兹交流。梵语华言，两音交辩。古师先贤，传心之语。'格义'功显，利在千秋。周孔即佛，佛即

1

周孔。《清净法行》，《须弥四域》。《提谓波利》，吾我本净。五戒五常，五星五行。以此方之经，显彼土之法。初及佛儒道，近论释中西。深入元典，为学日益。涵咏其中，始悟不二。知行合一，理事一如。儒之《论语》，道五千言。般若性空，涅槃寂静。禅律相资，华严法界。净土惟心，种子唯识。阿含方等，法华一乘。会三归一，开权显实。"

吾闻之，不禁击节而叹。

彼复曰："般若之学，性空之宗。始自《道行》，会通本无。真如无为，佛道互参。一字一酌，义理精深。历代异译，重中之重。自汉洎宋，一至于九。支谶道行，支谦明度，士行放光，法护光赞，昙无抄经，罗什摩诃，善及小品，玄奘般若，施护佛母。龙树智论，以解斯经。道安慧远，僧融影肇。江左士子，南朝诸公。释经释论，义旨周备。名教无名，鱼筌之喻。第一义谛，诸法实相。

"（唐）嘉入室学道，菩提心起，因缘具足。格义作筏，般若其实。修学有序，次第相依。三载笔耕，勤勉为舟。兼学佛道，傍及经史。文字音韵，训诂之学，闻思修行，不敢稍停。校古今，会中西，辨同异，观其形，究其源，通其路，体其本，达其义，始成书。"

呜呼！吾知之矣！唐生，出于儒而入释，复出释而入儒者也。释教之来，历数百年而化于中土，古之哲人时谓三教相通；即或如大儒柳河东，亦尝坚拒挚友韩昌黎反佛之说而倡儒释相容；空谷足音，今得见唐生之作，喜何如也！且适逢全球动荡，东西哲人栖栖惶惶以觅人类出路之时，或即中华子孙奉献融三教为一体之文化于世界之日乎！

唯望唐生铭记愚师一偈：千里之行，百尺竿头，勿忘初心，勇猛精进！

是为序。

许嘉璐

2016年12月13日

珠海旅次

前　言

　　佛教"格义"既是中国佛教史上的重要问题，也是中外宗教文化交流史上的成功范例，其目的在于超越"格义"，建立中国佛教语言哲学体系。狭义而言，"格义"指东晋时期竺法雅、康法朗等"以经中事数拟配外书"的佛理解释方法；广义而言，指东汉佛经传至中国后，伴随翻译、讲说过程产生的用儒学、玄学的典籍与术语解释佛经义理的学术思潮，进而成为中国学人接受、理解印度佛教思想的方式，其后演变为用本土文化诠释外来文化的思维范式。在现代中西文化交流中，又发展出"反向格义"，即用目的地文化诠释传播地文化；"双向格义"，即异质文化间互相诠释，共同丰富、促进各自语言、语义的发展。

　　自汤用彤、吕澄、陈寅恪以来，学术界对佛教"格义"问题多有关注，"格义"是佛学在中国发展的第一阶段，其地位毋庸置疑，在佛教中国化历史进程中，对佛教的传播、发展，以及中国佛教语言哲学体系的建立起到了重要推动作用。

　　史籍中对"格义"的记录首见于《高僧传·竺法雅传》：

　　　　法雅，河间人，凝正有器度。少善外学，长通佛义，衣冠士子，咸附谘禀。时依门徒并世典有功，未善佛理，雅乃与康法朗等，以经中事数拟配外书，为生解之例，谓之"格义"。

1

此谓"格义",在特定语境,即在东晋时期讲解佛教义理过程中,竺法雅对有"世典"有基础,但不了解"佛理"的听者所采用的"以经中事数拟配外书"的释经方法。"世典有功,未善佛理"正是这一方法使用的前提。

现代研究成果在认同竺法雅"格义"之法的基础上,对佛教"格义"发生的时间、运用的方法、适用的范围又各有见解。

第一,从"格义"发生的时间上来看,汤用彤提出"格义之法,创于竺法雅",成为学界较主流的观点①。与汤氏认识有一定差异,陈寅恪认为:

> 晋世清谈之士,多喜以内典与外书互相比附。僧徒之间复有一种具体之方法,名曰"格义"。"格义"之名,虽罕见载记,然曾盛行一时,影响于当日之思想者甚深,固不可以不论也。②

陈氏之语,将"格义"方法的运用,从时间上推至竺法雅之前,或从西晋开始。方东美再将"格义"方法的使用时间提前,他认为:

> 在佛经初期翻译成为中文时,譬如《四十二章经》或《牟子理惑论》里面,都是把佛家所谓的"真如"概念与道家的这种"本无"思想相契合。……这种说法在佛经初翻译的时候,叫作格义。

---

① 与汤用彤的观点一致,张风雷在《论"格义"之广狭二义及其在佛教中国化进程中的历史地位》中总结了日文的研究成果:"格义"之法创于竺法雅是通行的说法,并引日本学者伊藤隆寿在《佛教中国化的批判性研究》第二篇《正论》之第一章《格义佛教考——初期中国佛教的形成》中,对中日学术界对格义问题的代表性研究成果的回顾作为说明。伊藤氏提及的研究成果如下:陈寅恪《支愍度学说考》、《金明馆丛稿初编》,汤用彤《汉魏两晋南北朝佛教史》,任继愈主编《中国佛教史》第二卷,宇井伯寿《佛教思想研究》中《支那佛教史初期的般若研究》、《支那佛教史大观》,横超慧日《竺道生撰〈法华经疏〉的研究》、《法华思想的研究》,横超慧日《初期中国佛教者的禅观状况》,板野长八《僧肇的般若思想》,塚本善隆《中国佛教通史》第一卷,镰田茂雄《中国佛教史》第二卷,等等。

② 陈寅恪:《金明馆丛稿初编》,三联书店2001年版,第168页。

　　此即是说，从开始翻译佛经，大约东汉时期，就使用了"格义"方法。

　　学者们对"格义"方法产生的时间认识并不一致，除上文提及的汤用彤、陈寅恪、方东美的观点外，有研究认为最早出现于晋代初期（倪梁康《交互文化理解中的"格义"现象——一个交互文化史的和现象学的分析》）；或是汉晋时期中国佛教学者在讲演佛教理论时应用（买小英《论"格义"手法在〈般若经〉中的运用》）；或在两汉时期就开始运用（何锡蓉《从"格义"方法看印度佛学与中国哲学的早期结合》）。为调和不同研究成果对"格义"产生时间的不同认识，在总结前人研究的基础上，现代学者多以广、狭二义对"格义"进行区分：蔡振丰《魏晋佛学格义问题的考察——以道安为中心的研究》[1]认为，自陈寅恪《支愍度学说考》提示"格义"问题以来，学者大多以"格义"一词具有广狭二义。张风雷《论"格义"之广狭二义及其在佛教中国化进程中的历史地位》提出：

　　　　所谓"格义"，似可分为广、狭二义：广义的"格义"，起于汉末魏初之"讲次"，狭义的"格义"，则始于竺法雅、康法朗等，乃以经中事数与外书"逐条拟配立例"，成为模式化的拟配。[2]

　　综之，狭义"格义"始于东晋，广义"格义"始于东汉。

　　第二，从"格义"的方法来看，汤用彤认为是"以经中事数，拟配外书，使得生解悟，并逐条著之为例"。吕澄认为：

　　　　"格义"产生是有历史原因的。原来般若学对"性空"讲得比较空

---

　　① 蔡振丰：《魏晋佛学格义问题的考察——以道安为中心的研究》，台湾大学中国文学系研究所，1997年度博士学位论文。

　　② 张风雷：《论"格义"之广狭二义及其在佛教中国化进程中的历史地位》，《佛学与国学——楼宇烈教授七秩晋五颂寿文集》，九州出版社2009年版。

泛，要揭示其内容，必须把"事数"（即名相）弄清楚，《放光》译出后，"事数"比较完备了，如用五蕴、十二处、十八界来说明。为了解释"事数"，起初有康法朗（与道安同时）、竺法雅（与道安同学），后为有毗浮、昙相等，创造了"格义"的方法："以经中事数，拟配外书，为解之例"。即把佛书的名相同中国书籍内的概念进行比较，把相同的固定下来，以后就作为理解佛学名相的规范。换句话说，就是把佛学的概念规定成为中国固有的类似概念。因此，这一方法不同于以前对于名相所作的说明，而是经过刊定的统一格式。这一派专在文字上着眼，目的在于贯通文义，作为研究佛学的初步还是有必要的。但是，发展下去就不免流于章句是务了。现在由于材料的散失，这一方法的具体情况已难详细说明。①

吕氏认为，"格义"的方法是竺法雅、康法朗等人创造的，主要是在讲般若学对"事数"进行解释，在当时属于创新的方法，这一方法的特点是从文字上着眼，制定解释规范，目的在于贯通文义。至于具体方法、步骤为何，现已很难说明。

关于"格义"的方法，唐君毅认为，"格义"就是要找出佛学与儒家、道家的义理上的相同处，拿一些名辞概念所涵之义来互相比格说明。较"格义"进一步的，则是拿整个儒家或道家的境界与佛学相印证，如僧肇即以为儒、道、佛之圣人的最高境界都是一样的，而拿儒、道来说明佛学②。因此，"格义"是基于"义理相同"而进行的用儒家、道家概念对佛学进行的说明。

对佛教"格义"的方法究竟为何，现有研究成果得出的结论大同而小异，或认为是以中国原本的观念对比外来思想，达到充分理解外来思想的目

---

① 吕澄：《中国佛学源流略讲》，中华书局1979年版，第45页。
② 唐君毅：《哲学论集》，学生书局1990年版，第574—594页。

的（李幸玲《格义新探》）；或认为早期的"格义"是汉晋时期的中国佛教学者在讲演佛教理论时应用的逐条说明范畴的方式，它建立在对事数的逐项解说的基础上（买小英《论"格义"手法在〈般若经〉中的运用》）；或是对于早期的中国佛教讲师们来说，就是把自己本土原有的儒道学说与印度佛教作比较（周裕锴《义解：移花接木——中国佛教阐释学研究》）；或认为"格义"即中国早期佛教学者利用中国固有的名词、概念以诠释佛经奥义的做法，"格义"统一了用中国固有名词解释佛教义理的思维方式（韩国良《假玄立论，以无为归——释道安佛学思想探微》）；或是指立足于套用老庄思想的格局，辩证佛家义理的指陈（唐秀莲《僧肇的佛学理解与格义佛教》）；或认为狭义指为与道安同时，竺法雅"以内典事数拟配外书"的格义之法；广义则指为"中国学者接受与理解佛教思想的方法"，此种方法的基本形式是："以中国原本的观念对比外来思想，达到充分理解外来思想的目的。"（蔡振丰《魏晋佛学格义问题的考察——以道安为中心的研究》）任继愈主编《中国佛教史》指出：

> 所谓"格义"是援引中国的传统概念来解释外来的佛教概念，目的在于消除中外思想交流中的隔阂和抵触，把两种不同的思想说成是符合、一致的，使人易于接受。这种"格义"和佛典翻译中仅限于以名词概念相比附的方法不同，也和用几种不同的译本"合本"比较的研究方法不同。它不拘泥于片语支言的训释，也不追求忠实于外来的般若学的本义，而只着重于从义理的方面去融会中外两种不同的思想，只要在它们中间找到了某种同一性，便可以自由发挥，创立新解。①

此即把"格义"与翻译中的"比附"、"合本"区别开来，目的是把两种不同的思想说成是符合的、一致的，使人易于接受，特点是"不追求忠实于外来的般若学的本义"。

---

① 任继愈主编：《中国佛教史》第二卷，社会科学出版社1993年版，第216页。

综之，现代研究成果对"格义"的方法为何并未达成一致见解，既有观点认为是为理解佛学义理而作出的严格、规范训释；也有观点认为是在某种一致性上的自由发挥，创立新解。

第三，从"格义"的适用范围来看，汤用彤认为：

> 大凡世界各民族之思想，各自辟途径。名辞多独有含义，往往为他族人民所不易了解。而此族文化输入彼邦，最初均抵牾不相入。及交通稍久，了解渐深，于是恍然于二族思想固有相同处。因乃以本国之义理，拟配外来思想。此晋初所以有格义方法之兴起也。迨文化灌输既甚久，了悟更深，于是审知外来思想自有其源流曲折，遂了然其毕竟有异，此自道安、罗什以后格义之所由废弃也。①

此即是说，"格义"适用于世界各民族文化间接触初期，彼此尚未完全理解时，用本土文化的思想对外来文化作出的"拟配"，所以佛教"格义"自鸠摩罗什译经工作结束后，就完成了文化交流的历史任务。周伯戡也认为，罗什翻译《大品》和《大智度论》来矫正中国格义式的般若说"，"格义作为理解佛教义理的方法只存在第四世纪以般若为理解对象的中国佛教圈内，第五世纪初受到僧肇的抨击后，这个解释的方法就在义学僧圈内衰落下去"(周伯戡《读僧叡〈小品经序〉》)②。

对于佛教"格义"，方东美认为：

> 所谓格义之学，就是拿道家、新道家思想里面流行的名词，去翻译佛家思想里面的根本观念。所以我们可以由此看出，不是佛家的思想影响

---

① 汤用彤：《汤用彤全集》第一卷，河北人民出版社2000年版，第178页。
② 周伯戡：《读僧叡〈小品经序〉》，《台大历史学报》第23期，1999年6月。

道家，而是道家的思想影响佛学。①

　　方氏将"格义"理解为用道家、新道家的思想去"翻译"佛学的根本观念，体现了道家思想对佛学的影响。

　　现代研究成果中，对于"格义"适用范围的认识稍有不同，或认为"格义"这种方法主要用于口说和翻译佛经（何锡蓉《从"格义"方法看印度佛学与中国哲学的早期结合》）；或认为学界对"格义"的批评集中在它对般若意旨理解的不正确上，在批评者看来，"格义"方法的佛学对象正是般若学而非广泛意义上的佛学（彭自强《从"格义"到"得意"：佛教般若学与魏晋玄学交融的主线》）；或是佛学僧人到老庄思想中去寻求灵感，以发挥般若学说（买小英《论"格义"手法在〈般若经〉中的运用》）；或是认为佛典中般若经的"空"被视同老庄的"无"，这是致使所谓"格义佛教"流行的原因（镰田茂雄《中国佛教通史》第一卷）；或认为在中国佛教形成的初期，质朴而大胆地借助中国的传统概念和思想来理解佛教——"格义佛教"的核心问题就是如何诠释"空"（木村清孝《"空"与"无"——从佛教思想史角度的审视》）；或是认为在广义"格义"标准下，具有"格义"色彩的中国佛教哲学主要表现在七个方面：一、"佛是帝王、神仙"；二、"佛教为黄老道术"；三、"禅法与清静无为"；四、"灵魂不灭、祸福报应观念与生死轮回学说"；五、"宣扬'仁道'的政治伦理观"；六、"'诸法本无'的本体论观念"；七、"调合佛与儒、道的宗旨"。②

　　综上所录，现有研究成果对"格义"适用范围的认识有一定差异，但认为般若学，特别是以"无"释"空"是佛教"格义"的重要内容却是共识，因此，本书对佛教"格义"的研究即从般若类经典的中文第一译——东汉支娄迦谶译《道行般若经》展开，在全面深入地揭示佛教"格义"的产生、发

---

① 方东美：《中国大乘佛学》，黎明文化事业公司1984年版，第68页。
② 方立天：《中国佛教哲学要义》上卷，中国人民大学出版社2002年版，第33—36页。

展与历史定位的基础上，结合历史文化语境考察，综合运用训诂学、哲学、文献学、语言学等研究方法，讨论异质文化在对话、交流、吸收、融会过程中，文化间共同丰富、促进与发展。此即中国佛教语言哲学体系建立、完善必不可少的因素。

第一章　佛教"格义"辨析

佛教"格义"既是中国佛教史上的重要问题，也是中外宗教文化交流史上的成功范例，其目的在于超越"格义"，建立中国佛教语言哲学体系。

中国佛教史上，"格义"作为早期佛典诠释方法，在异质文化交流中起到了重要作用，为近代学者所重视。在同意"格义"之法创于竺法雅的基础上，学者们对"格义"的理解存在差异，特别是对"格义"之法究意为何，未能理顺澄清，尚需深入经典，梳理"格"意之义，辨析"格义"之意。

第一节　"格"义溯源

一、《说文》"格"之本义与引申

格，甲骨文作𡴤，金文作𢑱。案《说文》[①]：𣿒，格，木长儿。古百切。又，《说文解字系传》[②]：格，木长儿，从木，各声。臣锴曰："亦谓树高长枝，为格。"故庾信《小园赋》曰："草树混淆，枝格相交。"此即是说，"格"指木长儿，即高树之长枝。《说文解字注》："格，木长儿。以木长别于

---

① （汉）许慎：《说文解字》，中华书局2011年版，第119页下。（本书中简称《说文》）

② （五代）徐锴：《说文解字系传》，中华书局1987年版，第111页。

上文长木者，长木言木之美，木长言长之美也。木长儿者，格之本义。"①段玉裁认为，"格"之本义，表示木长，重点在表达长之美。

从本义引申，段注云：

> （格）引申之，长必有所至，故《释诂》曰："格，至也。"《抑诗传》亦曰："格，至也。"凡《尚书》："格于上下"、"格于艺祖"、"格于皇天"、"格于上帝"是也。此接于彼曰至，彼接于此曰来。郑注《大学》曰："格，来也。"凡《尚书》："格尔众庶"、"格汝众"是也。②

因为长必有所至，所以"格"又引申出"至"、"来"等诸义项，如《释诂》、《诗·大雅·抑》、《尚书》、《大学》中对"格"的释义。又，《释名疏证》："戟，格也，旁有枝格也"注为"《说文》云：戟有枝兵也，从戈，倝声，读若棘。格，《说文》作格，云格，枝格也，从丰，各声。"③又，《说文通训定声》注"枝格相交"：

> 《广雅》："释室落杝也，按今谓之篱芭。"《苍颉篇》："格，樧架也。"《史记·酷吏传》："置伯格长。"徐广曰："古村落字，亦作格。"又方言五络谓之格，按络丝具吾苏，谓之篗头。④

朱骏声认为，"格"与"落"、"络"相通。

---

① （清）段玉裁：《说文解字注》，凤凰出版社2007年版，第442页下。
② 同上，第442页下。
③ （清）毕沅：《释名疏证》卷七，清经训堂丛书本，《中国基本古籍库》版。（汉）刘熙：《释名》卷七，中华书局1985年版，第111页："戟格也，旁有枝格也，戈句矛戟也。"
④ （清）朱骏声：《说文通训定声》，中华书局1984年版，第460页。

"格"字具有众多含义，要确定何为"格"义，需要参考《说文》中与"格"有相同形、声符"各"的字，现将《说文》中相关的字列出如下：

𥝤，挌，枝挌也。从辵，各声。

𤰞，略，经略土地也。从田，各声。

輅，輅，车轼前横木也。从車，各声。臣鉉等曰："各，非声，当从路省。"

酪，酪，乳浆也。从酉，各声。

藞，落，凡艸曰零，木曰落。从艸，洛声。

詻，詻，论讼也。《传》曰："詻詻孔子容。"从言，各声。

鞈，鞈，生革可以为缕束也。从革，各声。

眍，眺，眮也。从目，各声。

骼，骼，禽兽之骨曰骼。从骨，各声。

路，路，道也。从足，从各。臣鉉等曰："言道路人各有适也。"

挌，挌，击也。从手，各声。

笿，笿，栖笿也。从竹，各声。

觡，觡，骨角之名也。从角，各声。

閣，閣，所以止扉也。从門，各声。

垎，垎，水干也。一曰坚也。从土，各声。

烙，烙，灼也。从火，各声。

愙，愙，敬也。从心，客声。《春秋传》曰："以陈备三愙。" 臣鉉等曰："今俗作恪。"

上述各字中，挌表示长枝；落、垎、路带有至、尽、通达等义；挌、烙、酪带有击打、灼烧、改变状态等义；略、輅、詻、骼、鞈、笿、觡、閣、愙带有架构、规定、限制等义。再看《说文》对于"各"字的解释：

各，各，异辞也。从口、夊。夊者，有行而止之，不相听也。

平"夊，从后至也。象人两胫后有致之者。凡夊之属皆从夊。"①

"各"表示止，也表示行，甲骨文作𠙶或𠙷，与甲骨文"格"𠂤字型相近。在现存甲骨文中，与"各"一样带有足迹符号的字有正𠙵、止𠯑、武𠂤、步𠬝、出𠙺、此𠨧、址𠨧、祉𠨧等，均有止、至、来之义，徐灏《说文解字注笺·口部》亦云："灏按：各，古格字，故从夊。夊有至意，亦有止义，格训为至，亦训为止矣。"②

从声音训释的线索来看，《尔雅》：

> 鹭、假、格、陟、跻、登，升也。注：《方言》曰："鲁卫之间曰鹭，梁益曰格。"《礼记》曰："天、王、登，遐。"《公羊传》曰："跻者，何升也。"③

格、假、登、升、鹭为一声之转。又，《方言》："格，亦训来"。④《方言笺疏》：

> 仪者，仪之而来。周语丹朱冯身以仪之仪，即来归之义。释言："格，来也。"《卷一》云："登也。"注云："亦训来，又至也。"注："雨，古格字。"《小雅·楚茨篇》："神保是格。"《毛传》："格，来也。"《大雅·抑篇》："神之格思。"《中庸》郑注同怀者，释言："怀，来也。"《齐

---

① 《说文》："夊，行迟曳夊夊，象人两胫有所躧也。凡夊之属皆从夊。""麦，芒谷，秋種厚薶，故谓之麦。麦，金也。金王而生，火王而死。从来，有穗者；从夊。凡麦之属皆从麦。（臣鉉等曰：夊，足也。周受瑞麦来麰，如行来。故从夊。）""致，送詣也。从夊从至。"此"夊"与"夂"不同，但易混淆。

② （清）徐灏：《说文解字注笺》，《续修四库全书》经部第0226册，上海古籍出版社，第240页。

③ （晋）郭璞注：《尔雅》卷上，四部丛刊景宋本，《中国基本古籍库》版。

④ （汉）扬雄：《方言》，轩轩使者绝代语释别国方言第一，四部丛刊景宋本，《中国基本古籍库》版。

风·南山篇》："曷，又怀止。"《郑笺》："怀，来也。"《周颂·时迈篇》：
"怀柔百神。"《毛传》同。①

《方言疏证》对此进行解释：

> 《尔雅释言》："格，怀来也。"《诗周颂》"怀柔百神"，《毛传》
> "怀，来也。"《周语》"民神怨痛，无所依怀。"韦昭注云："怀：归也。"
> 义亦相因。仪者，仪之而来。《周语》："丹朱冯身以仪之仪，即来归之
> 义。"格字，义兼往来，往而至乎彼，曰格；来而至乎此，亦曰格。诚
> 敬感通于神明，而神明来格；德礼贯通于民心，而民咸格。化心思贯彻
> 于事物，而事尽贯彻皆合往来为义故。其本文从彳，格、感、贯一声之
> 转，故义亦通。②

戴震从发音表义的角度，分析出格、感、贯义相通，格具有来、至、
往、通等含义。此外，《说文通训定声》："《小尔雅》诂'格'，'止'
也，……《尔雅·释诂》：'格'，'至'也，又'升'也，释言格来。""格"
具有止、至、升之义。

综上所述，从文字与声音的线索分析，"格"从木，表示木之长者，此类
"格"之本义为"木长儿"，引申出来、止、至、感、贯等义项。

二、传统文献中的"格"义

在《说文》与《尔雅》、《方言》对"格"字释义的基础上，中国古代文
献中，又训"格"为"来"、"止"、"至"、"击"、"正"、"度"、"量"、"标准"、
"法度"等：

---

① （清）钱绎：《方言笺疏》卷二，清光绪刻民国补刻本，《中国基本古籍库》版。
② （清）戴震：《方言疏证》卷二，清乾隆孔继涵刻微波榭丛书本，《中国基本古籍库》版。

《毛诗》："神之格思不可度，思矧可射思。"注"格，至也。《笺》云：'矧，况射厌也。神之来至、去止不可度，知况可于未而有厌倦乎。'"①

《尚书注疏》："格，训至也。言庶几有至命，至命当谓至善之命，不知是何命也。郑玄云：'格，登也，登命谓寿考者，《传》云：至命亦谓寿考。'"②

《后汉书》："有司执事，未悉奉承，典刑用法，犹尚深刻。断狱者急于箠格酷烈之痛（箠即榜也，古字通用，声类曰笞也。《说文》曰：格，击也）。"③

《说文通训定声》："《后汉书·传燮传》注：格，犹标准也"；"《礼记·缁衣》：言有物而行有格。注：旧法也"。

《方言》："格，正也。"④

《方言笺疏》训《论语·为政篇》中"有耻且格"的"格"为"正"⑤。

《论语集解》："导之以德，齐之以礼，有耻且格。（格，正也。）"⑥

《方言疏证》："格，正也。案《孟子》：'惟大人为能格君心之非。'赵岐注云：'格，正也。'"⑦

《虚受堂文集》："格者，度也。《文选·芜城赋》'格高五岳'，李注引

① （汉）毛亨：《毛诗》卷十八，四部丛刊景宋本，《中国基本古籍库》版。
② （汉）孔安国传，（唐）孔颖达疏：《尚书注疏》卷第十九，清嘉庆二十年南昌府学重刊宋本十三经注疏本，《中国基本古籍库》版。
③ （刘宋）范晔著，（唐）李贤等注：《后汉书》卷四十六，郭陈列传第三十六，百衲本景宋绍熙刻本，《中国基本古籍库》版。中华书局2000年版，第1045页。第1057页校勘记："按：张森楷校勘记谓今《说文》木部下云'木长儿'，无击义，惟手部挌下云'击也'，与注引《说文》合，疑此'格'字及注文'格'字并是'挌'字之误。"
④ （汉）扬雄：《方言》第三，四部丛刊景宋本，《中国基本古籍库》版。
⑤ （清）钱绎：《方言笺疏》卷十三，清光绪刻民国补刻本，《中国基本古籍库》版。
⑥ （三国）何晏：《论语集解》卷一，四部丛刊景日本正平本，元盱郡覆宋本。
⑦ （清）戴震：《方言疏证》卷三，清乾隆孔继涵刻微波榭丛书本，《中国基本古籍库》版。此句并录于《孟子·娄离章句上》。

《苍颉篇》云：格，量度也，絜亦度也。"①

《家训归心篇》："俗僧之学《经》、《律》，何异士人之学《诗》、《礼》，《诗》、《礼》之教格朝廷之士，略无全行者；《经》、《律》之禁格出家之辈，而独责无犯哉。"②此"格"表示用标准度量。

《宋书》："官品第一、第二，听占山三顷；第三、第四品，二顷五十亩；第五、第六品，二顷；第七、第八品，一顷五十亩；第九品及百姓，一顷。皆依定格，条上赀簿。若先已占山，不得更占，先占阙少，依限占足。"③此"格"表示规定。

《宋书》："钱之形式、大小多品，直云大钱，则未知其格。若止于四铢、五铢，则文皆古篆，既非下走所识，加或漫灭，尤难分明。公私交乱，争讼必起，此最是其深疑者也。"④此"格"表示标准。

《宋书》："官式虽重制严刑，民吏、官长坐死免者，相系而盗铸弥甚，百物踊贵，民人患苦之。乃立品格薄，小无轮郭者，悉加禁断。"⑤此"格"表示品格。

《经典释文》："爱恶语成，而后有格。"⑥此"格"表示量、标准等义。

《太平经》："夫物生者皆有终尽，人生亦有死，天地之格法也。"⑦此"格"表示正、标准。

---

① （清）王先谦：《虚受堂文集》卷五，清光绪二十六年刻本，《中国基本古籍库》版。（清）许槤评选，（清）黎经诰笺注：《六朝文絜笺注》卷一，清光緒枕溢书屋刻本，《中国基本古籍库》版录："格高五岳，袤广三坟。《苍颉篇》曰：'格，量度也。'"

② （梁）颜之推：《家训归心篇》，《广弘明集》卷三，《大正藏》第52册，第108页上。

③ （梁）沈约：《宋书》卷五十四，列传第十四（羊玄保），清乾隆武英殿刻本，《中国基本古籍库》版。

④ 《宋书》卷六十六，列传第二十六（何尚之），清乾隆武英殿刻本。

⑤ 《宋书》卷七十五，列传第三十五（颜峻），清乾隆武英殿刻本。

⑥ （唐）陆德明：《经典释文》卷七，清抱经堂丛书本，《中国基本古籍库》版。

⑦ （汉）《太平经》卷九十，明正统道藏本，《中国基本古籍库》版。

《真诰》：卷五"甄命授第一"录："积功满千，虽有过故，得仙功满三百，而过不足相补者，子仙功满二百者，孙仙子无过。又无功德，藉先人功德便得仙，所谓先人余庆，其无志多过者，可得富贵，仙不可冀也。(此一条功过之标格也，可不勉乎？)"①此"格"用于衡量功过，表示标准与规定。

现代研究成果中，钱宗武与杜纯梓著《尚书新笺与上古文明》将《尧典》中"曰若稽古，帝尧曰放勋。钦明文思安安，允恭克让，光被四表，格于上下"的"格"训释为"量度"。杨运庚在《〈尚书新笺与上古文明〉注释商榷二则》中对这一训释提出反对意见，认为"今文《尚书》中，'格'的出现频率非常高，共使用27次。根据《尚书》行文通例来看，无一处释为'量度'文义通畅"，此"格"应训释为"至"②。

以上各语境中，"格"训为正、度、量、标准、规定、法度等义，是对《说文》、《尔雅》、《方言》等训诂专著"格"义的发展。

三、佛教文献中的"格"义

现存佛教文献对"格"字释义，包括了对"格"本义与引申义的应用。

《生经》："(猕猴)颜貌赤黄眼而青，游丛树间戏枝格。"③此为"格"之本义。在不同语境中含义不同，如：

（1）《中阿含经》："众生因欲缘欲，以欲为本故，着铠被袍，持矟弓箭，或执刀楯往夺他国，攻城破坞，共相格战。"④此为"格"之引申义。

（2）玄应《一切经音义》："格⑤，古文戟，同古额反，格鬭也。格距也，

---

① （梁）陶弘景：《真诰》卷六，明正统道藏本，《中国基本古籍库》版。
② 杨运庚：《〈尚书新笺与上古文明〉注释商榷二则》，《语言学刊》，2010年第3期。
③ （西晋）竺法护译：《生经》卷一，《大正藏》第3册，第71页中。
④ （东晋）僧伽提婆、僧伽罗叉译：《中阿含经》卷二十五，《大正藏》第1册，第585页中。
⑤ 笔者按：《大正藏》本《一切经音义》用"格"字，徐时仪点校本《一切经音义》用"挌"字。

《说文》：格，击也。"①此为"格"之引申义。

（3）《龙龛手鉴》："斦，音格，击也"②；"敁，正音掴，手打也，与掴同。又音格，击也"③。此为"格"之引申义。

以上3例，"格"、"戟"、"斦"、"敁"、"挌"训为"击"。又：

（1）《达性论》："古今智周万物，妙思穷幽，赜制作俦，造化归仁，与能是为君长，抚养黎元，助天宣德，日月淑清，四灵来格，祥风协律，玉烛扬辉。"④

（2）《答宗居士书释均善难》："是以仁爱普洽，泽及豚鱼；嘉礼有常，俎老者得食肉。春耕秋收，蚕织以时，三灵格思，百神咸袟，方彼之所，为者岂不弘哉。"⑤

（3）《重苔颜永嘉》："昔人以鬼神为教，乃列于典经，布在方策，郑乔吴札亦以为然，是以云和六变实降天神，龙门九成，人鬼咸格。足下雅秉周礼，近忽此义，方诘无形，之有为支离之辩乎？"⑥

（4）《土僧恕答释法云》："夫幽明之理，皎然不差；因果相起，义无独立。形灭自可以草木为筹，神明常随缘而在，所以《左氏》有彭生豕，见《尚书》则祖考来格，《礼云》若乐九变人鬼，可得礼矣。"⑦

（5）《大智释论序》："天竺诸国为之立庙，宗之若佛，又称而咏之曰：智慧日已颓，斯人令再曜世；昏寝已久，斯人悟令觉。若然者，真可谓功格

---

① （唐）玄应：《一切经音义》卷九，释《大智度论》第二十三卷，清海山仙馆丛书本，《中国基本古籍库》版。

② （辽）释行均：《龙龛手镜》，中华书局2006年版，第138页。

③ 《龙龛手鉴》卷一，《高丽大藏本》。

④ 《达性论》，《弘明集》卷四，《大正藏》第52册，第21页下。

⑤ （刘宋）何承天：《答宗居士书释均善难》，《弘明集》卷三。

⑥ （刘宋）何承天：《重苔颜光禄》，《弘明集》卷四，《大正藏》第52册，第24页上。

⑦ （梁）王僧恕：《领军司马王僧恕答神灭论》，《弘明集》卷十，《大正藏》第52册，第66页中一下。

十地，道牟补处者矣。"①

（6）《胜天王般若忏文》："皇帝承家建国，光前绝后，道格天地，德被幽微，大启慈悲，广开智慧。施造化以仁寿，济苍生于解脱。"②

以上6例，"格"训为至、止、来。

此外，"格"又训为正、至等，如：

（1）《沙门袒服论》："玄古之民，大朴未亏，其礼不文，三王应世，故与时而变。因兹以观，论者之所执，方内之格言耳。"③

（2）《合维摩诘经序》："盖《维摩诘经》者，先哲之格言，弘道之宏标也。"④

（3）《小品经序》："《般若波罗蜜经》者，穷理尽性之格言，菩萨成佛之弘轨也。"⑤

（4）《妙法莲华经后序》："（《妙法莲华经》）虽复垂及百年，译者昧其虚津，灵关莫之或启；谈者乖其准格，幽踪罕得而履。"⑥

（5）《大涅槃经序》："（昙无谶译经）临译敬慎，殆无遗隐，搜研本正，务存经旨，唯恨胡本分离，残缺未备耳。余以庸浅，豫遭斯运，夙夜感戢，欣遇良深，聊试标位，叙其宗格，岂谓必然其宏要者哉。"⑦

（6）《重难范中书神灭论》："宣尼云：亡而为有，虚而为盈。爻象之所不占，而格言之所攸弃，用此风以扇也。"⑧

（7）《齐竟陵王世子抚军巴陵王法集序》："夫深宫寡识，著自格言，梁

---

① 《大智释论序》，《出三藏记集》卷十，《大正藏》第55册，第75页上—中。
② （陈）陈宣帝：《胜天王般若忏文》，《广弘明集》卷二十八，《大正藏》第52册，第332页下。
③ （东晋）慧远：《沙门袒服论》，《弘明集》卷五，《大正藏》第52册，第32页中。
④ （东晋）支敏度：《合维摩诘经序》，《出三藏记集》卷八，《大正藏》第8册，第58页中。
⑤ （东晋）僧叡：《小品经序》，《大正藏》第8册，第536页下。
⑥ （东晋）僧叡：《妙法莲华经后序》，《大正藏》第9册，第62页中。
⑦ （姚秦）释道朗：《大涅槃经序》，《出三藏记集》卷八，《大正藏》第55册，第59页下。
⑧ （梁）曹思文：《重难范中书神灭论》，《弘明集》卷九，《大正藏》第52册，第60页上。

肉多骄，闻之前记，而能拔类独立，超然高举，岂非内铸坚芳之性，外莹过庭之风哉！"①

（8）《灭惑论》："夫孝理至极，道俗同贯，虽内外迹殊，而神用一揆。若命缀俗，因本修教，于儒礼运禀道果，同弘孝于梵业，是以诸亲出家。《法华》明其义听而后学，《维摩》标其例岂忘本哉。有由然也。彼皆照悟神理而鉴烛，人世过驷马于格言，逝川伤于上哲，故知瞬息尽养，无济幽灵，学道拔亲，则冥苦永灭。审妙感之，无差辨胜，果之可必，所以轻重相摧，去彼取此。"②

（9）《历代三宝记》："虽儒典之格训，即佛教之明谟。"③

（10）《舍利弗阿毗昙序》："此经于先出《阿毗昙》，虽文言融通，而旨格各异。又载自空以明宗极，故能取贵于当时，而垂轨于千载，明典振于远维，四众率尔同仰。"④

以上10例，"格"即训为正、至，亦表达了标准、比较之义。

"格"又进一步引申为度、量之义：

（1）《明佛论》："然则《五经》之作，盖于俄顷之间，应其所小者耳，世又何得以格佛法而不信哉？"⑤

（2）《佛本行集经》：佛经亦言："彼辈亦如迦叶俦，格量彼二一种齐，无有差别胜不如。"⑥

（3）《注解大品序》："《大悲经》譬兔马论喻鹿犀，俱以一象配成三兽。

---

① 《出三藏记集》卷十二，《大正藏》第55册，第86页下。

② （梁）刘勰：《灭惑论》，《弘明集》卷八，《大正藏》第52册，第50页上。

③ （隋）费长房：《历代三宝记》卷五，《大正藏》第49册，第59页下。

④ （梁）释道摽：《舍利弗阿毗昙序》，《出三藏记集》卷十，《大正藏》第55册，第70页下—71页上。

⑤ （刘宋）宗炳：《明佛论》，《弘明集》卷二，《大正藏》第52册，第15页上。

⑥ 《佛本行集经》卷四十三，《大正藏》第3册，第854页中。

用度河以测境，因围箭以验智，格得空之浅深，量相心之厚薄。"①

（4）《大小品对比要抄》："《大品》揽其源流，明其理统，而欲寄怀《小品》，率意造义，欲寄其分，得标显目。然希遇常流，徒尚名宾而竭其才思；玄格圣言，趣悦群情而乖本违宗，岂相望乎？"②

（5）《出三藏记集》："初天竺朔佛以汉灵帝时出《道行经》，译人口传或不领，辄抄撮而过，故意义首尾颇有格碍。士行常于洛阳讲《小品》，往往不通，每叹此经大乘之要，而译理不尽，誓志捐身，远迎《大品》。"③

（6）《出三藏记集》："异出经者，谓胡本同而汉文异也。梵书复隐，宣译多变，出经之士，才趣各殊，辞有质文，意或详略，故令本一末二，新旧参差。若国言讹转，则音字楚、夏；译辞格碍，则事义胡、越。"

（7）《肇论疏》："并创始命宗，图辨格致者，创，初也；命，告也；宗，尊也；图，度也；格，量也。"④

（8）《法苑珠林》："目揵连言：'正使有人得二天下满中七宝，犹不如请一清净沙门就舍供养得利弥多。'其余比丘如是各各引于方喻，比格其利。"⑤

（9）《历代三宝记》："尝听僧朗法师讲《放光经》，屡有讥难。朗与贤有濠上之契，朗谓贤曰：'叡（慧叡）比格难吾，累思不能通，可谓贤贤弟子也。'"⑥

（10）《高僧传》："时尚书令卞望之，亦与密（帛尸梨密多罗）致善。须臾望之至密，乃敛衿饰容，端坐对之。有问其故，密曰：'王公风道期人，卞令轨

---

① （梁）梁武帝：《注解大品序》，《出三藏记集》卷八，《大正藏》第55册，第54页中。
② （东晋）支道林：《大小品对比要抄》，《出三藏记集》卷八，《大正藏》第55册，第56页中。
③ 《出三藏记集》卷十三，《大正藏》第55册，第97页上一中。
④ （唐）元康：《肇论疏》卷一，《大正藏》第45册，第162页中。
⑤ （唐）道世：《法苑珠林》卷四十一，《大正藏》第53册，第608页上。
⑥ 《历代三宝记》卷八，《大正藏》第49册，第81页下。

度格物，故其然耳。'诸公于是叹其精神洒厉，皆得其所。"①

以上10例所引佛教文献，"格"在比较的意义上，具度、量义。其中，"格量"、"比格"、"比度"意相近；比、格、量均有比较、比配、度量②之义；佛教因明术语"比量"表达了"用已知之因（理由）比证未知之宗（命题），以生决定之正智"③的含义。

"格"在训为正、量、度④的意义上，亦可引申为标准、律令、条例、法则，见于实物，则为窗格、木格；见于制度文字，则为标格、条格；见于品性，则为品格、风格：

（1）《大正句王经》："如是作壁、作户扇、作户楣格、作白泥、作五种画不？佛言：听。"⑤此"格"即窗格。

（2）《出三藏记集》杂录卷十二《宋明帝勑中书侍郎陆澄撰法论目录序第一》录：东晋时期无人名著"实相标格论"一条。⑥此"格"即标准。

（3）《大唐大慈恩寺三藏法师传》录玄奘法师言："僧、尼等有过，停依俗法之条，还依旧格。"⑦此"格"即条例。

（4）《续高僧传》："太和十九年（495），高祖擢为修律博士。有诏令刊定条格，永成通式。"⑧此"格"即律令。

（5）《大正句王经》："譬如有人执行王事，自违条格，近臣奏闻，王乃

---

① 《高僧传》卷一，《大正藏》第50册，第327页下。

② 《说文》："尺，十寸也。人手却十分动脉为寸口。十寸为尺。尺，所以指尺䂓榘事也。从尸从乙。乙，所识也。周制，寸、尺、咫、寻、常、仞诸度量，皆以人之体为法。"

③ 《佛学大辞典》第三版。

④ 《说文》："度，法制也。"

⑤ （东晋）佛陀跋陀罗、法显译：《摩诃僧祇律》卷三十三，《大正藏》第22册，第496页下。

⑥ 《出三藏记集》卷十二，《大正藏》第55册，第84页下。此条录于东晋条目下，与慧远、郗超、释昙过、竺法汰、支道林等所著之文同存一帙。

⑦ （唐）慧立本，彦悰笺：《大唐大慈恩寺三藏法师传》卷九，《大正藏》第50册，第270页中。

⑧ 《续高僧传》卷一，《大正藏》第50册，第428页中。

具知，令付法司鞫问情实。"①此"格"即律令。

（6）《高僧传》："释慧义姓梁，北地人，少出家，风格秀举，志业强正，初游学于彭宋之间，备通经义，后出京师。"②此"格"即品格。

（7）《比丘尼传》："太守杜霸笃信黄老。憎愤释种。……唯贤独无惧容，兴居自若，集城外射堂皆是耆德，简试之日，尼众盛壮，唯贤而已。霸先试贤以格，格皆有余。"③此"格"即品格。

综上所述，在中国古典文献中，"格"以"木长儿"为本义，训为"止"、"来"、"至"、"正"、"量"与"度"，表达了规定、规范的含义④。此外，"格"也表示"风度"⑤、"不和同"⑥与"不通"⑦。

从"格"之字形、训释、字音上分析：

第一，从字形上看，"格"从"夂"、"各"得义，训为"至"、"止"、

---

① （宋）法贤译：《大正句王经》卷二，《大正藏》第1册，第833页下。
② 《高僧传》卷七，《大正藏》第50册，第368页下。
③ （梁）宝唱：《比丘尼传》卷一，《大正藏》第50册，第935页上—中。
④ （元）戴侗：《六书故》卷二十一，清文渊阁四库全书本，《中国基本古籍库》版：格，古百切，交木为方疏也。《说文》曰："木长貌"，引之则以方格物为格正之义。《书》云："格则承之。"又曰："惟先格王正厥事曰：格其非心。"《孟子》曰："惟大人为能格君心之非。"借义为感、为彻，至《诗》云："神之格思"，神不是格，言其感而至也。《书》云："格于上下"、"格于文祖"、"格汝舜"、"格汝众庶"、"七旬有苗格"、"祖考来格"，有若伊尹"格于皇天"。《大学》所谓"格物致知"，皆彻、至之义也。亦通作假，又借为格斗距格之格。《书》云："不格奸"，别作挌、敔，又借为扞格之格。
⑤ （晋）袁宏：《后汉纪·后汉孝灵皇帝纪上》：（袁宏）吾尝与杜周甫论林宗之德也，清高明雅、英达环玮、学问渊深、妙有俊才，然其恺悌玄澹、格量高俊、含弘博恕、忠粹笃诚，非今之人三代士也，汉元以来未见其匹也，周甫深以为然。
⑥ （汉）司马迁：《史记》卷二十七："太白出西方，若出西方太白出东方为格，野虽有兵不战。"注："《索隐》谓辰星出西方。辰，水也。太白出东方。太白，金也。水生金，母子不相从，故野有军不战。今母子各出一方，故为格。格谓不和同故，野虽有兵不战也。"
⑦ （汉）华陀：《中藏经》卷上："阳气上而不下曰否，阴气下而不上亦曰否；阳气下而不上曰格，阴气上而不下亦曰格。否格者，谓阴阳不相从也，阳奔于上则燔脾肺生其疽也，其色黄赤，皆起于阳极也；阴走于下，则冰肾肝生其厥也，其色青黑，皆发于阴极也。疽为黄疸，厥为寒厥也，由阴阳否格不通而生焉。"

"来"，与"格"具有相同声符"各"的字如"峈"、"烙"、"絡"、"恪"、"閣"、"愙"①等，带有规定、量、度等义。

第二，从声音的线索来看，"格"、"假"②、"佫"③、"禣"④、"垎"⑤、"閣"⑥、"挌"与"敋"⑦音同，格又训为击、升、感、贯等义。王力《同源字典》认为："keak格：keak挌（峈、斮、敋）（同音）"。在格斗的意义上，"格、

---

① （唐）慧琳：《一切经音义》卷九，释《放光般若经》：谦恪（古文愙，同苦各反，字林。恪，恭也，亦敬也，谦虚敬让也。）

② （刘宋）范晔撰，（唐）李贤等注：《后汉书》卷三，孝章帝纪第三，北京：中华书局，2000年，第97—98页：建初七年秋八月，饮酎高庙，禘祭光武皇帝、孝明皇帝。甲辰，诏曰："《书》云：'祖考来假'，明哲之祀。予末小子，质又菲薄，仰惟先帝烝烝之情，前修禘祭，以尽孝敬。"（唐）陆德明：《经典释文》卷七，清抱经堂丛书本，《中国基本古籍库》版："昭假"（古雅反。郑云：暇也。徐云：毛音格，郑音暇。案王肃，训假为至，格是王音也。沈云：《郑笺》云，宽暇此以义训，非改字也）《说文解字注》："至则有摩挲之义焉，如云'格君心之非'是也。或借假为之。如《云汉》传曰：'假，至也。'《尚书》格字，今文《尚书》皆作假是也。"

③ （汉）扬雄《方言》，辌轩使者绝代语释别国方言第一，四部丛刊景宋本，《中国基本古籍库》版："佫，古格字"。

④ 《方言笺疏》卷十三，清光绪刻民国补刻本："禣，格也。"注："今之竹木格是也。"笺疏："《小尔雅》：格，止也。《荀子·议兵篇》云：格者，不舍杨倞注格，谓相拒捍者。《玉篇》：禣，恪也。恪即格之讹。《广韵》：禣，格也。《类篇》云：禣，今竹木格。一曰所以杆门，案禣之言禁止也，格之言杆格也。"

⑤ 《方言笺疏》卷十三，清光绪刻民国补刻本：《说文》：垎，坚也。《学记》云：发，然后禁，则杆格而不胜。《郑注》曰："格，读如冻垎之垎，扦格坚不可人之貌，此与禣之为格，义相通也。"

⑥ 《说文解字注》："有借格为庋阁字者，亦有借格为扦垎字者，从木。各声。"

⑦ 《六书故》卷二十一，清文渊阁四库全书本：（格），亦通作假，又借为格斗距格之格。《书》云：不格奸。别作挌、敋，又借为扦格之格。

挌、戟、斫、敋"实同一词。"kea假（假）：keak格（佫）（鱼铎对转）"①。佫与格一声之转。

第三，从"格"训"击"之义上分析，参考《说文·攴部》："攴，小击也。"《说文》中从"攴"得义之字有"攻"②、"政"③、"教"④、"救"⑤、"叙"⑥、"效"⑦、"敕"⑧、"捍"⑨等字，表达了"击"、"正"、"止"、"教育"、"教化"的观念。

综之，笔者认为，与"格"字训释相应，"格"在魏晋南北朝时期的佛教文献中，训为"至"、"来"、"止"、"正"、"度"、"量"、"标准"等义，从此角

---

① 王力：《同源字典》，北京：商务印书馆，1982年，第278—279页："假，至也。"《字通》作"假"。《说文》："假，一曰至也。"《方言》："假，至也，邠唐冀兖之闲曰假。"《易·家人卦》："王假有家。"注："假，至也。"《萃卦》："王假有庙。"虞注："假，至也。"《丰卦》："丰亨，王假之。"注："假，至也。"《诗·大雅·云汉》："昭假无赢。"传："假，至也。"《烝民》："昭假于下。"笺："假，至也。"《周颂·噫嘻》："既昭假尔。"笺："假，至也。"《鲁颂·泮水》："昭假烈祖。"传："假，至也。"《商颂·烈祖》："鬷假无言。"释文："假，郑音格，至也。"《长发》："昭假迟迟。"释文："王肃训假为至。"《汉书·成帝纪》："惟先假王正厥事。"师古曰："假，至也。"这个意义的"假"字，后人常读如"格"。《书·召诰》："天迪格保。"疏："格，至也。"《洛诰》："王宾杀禋咸格。"疏："格，至也。"《书·尧典》："格于上下。"《说文》作"假于上下"。《书·高宗肜曰》："惟先格王。"《汉书·成帝纪》、《五行志中之下》、《孔光传》、《外戚传下》皆作"惟先假王"。《书·益稷》："祖考来格。"《后汉书·章帝纪》作"祖考来假"。《书·西伯戡黎》："格人元龟。"《史记·殷本纪》作"假人元龟"。《书·君奭》："格于皇天。"《史记·燕召公世家》作"假于皇天"。又，"格于上帝"作"假于上帝"。《书·尧典》："不格奸。"《史记·五帝本纪》作"不至奸"。《书·舜典》："归格于艺祖用特。"《史记·五帝本纪》作"归，至于祖祢庙，用特牛礼。"字又作"佫"。《广韵》："佫，至也，亦作假。"段玉裁引《方言》："假、佫，至也。邠唐冀兖之闲曰假，或曰佫。"
② 《说文》："攻，击也。从攴，工声。"
③ 《说文》："政，正也。从攴，从正，正亦声。"
④ 《说文》："教，上所施下所效也。从攴。"
⑤ 《说文》："救，止也。从攴，求声。"
⑥ 《说文》："叙，次弟也。从攴，余声。"
⑦ 《说文》："效，象也。从攴，交声。"
⑧ 《说文》："敕，戒也"，"从攴，束声"。
⑨ 《说文》："捍，止也。从攴，旱声。"《集韵·曷韵》："可攴，击也。"

度分析，竺法雅所用"格义"之法，特指在用中国文化解释佛教概念时，参考借鉴了儒家的教学与解经方式，规定了佛典与"外书"的比配方法与训释条例，一旦形成固定的解释，即成为范本与规范。

第二节 佛教"格义"的确立

一、佛教"格义"的提出

佛教典籍中，对"格义"的定义，首录于《高僧传·竺法雅传》：

> 法雅，河间人，凝正有器度。少善外学长通佛义，衣冠士子咸附谘禀。时依门徒并世典有功，未善佛理。雅乃与康法朗等，以经中事数拟配外书，为生解之例，谓之"格义"。及毗浮、昙相等，亦辩"格义"，以训门徒。雅风采洒落，善于枢机，外典、佛经递互讲说。与道安、法汰每披释凑疑，共尽经要。[①]

此谓"格义"，即在东晋时期讲解佛教义理过程中，竺法雅对有儒学基础，但不了解佛教义理的学生所采用的"以经中事数拟配外书"的解释方法。因为教授的对象具有儒学背景，故而"格义"方法的运用或借鉴了当时儒家的教学法。

佛教内部对"格义"的评价最早见于《高僧传·释僧先传》：

> 安曰："先旧格义，于理多违。"先曰："且当分析逍遥，何容是非先达。"安曰："弘赞理教，宜令允惬，法鼓竞鸣，何先何后。"先乃与汰等，

---

① （梁）慧皎：《高僧传》卷四，《大正藏》第50册，第347页上。

南游晋平，讲道弘化。①

此段通过释道安（312~385）与释僧先的对话，显示出道安对于旧"格义"的看法，他认为东晋之前佛教使用的"格义"方法，对于正确分析佛理并不完全适用②，此观点也得到了与其弟子慧远（334~416）联系密切的鸠摩罗什僧团的认可，彼时对佛教"格义"的使用偏向于否定，如慧叡（355~439）认为：

> 汉末魏初，广陵、彭城二相出家，并能任持大照，寻味之贤，始有讲次。而恢之以格义，迂之以配说。下至法祖、孟详、法行、康会之徒，撰集诸经，宣畅幽旨，粗得充允。祖听暨今，附文求旨，义不远宗，言不乖实。③

此"格义"的特点与"配说"相即，都显得"粗"，亦如白法祖、康孟详、释法行、康僧会的译经，与原本相较，存在差距。僧叡认为：

> 自慧风东扇，法言流咏已来，虽曰讲肆，格义迂而乖本，六家偏而不即。④

此"格义"亦与"六家"相即，有"乖本"、"不即"的缺憾，此种缺憾，

---

① 《高僧传》卷五，《大正藏》第50册，第355页上—中。
② （唐）释道宣：《续高僧传》卷十五，《大正藏》第50册，第548页上—中："安和上凿荒涂以开辙，标玄旨于性空，削格义于既往，启神理于来世。"此句与"先旧格义，于理多违"共同表明了道安对"格义"的态度。
③ （刘宋）慧叡：《喻疑论》，《出三藏记集》卷五，《大正藏》第55册，第41页中。
④ （东晋）僧叡：《毗摩罗诘提经义疏序》，《出三藏记集》卷八，《大正藏》第55册，第59页上。并录于（隋）吉藏：《中观论疏》卷一；（隋）吉藏：《十二门论疏》卷一。

或导致时人对佛教教义理解的偏差，也为鸠摩罗什译经的合理性找到了充分依据。《高僧传·鸠摩罗什传》录：

> 自大法东被，始于汉明；涉历魏晋，经论渐多。而支、竺所出，多滞文、格义。兴少崇三宝，锐志讲集，什既至止，仍请入西明阁及逍遥园译出众经。[①]

由于前译文本缺憾，使中国僧俗对佛教义理的理解陷于"滞文"、"格义"，在此情况下重译、注释佛典非常必要且紧迫。

在佛教史料中，"格义"一词的出现与使用在南北朝以前，历代僧人对"格义"的评价几乎偏向于否定；但与"格义"目的相同，"连类"作为早期佛教讲经中以中国文化解释印度佛典的方法得到了肯定。道安认为慧远使用"连类"为可行之法：

> 尝有客听讲，难"实相"义，往复移时，弥增疑昧，（慧）远乃引《庄子》义为连类，于是惑者晓然。是后，安公特听慧远不废俗书。[②]

此段记载了东晋时期，慧远在解释何谓"实相"时，运用了《庄子》中类似的典故帮助听者理解佛理的方法，因取得了较好的效果，所以道安允许慧远讲解佛经时援引"俗书"。

既然"连类"与"格义"同为用外典解释佛经的方法，为何独对"格义"加以弹斥？"格义"的方法究竟为何？"格义"与"连类"是否不同？仍

---

① 《高僧传》卷二，《大正藏》第50册，第332页中。此段内容并见《出三藏记集》卷十四，（唐）释道世《法苑珠林》卷二十五；（唐）惠详：《弘赞法华传》卷二；（唐）释智升：《开元释教录》卷四；（唐）元照：《贞元新定释教目录》卷六。

② 《高僧传》卷六，《大正藏》第50册，第358页上。

是需要深入探究和本节所要讨论的重要问题。

二、竺法雅"格义"可能的方法

"格义"的具体方法，今无文献详细说明，据《高僧传》的描述，乃是竺法雅等对"世典有功，未善佛理"的门徒进行枢机教学的方式，方法为用"外典"和"佛经"递、互讲说，要求讲解者"敬终慎始，研微辩章"，"以经中事数，配拟外书，为生解之例"①。探求"格义"之法，首先需要解决以下二个关键问题：第一，何谓"事数"；第二，何为"递互讲说"。

第一，何谓事数？对于"事数"的解释，见于《世说新语》之刘孝标注："殷中军（殷浩，303～356）被废，徙东阳。大读佛经皆精，解唯至事数处不解（事数谓若五阴、十二入、四谛、十二因缘、五根、五力、七觉之声）。遇见一道人，问所籤，便释然。"②此谓事数，指五阴、十二入、四谛、五力等佛教名相，即由数字与佛教名词组合而成的名相概念。又，东晋译《大方广佛华严经》中，将事数与字数、语言数、算数对举：

> 譬如文字，于无量无数劫说不可尽，如来、应供、等正觉转正法轮，亦复如是，一切文字，一切语言，说不可尽。如来法轮悉入一切语言、文字而无所住。佛子，譬如字章，悉入一切字数、一切事数、一切语言数、一切算数，一切世间、出世间而无所住。如来音声亦复如是。③

以上"字"、"事"、"语言"和"算"与"数"组合，显示出在数的意义上，字、事、语言、算传递了不同的信息，表达了不同的侧重，共同组成了"数"的意义。

---

① 笔者按：此为孙绰赞康法朗语。见《高僧传》卷四，《大正藏》第50册，第347页中。

② （刘宋）刘义庆撰，（梁）刘孝标注：《世说新语》，卷上之下，四部丛刊景明袁氏嘉趣堂本，《中国基本古籍库》版。

③ （东晋）佛陀跋陀罗译：《大方广佛华严经》卷三十五，《大正藏》第9册，第627页下。

关于事数，东晋王谧 (360~407) 在《答桓太尉》中录：

> 公云："行功者当计其为功之劳，何得？直以珍仰释迦，而云莫尚于此邪。"请试言曰："以为佛道弘旷，事数弥繁，可以练神、成道，非唯一事也。至于在心无倦，于事能劳，珍仰宗极，便是行功之一耳。"①

在王谧看来，佛教的"事数"涉面较广，贯穿于修行的整个过程中。
又，僧叡《大品经序》录：

> 胡本唯《序品》、《阿鞞跋致品》、《魔品》。有名余者，直第其事数而已。法师以名非佛制，唯存《序品》，略其二目，其事数之名，与旧不同者，皆是法师以义正之者也。如"阴入持"等名，与义乖故，随义改之。"阴"为"众"，"入"为"处"，"持"为"性"，"解脱"为"背舍"，"除入"为"胜处"，"意止"为"念处"，"意断"为"正勤"，"觉意"为"菩提"，"直行"为"圣道"，诸如此比，改之甚众。胡音失者，正之以天竺；秦名谬者，定之以字义。不可变者，即而书之，是以异名斌然，胡音殆半，斯实匠者之公谨，笔受之重慎也。②

僧叡认为，鸠摩罗什在译《大品般若经》时，对旧译佛教名相有所修正，这些佛教名相如"阴"、"性"、"解脱"、"念处"、"正勤"、"菩提"等均为"事数"之例，属于"事数"中"事"的范畴。

实际上，"事数"并非佛教特有的概念，儒家文献中"两仪"、"三才"、"五常"、"五行"、"六爻"、"八音"、"百品"等也属"事数"之列。南朝何佟

---

① （东晋）王谧：《答桓太尉》，《弘明集》卷十二，《大正藏》第52册，第82页下—83页上。
② （梁）僧佑：《出三藏记集》卷八，《大正藏》第55册，第53页中。

之 (449~502) 久负盛名，人谓"京邑硕儒，唯佟之而已。佟之明习事数，当时国家吉凶礼则皆取决焉"①。明习"事数"也作为"硕儒"的标准之一，得到世人的尊敬和称赞。

试以"事数"为背景展开分析，笔者认为，佛教"格义"之"义"，一泛指佛教思想，即"义学僧"之"义"；一指佛教的义理体系。

早期传译的般若类经，如东汉支娄迦谶译《道行般若经》、吴支谦译《大明度无极经》、西晋昙无蜱译《摩诃波若抄经》中，所涉事数如"五阴"、"十力"、"五根"、"七觉意"等并未明确在经文中对之进行义界和训释，这对于初接触佛教般若经者来说，确实难以理解"事数"的指代和义理，需要借助论、疏辅助体会，通过先达者的传教实现。

就"义理"而言，在中国儒家文化中，"义理"一词指经典章句所指示的做人、治世之道理，通过教化得以明晰，如《大戴礼记》录："夫开于道术，知义理之指，则教之功也。"②《汉书》："左氏引传、文以解经，转相发明，由是章句义理备焉。"③玄学体系下，"义理"指事物的本质属性，如王弼《周易注疏》在注解"一阴一阳之谓道"一句时疏："言之为道，以数言之谓之一，以体言之谓之无，以物得开通，谓之道；以微妙不测谓之神；以应机变化，谓之易。总而言之，皆虚无之谓也。圣人以人事名之，随其义理，立其称号。"④佛教典籍中，"义理"主要指由经典、章句、词语承载的佛教哲学思想体系。如《大般涅槃经》：

若有菩萨摩诃萨听受如是《大涅槃经》，得知一切诸法名字，若能书

---

① (唐) 姚思廉：《梁书》卷四十八，列传第四十二儒林，清乾隆武英殿刻本，《中国基本古籍库》版。
② (汉) 戴德：《大戴礼记》卷三，四部丛刊景明袁氏嘉趣堂本，《中国基本古籍库》版。
③ (汉) 班固：《汉书》卷三十六，清乾隆武英殿刻本，《中国基本古籍库》版。
④ (晋) 王弼著，(晋) 韩康伯注，(唐) 孔颖达疏：《周易注疏》，周易兼义卷第七，清嘉庆二十年南昌府学重刊宋本十三经注疏本，《中国基本古籍库》版。

写、读诵、通利，为他广说思惟其义，则知一切诸法义理。①

此"义理"是"诸法"的义理，借由名字思惟得义。再看《高僧传·安世高》：

> 其先后所出经论，凡三十九部，义理明析，文字允正，辩而不华，质而不野，凡在读者皆亹亹而不勌焉。②

此"义理"借助文字表达。《高僧传·僧伽提婆》：

> 隆安元年来游京师，晋朝王公及风流名士莫不造席致敬。时卫军东亭侯琅琊王珣渊懿有深信，荷持正法，建立精舍，广招学众。提婆既至，珣即延请仍于其舍讲《阿毗昙》，名僧毕集，提婆宗致既精，词旨明析，振发义埋，众咸悦。③

《高僧传·竺僧敷》：

> 著《神无形论》，以有形便有数，有数则有尽，神既无尽，故知无形矣。时仗辩之徒纷纭交诤，既理有所归，惬然信服。后又著《放光》、《道行》等义疏。后终于寺中，春秋七十余矣。竺法汰与道安书云："每忆敷上人周旋如昨，逝殁奄复多年，与其清谈之日，未尝不相忆思得。与君共覆疏其美，岂图一旦永为异世，痛恨之深，何能忘情其义理所

---

① （北凉）昙无谶译：《大般涅槃经》，卷二十一，《大正藏》第12册，第487页下。
② 《高僧传》卷一，《大正藏》第50册，第323页中。
③ 《高僧传》卷一，《大正藏》第50册，第329页上。

得，披寻之功，信难可图矣。"①

《高僧传·慧远》：

（桓）玄欲沙汰众僧，教僚属曰："沙门有能申述经诰、畅说义理或禁行修整足以宣寄大化，其有违于此者，悉皆罢遣，唯庐山道德所居，不在搜简之例。"②

《高僧传·释慧严》：

（宋文）帝悦曰："释门有卿，亦犹孔氏之有季路，所谓恶言不入于耳。"帝自是信心乃立，始致意佛经，及见严观诸，僧辄论道义理。③

以上《高僧传》所提到的佛教"义理"与"道"相即，由"文字"承载，录于般若类经、《阿毗昙论》中，通过语言得以阐发。

又有《大智度论》：

舍利弗智慧多闻，有大功德，年始八岁诵十八部经，通解一切经书义理。④

宣畅大乘，名为后善，妙义好语者，三种语虽复辞妙而义味浅薄，虽义理深妙而辞不具足，以是故说妙义好语。⑤

---

① 《高僧传》卷五，《大正藏》第50册，第355页中。
② 《高僧传》卷六，《大正藏》第50册，第360页中。
③ 《高僧传》卷七，《大正藏》第50册，第368页上。
④ （姚秦）鸠摩罗什译：《大智度论》卷十一，《大正藏》第25册，第136页上。
⑤ 《大智度论》卷二十，《大正藏》第25册，第412页中。

"诸余善法入般若波罗蜜"者，是诸余经，所谓《法华经》、《密迹经》等。十二部经中义同般若者，虽不名为般若波罗蜜经，然义理即同般若波罗蜜。①

《成实论》：

义善者，佛法义有深利益，得今世利及后世利、出世道利，不如外典愿增天眼。语善者，随方俗语能示正义，故名语善。所以者何？言说之果所谓义也，是故诸所言说能辩义理，是名语善。②

《法华玄义》：

十品智断即是十住。故《仁王》云："入理般若，名为住。"即是十番进发无漏同见，中道佛性第一义理，以不住法，从浅至深，住佛三德及一切佛法故，名十住。③

《法华玄义》：

如风于空中，自在无障碍，说初心解，已如涌泉，何况后心，何况如来犹如石泉流润遍益也。若闻为人对治，起无量行，恒沙佛法，种种法门，一行无量行，入善境界，登八正道，闻第一义理，若虚空，虚空之法不可格量，遍一切处，是名义涌泉。④

---

① 《大智度论》卷五十七，《大正藏》第25册，第466页中。
② （姚秦）鸠摩罗什译：《成实论》卷一，《大正藏》第32册，第243页中。
③ （隋）智顗：《法华玄义》卷五，《大正藏》第33册，第737页。
④ 《法华玄义》卷八，《大正藏》第33册，第776页上。

《华严大疏抄玄谈》：

> 疏文有四：一会梵音，二释义理，三立名所以，四会释晋经。[①]

《大乘起信论义记》：

> 三云何示者谓以巧便开一味大乘，作法义二种分，一心法复作二门析一义理，复为三大，由此善巧而得开示？四以何显者谓妙音、善字、譬喻、宗因，方令义理明了显现？五依何本者谓佛圣言及正道理定量为本？[②]

《出三藏记集·新集疑经伪撰杂录》：

> 右十二部经，记或义理乖背，或文偈浅鄙，故入疑录。[③]

《世说新语》：

> 康僧渊初过江，未有知者，恒周旋市肆，乞索以自营。忽往殷渊源、许值盛有宾客，殷使坐麤，与寒温遂及义理、语言、辞旨，曾无愧色，领略麤举，一往参诣，由是知之。[④]

---

① （唐）澄观：《华严大疏抄玄谈》卷九，《卐续藏经》第5册，第846页下。并录于（唐）澄观：《大方广佛华严经随疏演义抄》卷十六，《大正藏》第36册，第124页上。

② （唐）法藏：《大乘起信论义记》卷十六，《大正藏》第44册，第241页上。

③ 《出三藏记集》卷五，《大正藏》第55册，第39页上。

④ 《世说新语》卷上之下，四部丛刊景明袁氏嘉趣堂本。

综之，佛教"义理"指示之内容，如"中道佛性"，既区别于文偈、语言、言说、辞旨，又与语言文字关系紧密：一方面，义理借由语言文字得以表达；另一方面，文字并不能全面、精确、切实地传达形而上的佛教哲学思想义理超越了语言文字。

第二，"递互讲说"发生的条件与使用方法。

佛教传入中国之后，吸收了中国传统的教育方式，参照儒家立官、私学教学方法，各大寺院、官、私场所也设置讲肆、讲肆、讲席、法席、法筵作为讲经说法，传播佛教的课堂：

> （支遁）年二十五出家，每至讲肆善标宗会，而章句或有所遗，时为守文者所陋。谢安闻而善之曰："此乃九方堙之相马也，略其玄黄而取其骏逸。"[①]

由上可知，东晋时期士人的学风，仍以章句训诂为主，支遁所谈的玄理虽妙，然缺少了严密、完整的推衍和考证，为时传承儒家学说的"守文者"所批评，但是得到了谢安的认可。此时，支遁谈玄之所为"讲肆"。

唐朝元康在《肇论疏》中对讲肆进行了解释，他在释慧达《肇论序》"达留连讲肆二十余年，颇逢重席"一句时提出：

> 讲肆，谓讲席也，《说文》云讲习也，《左传》云讲谋也。《周礼》云："司市常以陈肆辨物。"此谓陈设物产为肆耳。今谓讲说之处，陈设几席，事如肆也。"自讲已来二十年也"，亦可听讲以来二十年也。颇逢重席未观斯论者，颇亦曾逢重席，末后方见此论耳。重席者，汉帝令诸儒讲论，胜者夺劣者席，戴凭独坐五十重席，时人曰："说经不穷戴侍

[①] 《高僧传》卷四，《大正藏》第50册，第348页中。

中也。"①

元康认为，讲肆与讲席、讲习、讲谋同义，指讲说学问之处，此处可进行学术上的争辩，因此有"重席"一说，坐下席的数量，代表了坐者学问与辩才的优劣。

南北朝时期，译经场、讲肆与讲肄作为佛教讲经说法的场所，对中国佛教的发展起到了重要作用。僧叡作《思益经序》时谈到：

> 恭明前译，颇丽其辞，仍迷其旨。是使宏标乖于谬文，至味淡于华体。虽复研究寻弥稔，而幽旨莫启。幸遇鸠摩罗什法师于关右，既得更译梵音，正文言于竹帛，又蒙披释玄旨，晓大归于句下。于时谘之僧二千余人，大斋法集之众，欣豫难遭之庆。近是讲肄之来，未有其比。于时予与道恒谬当传写之任，辄复疏其言，记其事，以贻后来之贤。②

此谓支谦所译《思益经》虽然用语典雅，但是由于汉语表述方式与梵、胡语表述方式的不同，支谦的翻译并未能全整、完善表述原本佛经的旨义。此经由鸠摩罗什重译，由二千多僧人共同参与，结合了译经场和讲肄的优点，故而能翻译出高质量的佛教经典。

讲肄作为其时教学的场所，在佛教教育和传播过程中起到了重要作用：

> (释弘充) 通《庄》、《老》，解经律。大明末过江，初止多宝寺，善能问难，先达多为所屈。后自开法筵，锋镝互起，充既思入玄微，口辩天

---

① (唐) 元康：《肇论疏》，《大正藏》第45册，第164页上。
② (东晋) 僧叡：《思益经序》，《出三藏记集》卷八，《大正藏》第55册，第58页上。

逸，通疑释滞，无所间然。①

《续高僧传·释昙崇》：

> 七岁入道，博诵法言，勤注无绝。后循听讲肆，雄辩无前。②

从以上记录可知，讲肆讲经并非法师讲，听众听，而是讲者与听者互动，或一问一答，或发生争辩，有时还甚为激烈。又：

> (比丘尼惠晖)十八出家住乐安寺，从斌、济、柔、次四法师，听《成实论》及《涅槃》诸经。于十余年中蔚为义林，京邑诸尼无不咨受。于是法筵频建，四远云集，讲说不休，禅诵无辍。③

不限于男性，南朝比丘尼也可以四处游学，参加讲肆、法筵，向比丘学习。又：

> (比丘尼净行)及年十七从法施尼出家，住竹园寺。学《成实》、《毗昙》、《涅槃》、《华严》。每见事端，已达旨趣，探究渊赜，博辩无穷。齐竟陵文宣王萧子良厚加资给，僧宗、宝亮二法师雅相赏异。及请讲说，听众数百人，官第、尼寺法事连续，当时先达无能屈者。④

在南齐竟陵文宣王萧子良的推动下，佛教讲说之风流行，比丘尼净行善

---

① 《高僧传》卷八，《大正藏》第50册，第376页上。
② 《续高僧传》卷十七，《大正藏》第50册，第568页上。
③ 《比丘尼传》卷四，《大正藏》第50册，第947页下。
④ 《比丘尼传》卷四，《大正藏》第50册，第947页上。

于言论，辩才突出。此时，听比丘尼传法者有数百人，在当时可谓极盛。净行之例或可推论，比丘尼可以前往僧寺、官方和民间所办的讲肆中听法，但比丘尼弘法地点一般限于尼寺和特定法会。

魏晋南北朝时期，佛教讲肆、法筵盛行，其时佛经译场、讲肆为学习、传播佛教最主要的场所，于中建立并完善了佛教都讲制度，"递互讲说"正是其中重要的教学方法。为了便于理解佛经义旨，佛教实行"法师—都讲"制度讲解佛经。其中，"法师"为主讲人，"都讲"负责唱经与提问，通过法师与都讲一问一答，讲解佛经义理。如：

> 梁武讲经，以枳园寺法彪为都讲。彪公先一问，梁祖方鼓舌端，载索载征随问随答，此都讲之大体也。又支遁至会稽，王内史请讲《维摩》，许询为都讲。许发一问，众谓支无以答；支答一义，众谓询无以难。如是问答连环不尽。是知都讲实难其人。又僧伽跋陀罗就讲，弟子法勇传译，僧念为都讲。又僧导者，京兆人也。为沙弥时，僧叡见而异之曰："君于佛法且欲何为？"曰："愿为法师作都讲。"叡曰："君当为万人法主，岂对扬小师乎。"此则姚秦之世已有都讲也。①

此种"法师—都讲"教学方式，较为生动、灵活，要求都讲精通经文，善于提问②，此制如于佛教经典的翻译方式③，在两晋南北朝佛教讲席中一

---

① （宋）赞宁编：《大宋僧史略》卷一，《大正藏》第54册，第239页下—240页上。《高僧传》卷四载有许询为都讲一事。（宋）释道诚集《释氏要览》卷三，《大正藏》第54册，第295页中："梁武帝每讲经，诏枳园寺法彪为都讲。彪先举一问帝，方鼓舌端，载索载征，随问随答。"

② 笔者按：《续高僧传》卷二十，《大正藏》第50册，第588页下录："时相州有灵智沙门，亦裕公弟子也。机务亮敏，著名当世。常为裕之都讲，辩唱明衷，允惬望情，加以明解经论，每升元席，文义弘远，妙思霜霏，难问锐指，擅步漳邺。故使四海望尘，俱敦声教。"说明"都讲"确需较高学术素养。

③ 笔者按：如《大明度无极经》录："善业为法都讲。"

直沿袭采用①。根据现存文献记录，萧梁时期，"光宅寺法云，于华林殿前登东向高座为法师；瓦官寺慧明，登西向高座为都讲，唱《大涅槃经·四相品四分之一》，陈食肉者断大慈种义，法云解释。舆驾亲御，地铺席位于高座之北，僧尼二众各以次列坐。"②"志公和尚，见都讲唱经，起立合掌。"③从坐席分布来看，都讲坐南面，法师坐北面，故而"南倡者都讲，北机者法师"④，都讲在佛教讲解经义时处于主导地位⑤。佛教"都讲"一职至隋唐仍存，在讲经时往往由"都讲焚香，维那梵呗"⑥，有时需"请名德都讲"，"都讲头首开讲"后"维那点读"⑦。

究其根源，"都讲"一职于汉末儒家讲经过程中已出现，如西汉孝成帝永始二年（公元前15年），汝南人侯方进至京师后"对策甲科，迁议郎，诸儒称之。时儒胡常与方进同经，阴构毁之。方进伺常大都讲，日遣生咨问疑义"⑧。东汉丁鸿"年十三从桓荣受《欧阳尚书》，三年而明章句，善论难，

---

① 张风雷：《论"格义"之广狭二义及其在佛教中国化进程中的历史地位》，载《佛学与国学——楼宇烈教授七秩晋五颂寿文集》，北京：九洲出版社，2009年。

② （梁）梁武帝：《断酒肉文》，《广弘明集》卷二十六，《大正藏》第52册，第299页上。

③ （唐）栖复：《法华经玄赞要集》卷三十一，《卍续藏经》第34册，第842页中。

④ （刘宋）沈约：《宋书》卷六十七列传第二十七，清乾隆武英殿刻本。

⑤ （汉）董仲舒：《春秋繁露》卷一二："阳，者岁之主也。天下之昆虫随阳而出入，天下之草木随阳而生落，天下之三王随阳而改正，天下之尊卑随阳而序位。幼者居阳之所，少老者居阳之所，老贵者居阳之所，盛贱者当阳之所衰藏者，言其不得当阳而当阳者，臣子也。阳者，君父是也，故人主南面以阳为位也。阳贵而阴贱，天之刑也，礼之尚右，非尚阴也，敬老阳而尊成功也。""阴阳位第四十七"录："阳以南方为位，以北方为休；阴以北方为位，以南方为休。"（晋）王弼《周易注疏》："不易者，其位也，天在上，地在下；君南面，臣北面；父坐，子伏，此其不易也。"（唐）杜佑《通典》卷七十一：北齐天保元年，皇太子监国，大臣就在西林园召开的冬会上，就太子的座位展开讨论，有臣认为"若太子定西面者，王公卿大夫士复何面也？南面人君正位，今一官之长无不南面，太子听政亦南面坐。议者引晋旧事太子在东宫西面，为避尊位，非为向台殿也。"

⑥ （唐）澄观：《大方广佛华严经随疏演义钞》卷十五，《大正藏》第36册，第116页上。

⑦ 《增修教苑清规》卷一，《卍续藏经》第57册，第299页下—300页上。

⑧ （汉）荀悦：《汉纪》前汉孝成皇帝纪三卷二十六，四部丛刊景明嘉靖刻本，《中国基本古籍库》版。

为都讲"①。河南人侯霸"师事九江太守房元，治《穀梁》、《春秋》，为元都讲"②。后汉郭丹"至京师，常为都讲，诸儒咸敬重之"③。桓荣卒后，其"兄子二人补四百石，都讲生八人补二百石，其余门徒多至公卿"④。渤海人鲍季详"甚明《礼》，听其离文析句，自然大略可解。兼通《左氏》、《春秋》，少时恒为李宝鼎都讲，后亦自有徒众，诸儒称之"⑤。黄龙二年（230），"春正月，魏作合肥新城，诏立都讲、祭酒，以教学诸子"⑥。魏时"中书博士张天龙讲《尚书》，选为都讲"⑦。三国东吴"诏立都讲祭酒，以教学诸子。"⑧由上之例或可推知，儒家"都讲"作为一种官职，最迟起于西汉，从事"都讲"者需精通《尚书》、《春秋》、《左氏》、《礼》等儒家典籍，其主要职能在于辨析章句，回答提问，讲解经义。

综之，笔者认为，佛教参考了儒家"都讲"的职能，与"法师"一职相配合，在南北朝讲肆、法筵的佛教教育过程中，完善了都讲制度。

东晋竺法雅"递互讲说"的具体方式，历代学者尚未进一步研究，笔者以为，首先，从竺法雅的学术背景来看，他生于河间，"少善外学"，为求佛法而"跨越关河，听（佛图）澄讲说"，能"妙达精理，研测幽微"⑨，他与同学道安、竺法汰"每披释凑疑，共尽经要"，此或可说明，竺法雅是以"外学"为治学根基，对佛教义理的认识与道安与竺法汰有相通之处。此外，再考察后

---

① （刘宋）范晔：《后汉书》卷五十四，杨震列传第四十四，百衲本景宋绍熙刻本。
② （刘宋）范晔：《后汉书》卷二十六，伏侯宋蔡冯赵牟韦列传第十六，百衲本景宋绍熙刻本。
③ （刘宋）范晔：《后汉书》卷二十七，宣张二王杜郭吴承郑赵列传第十七，百衲本景宋绍熙刻本。
④ （刘宋）范晔：《后汉书》卷三十七，桓荣丁鸿列传第二十七，百衲本景宋绍熙刻本。
⑤ （唐）李百药：《北齐书》卷四十四，列传第三十六儒林，清乾隆武英殿刻本。
⑥ （西晋）陈寿：《三国志》卷四十七，吴书二，百衲本景宋绍熙刊本。
⑦ 见（北齐）魏收：《魏书》卷八十二，列传第七十；《北史》卷四十七，列传第三五。
⑧ 见《三国志》卷四十七；《吴书》第二。
⑨ 《高僧传》卷九，《大正藏》第50册，第386页下。

赵时期高僧的治学方法①，佛图澄的另两位弟子比丘道进于后赵"学通内外，为虎所重"②；比丘尼安令首"博览群籍，经目必诵，思致渊深，神照详远，一时道学，莫不宗焉"③；与竺法雅并善"格义"的中山人康法朗，治学中讲求"敬终慎始，研微辩章"④；竺法雅的"弟子昙习，祖述先师，善于言论，为伪赵太子石宣所敬"。综之，在后赵学术语境下，笔者推论，竺法雅所擅之"外学"，主要指儒家典籍及与之相关的学经方法，要求讲解者严谨、深入分析字、词、句的结构，在此基础上辨析经中义理。

就前文对"格"训之归纳、结合现有文献对佛教"格义"特点的分析，笔者认为，竺法雅之"格义"，以儒家学说为底蕴，采用"递训"、"互训"为解经方法⑤，体现了"虽儒典之格训，即佛教之明谟"⑥的特点，例如东晋郗超 (336~378) 在对佛教"五戒"进行解释时，认为"不杀则长寿，不盗则常泰，不淫则清净，不欺则人常，敬信不醉则神理明治"⑦，在对佛经中"心作天，心作人，心作地域，心作畜生"等"心"的起用进行解释时，郗超谈到：

> 虽事未及形，而幽对冥构。夫情念远，速倏忽无间；机动毫端，遂充宇宙。罪福形道，靡不由之，吉凶悔吝，定于俄顷。是以行道之人必慎独，于心防微虑始，以至理为城池，常领本以御末，不以事形未著，而轻起心念。⑧

---

① 笔者按：因擅"格义"的僧人所在的中山、河间、高邑等地，与后赵都城邺城均在河北省境内，笔者推论此为佛教"格义"主要流行的地点，时间大约公元310（佛图澄入邺）—348（石宣统治）年间。

② 《高僧传》卷九，《大正藏》第50册，第386页上。

③ 《比丘尼传》卷一，《大正藏》第50册，第953页上。

④ 《高僧传》卷九，《大正藏》第50册，第347页中。

⑤ 笔者按：竺法雅讲经时期，后赵十分重视文化建设，建立了博士等文官制度。

⑥ 《历代三宝记》卷五，《大正藏》第49册，第59页下。

⑦ （东晋）郗超：《奉法要》，《弘明集》卷十三，《大正藏》第52册，第86页中。

⑧ 《奉法要》，《弘明集》卷十三，《大正藏》第52册，第87页上。

郗超用"则"将"长寿"、"常泰"、"清净"、"慎独"、"本末"等儒、道概念应对佛教名相的作法，此或为竺法雅"格义"可能的方式之一。

在各种"事数"之中，佛教在解释何为"五戒"时，常用儒家"五常"与之对比。颜之推《家训归心篇》：

> 内外两教本为一体，渐极为异，深浅不同。内典初门设五种之禁，与外书（仁义礼智信）五常符同。仁者，不杀之禁也；义者，不盗之禁也；礼者，不邪之禁也；智者，不酒之禁也；信者，不妄之禁也。①

此段中，"内"指佛教，"外"指佛教之外的学说。内外相较，佛教的五戒，与儒家的五常有一定的对应关系：不杀对应仁，不盗对应义，不邪对应礼，不饮酒对应智，不妄语对应信。此五对对应关系，法琳《辩正论》进一步解释：

> 书有五常之教，谓仁、义、礼、智、信也。愍伤不杀曰仁，防害不淫曰义，持心禁酒曰礼，清察不盗曰智，非法不言曰信。此五德者，不可造次而亏，不可须臾而废，王者履之以治国，君子奉之以立身，用无暂替，故云常也。……五常也者，在天为五纬，在地为五岳，在处为五方，在人为五藏，在物为五行，广而言之，无所不统，仰观俯察，其能有加焉。②

此段中"五常"对应的"五戒"与《广弘明集》相比存在差别，将不饮酒归为礼，不盗对应智，不淫对应义。此"五常"不仅可以"五戒"相比

---

① （北齐）颜之推：《家训归心篇》，《广弘明集》卷三，《大正藏》第52册，第107页中。
② （唐）法琳：《辩正论》卷一，《大正藏》第52册，第493页中。

配，也是"五纬"、"五岳"、"五方"、"五藏"、"五行"等划分的标准和基础，因为"常"贯穿人生与社会的方方面面，不可替代。又，《法苑珠林》：

> 夫世俗所尚，仁、义、礼、智、信也；含识所资，不杀、盗、淫、妄、酒也。虽道俗相乖，渐教通也，故发于仁者，则不杀；奉于义者，则不盗；敬于礼者，则不淫；说于信者，则不妄；师于智者，则不酒。斯盖接化于一时，非即修本之教。修本教者，是谓正法。内训弘道，必始于因，因者，杀、盗、淫、妄、酒也，此则在于实法，指事直言，故不假饰词托名现意。如斯而修因，不期果而果证，不羡乐而乐彰，若略近而望远，弃小而保大，则无所归趣矣。故知受持不杀之因，自证乎仁义之果，所以知其然。今见奉戒不杀，不求仁而仁著；持戒不盗，不欣义而义敷；守戒不淫，不祈礼而礼立；遵戒不妄，不慕信而信扬；受戒舍酒，不行智而智明。如斯之实，可谓振网持纲，万目开张，振机驭宇，以离寒暑。①

此段"五常"与"五戒"的对应方式，与《家训归心篇》相似，但又有细微差异，从两方面表明了"五常"与"五戒"的不同：第一，适用范围不同。"五常"为人类社会关系中的准则，"五戒"则是佛教对于有情的要求。第二，从因果角度分析，"五戒"是因，"五常"是果。以上"五戒"与"五常"的对应方法，或为竺法雅"格义"可能的方式之二。

回溯东汉《牟子理惑论》，牟子"修经传诸子"，又"研老子五千文"，其学术背景以儒家为主，他认为"孔子不以《五经》之备，复作《春秋》、《孝经》者，欲博道术，恣人意耳。佛经虽多，其归为一也。犹《七典》虽异，

---

① （唐）道世：《法苑珠林》卷八十八，《大正藏》第53册，第926页下—927页上。

其贵道德、仁义亦一也"①。在这样的认知基础上，牟子提出"周孔即佛，佛即周孔，盖外内名之耳，故在皇为皇，在王为王。佛者梵语，晋训觉也，觉之为义，悟物之谓，犹孟轲以圣人为先觉，其旨一也"②的思想。其中，"周孔即佛，佛即周孔"即是"互训"的代表形式。

更进一步，南宋道士顾欢在《夷夏论》中提出"道则佛也，佛则道也"③。南朝针对《夷夏论》的辩论中，谢镇之认为："论始云：佛是老子，老子是佛。又以仙化比泥洹，长生等无死，爰引世训，以符玄教，纂其辞例，盖以均也。"④释僧敏认为："人闻大圣现儒林之宗，便使庄、孔、周、老，斯皆是佛。若然者，君亦可即老子耶，便当五道群品，无非是佛。"⑤从解释无生的角度，朱广之认为：

> 无生即无死，无死即无生。名反实合，容得赊切之别耶。若以迹有差降故，优劣相悬者，则宜以切抑强，以赊引弱。故孔子曰：求也，退故进之；由也，兼人故退之。致教之方，不其然乎。⑥

虽然从这场辩论中，护佛教一方强调的是佛、道之间的差异，但从一个侧面显示出在南北朝之前，"儒—佛"与"佛—道"互训的作法较为普遍，"互训"的前提是承认儒、佛、道教理、教义的一致性，在此一致的基础上，用儒道概念对佛教名相进行相应的解释，此或为竺法雅"格义"可能的方式之三。

---

① 《牟子理惑论》，《弘明集》卷一，《大正藏》第52册，第2页中。
② 《牟子理惑论》，《弘明集》卷一，《大正藏》第52册，第17页上。
③ (南齐)明僧绍：《正二教》，《弘明集》卷六，《大正藏》第52册，第37页下。
④ (南齐)谢镇之：《谢镇之书与顾道士》，《弘明集》卷六，《大正藏》第52册，第41页下。
⑤ (南齐)释僧敏：《〈戎华论〉折顾道士〈夷夏论〉》，《弘明集》卷七，《大正藏》第52册，第47页中。
⑥ (南齐)朱广之：《疑〈夷夏论〉咨顾道士》，《弘明集》卷七，《大正藏》第52册，第44页下。

与"互训"一同使用的还有"递训"。在佛教解释系统中，倾向于佛、儒、道同理者认为："彼佛经也，包《五典》之德，深加远大之实，含《老》、《庄》之虚，而重增皆空之尽"①，所以"《洪范》说生之本，与佛同矣。至乎佛之所演，则多河汉，此溺于日用耳"②。"故其经云：闻道竺乾有古先生，善入泥洹不始不终，永存绵绵。竺乾者，天竺也；泥洹者，胡语，晋言无为也。"③此即是说，"泥洹"与"无为"的不同在于所用语言的差别，究其内容则似相同。或者说，"夫佛也者，体道者也；道也者，导物者也，应感顺通，无为而无不为者也。无为故虚寂自然；无不为故神化万物；万物之求，卑高不同，故训致之术，或精或庬，悟上识则举其宗本"④。进一步说"虽慈良、无为与佛说通流，而法身、泥洹无与尽言，故弗明耳。且凡称无为而无不为者，与夫法身无形普入一切者，岂不同致哉。是以孔、老、如来虽三训殊路，而习善共辙也。"⑤在此意义上，泥洹可训为无为、虚寂、自然与道。此或为竺法雅"格义"可能的方式之四。

以上谈到的竺法雅"格义"可能的四种方式中，"互训"、"递训"的方法或发挥了重要的作用，但"互训"有其局限，它"重在求同与通，不在求其别"，如果"字、词只明其通、同，而不知其异也不行，所以不能全用互训，它不能普遍使用"⑥。正如"互训"方法使用的局限一样，佛教"格义"促进了早期佛教在中国的发展，但这种方法侧重于儒、释、道的相通性、相同性，对其之间的差异性着力较少，但在中华文化背景下，此种文化间概念对应解释方式，最终不仅影响对佛教终极教理的理解，且不利于佛教独立发展，因此，从

---

① （刘宋）宗炳：《明佛论》，《弘明集》卷二，《大正藏》第52册，第9页中。
② （刘宋）郑道子：《神不灭论》，《弘明集》卷五，《大正藏》第52册，第29页下。
③ 《正诬论》，《弘明集》卷一，《大正藏》第52册，第7页中。
④ （东晋）孙绰：《喻道论》，《弘明集》卷三，《大正藏》第52册，第16页中。
⑤ 《明佛论》，《弘明集》卷二，《大正藏》第52册，第12页上。
⑥ 许嘉璐：《训释字/词义的方式——说"互训"》，《文史知识》，2011年9月。

道安开始反思，鸠摩罗什僧团付诸实践，南北朝僧俗一再辩论，至隋唐佛教义理体系得以完善。

三、"格义"与"连类"、"六家"同异考

在佛教解释体系中，与"格义"相似的跨文化解释方法还有"连类"。案《高僧传》：

> 年二十四便就讲说。尝有客听讲，难实相义，往复移时，弥增疑昧，远乃引《庄子》义为连类，于是惑者晓然。是后安公特听慧远不废俗书。①

此谓"连类"，乃东晋慧远在解释佛教"实相"义时，引《庄子》义进行说明的方法，得到了道安的认可。

既然"格义"与"连类"相似，为何"连类"被视作可行之方法，而"格义"却遭到弹斥？上文已考证了"格义"的优缺点，此再考察"连类"之旨。

"连类"中的"连"在此语境下指联系、连接，"类"指具有相同性质的属，即《周易系辞》中"方以类聚、物以群分"之类。"连类"在佛教文献与儒家文献中出现的情况如下：

第一，慧远的"连类"在解释"实相"时使用。佛教义理中，"实相"与"本无"、"性空"、"法性"、"缘会"相即②，从不同侧面显示了诸法不变随缘、缘起性空的道理，与《庄子》中"相待"、"无待"、"万物皆一"等齐物的

---

① 《高僧传》卷六，《大正藏》第50册，第358页上。

② 笔者按：僧肇：《宗本义》，《大正藏》第45册，第150页下："本无、实相、法性、性空、缘会，一义耳。何则？一切诸法，缘会而生，缘会而生，则未生无有；缘离则灭，如其真有，有则无灭，以此而推，故知虽今现有，有而性常自空；性常自空，故谓之性空，性空故，故曰法性；法性如是，故曰实相，实相自无，非推之使无，故名本无。言不有不无者，不如有见、常见之有，邪见、断见之无耳。若以有为有，则以无为无，夫不存无以观法者，可谓识法实相矣。"

观点相似,可以借用以意会佛教义理,如《摩诃般若波罗蜜经》引声、影、焰为喻,指示佛教认为世界幻化非真的道理:

> 譬如鸟飞虚空无有迹,菩萨句义无所有亦如是。须菩提!譬如梦中所见无处所,菩萨句义无所有亦如是。须菩提!譬如幻无有实义,如焰、如响、如影、如佛所化无有实义,菩萨句义无所有亦如是。须菩提!譬如如、法性、法相、法位、实际无有义,菩萨句义无所有亦如是。①

此段语境中,幻化的声、影、焰犹如野马、水月、梦和镜中像②,与《庄子》谓"野马"者义有相近处,因而僧肇引庄子之说,作"野马飘鼓而不动"释"物不迁"之义,以明《道行般若经》"诸法本无所从来,去亦无所至"之理,此即所以"本无、实相、法性、性空、缘会,一义耳":缘会而生,则无生;无生非生,则幻化;幻化非真,故性空;法性自无,故本无。

第二,佛教典籍中,鸠摩罗什、智𫖮、湛然、释智周亦使用了"连类"的方法或概念。鸠摩罗什在龟兹时,其师盘头达多至,与之论大、小乘义:

> 师谓什曰:"汝于大乘见何异相而欲尚之?"什曰:"大乘深净,明有法皆空;小乘偏局,多诸漏失。"师曰:"汝说一切皆空,甚可畏也。安舍有法而爱空乎?如昔狂人令绩师绩线极令细好,绩师加意细若微尘,狂人犹恨其麤。绩师大怒乃指空示曰:'此是细缕。'狂人曰:'何以不见?'师曰:'此缕极细,我工之良匠犹且不见,况他人耶。'狂人大喜以付织师,师亦效焉,皆蒙上赏而实无物。汝之空法亦由此也。"什乃连类而陈之,往复苦至,经一月余日,方乃信服。师叹曰:"师不能达,反启

---

① 《摩诃般若波罗蜜经》卷四,《大正藏》第8册,第241页下。
② 参见《光赞经》,《大正藏》第8册,第147页上。

其志，验于今矣。"于是礼什为师，言和上是我大乘师，我是和上小乘师矣。①

此段中所谓"连类"，乃鸠摩罗什用旁例驳盘头达多对大乘"空"义的误解，以确立"空"义。由此次辩论持续一个多月的状况来看，罗什所引为"连类"之例必多。与佛教经典中以譬喻说明佛理的特点相似。

隋朝智顗在总结时人因判教对《大品般若经》、《华严经》与《法华经》评价的观点时，使用了术语"连类"，曰：

教意是佛意，佛意即是佛智。佛智至深，是故三止四请，如此艰难。比于余经，余经则易。若始坐道场，梵王初请，言请法亦无疑网，往复殷勤，说诸方等，观文可知。说《大品》时，犹酬梵请，唯《华严》中请金刚藏可为连类，而人师偏著，谓加于《法华》，言小乘致请不及菩萨，此见一边耳。②

智顗认为，有人提出《法华》不及《华严》与《大品》，唯《华严》中请金刚藏讲法的场景可以比拟《大品般若经》请佛说法"三止四请"的见解，是偏颇的边见。

对智顗所说"唯《华严》中请金刚藏可为连类，而人师偏著，谓加于《法华》，言小乘致请不及菩萨，此见一边耳"一句，湛然进一步解释：

初连类者，如《华严》中说十住时有十慧菩萨，法慧为首；说十行时，有十林菩萨，功德林为首；说十向时，有十幢菩萨，金刚幢为首，

---

① 《高僧传》卷二，《大正藏》第50册，第331页上—中。
② （隋）智顗：《法华玄义》卷十，《大正藏》第33册，第800页下。

并云承佛力说至；说十地时，有三十六菩萨，皆以藏为名，金刚藏为首，解脱月居末。是金刚藏入大智慧光明三昧，十方皆尔从三昧起，告诸菩萨言广大如法界等。次列十地名，竟云三世十方诸佛无有不说此十地者，一切菩萨随顺佛说，作是说已，默然而住。一切菩萨闻是语已，渴仰欲闻，各各念言："何故金刚藏菩萨说十地名已，默然而住？"众中有菩萨名解脱月，知众心念，说五行偈请金刚藏，金刚藏复说六行偈止，云："众生少信，故我默然。"解脱月复请云："大众直心清净，善修助道，种诸善根。"（云云）金刚藏复止，云："众虽清净，不久行者，智能未明了。"解脱月复请云："诸佛皆护念，愿说十地义。"诸菩萨同声偈请，诸佛放光照，光中偈赞竟，金刚藏复称叹十地义深妙难思，谦退已，次方乃云承佛力说，复诫众，令谛听恭敬。又云："我之所说者，如大海之一渧。"次方广说十地功德等。此乃三请两止，犹阙法华一请一止，故云连类。况《法华》所请独显本迹，一实长远耶。又连类者，但云止请，不云所说之法，法非连类，不可为俦，而人师偏著，谓加于《法华》者，自古弘经论师不晓佛意，唯见《华严》事广文长，菩萨致请，而谓《华严》加胜《法华》，近代已来，读山门教者，仍有此说，误哉，误哉！况以人师，但以请主胜劣相形，不云法门观智胜此，而近代匠者，更以教体谓胜《法华》，岂非误耶。①

湛然认为，《华严经》中请金刚藏说法的"三请两止"可以与《法华经》中"四请三止"相"连类"，说明佛经的讲说的不易与重要。但此种"连类"仅用于类比现象，比如将经典中的说法过程作为对象进行比较；一旦涉及佛教义理，则非此种"连类"所能及。

---

① （隋）智顗说、灌顶记、湛然释：《妙法莲华经玄义释签》卷三十七，《乾龙大藏经》第116册，第787页中一下。

第三，佛教外典籍所载，"连类"常与"比物"连用，或曰"比物荃荪，连类龙鸾"①；或曰"比物属事，离辞连类"②。此种"连类"也被认为是修辞手法"比"和"兴"③，特点在于用他事以起此事，借由引起情感之相似者在不同事物间进行比较。如："求至理语，其大略莫若顺阴阳之序节，寒温之中。何则？人资阴阳以育，俟寒温以成，虽禀于五常，而连类于万物，在春夏也。"④此即是说，从身体构造来说人禀五常，与万物不同；但从性质方面考虑，人与万物有同"资于阴阳"、"成于寒温"这一点上是相同的，故人可与万物相连类。

第四，从训诂方法"连类而及"角度考虑，进一步扩展，或亦可用于相似事项之间的比较。王引之在《经义述闻》中解释"巽而耳目聪明"时谈到：

> 《象传》："巽而耳目聪明。"虞注曰："谓三也。三在巽上，动成坎离，有两坎、两离象，乃称聪明。日月相推而明生焉，故巽而耳目聪明。"引之谨案：如虞说，则是坎而耳目聪明矣，岂巽之谓乎！三动则成未济，未济之象，火在水上，亦与以木巽火之象不合，其误甚矣。仲翔必欲为此说者，盖以外卦离为目、为明，而无耳聪之象，故云三动成坎，以迁就之不知古人之文，多有连类而及者。离固为目、为明，而但云巽而目明，则文单而义不显，故必以耳聪并称，而明目达聪之义，始

---

① （梁）萧统：《六臣注文选》卷第六十，四部丛刊景宋本，注曰："韩子曰：连模拟物，见者以为虚而无用。王逸《楚词序》曰：善鸟香草，以配忠贞；虬龙鸾凤，以托君子。济曰：荃荪，香草也，屈生作《离骚》以香草、龙凤喻君子。鸾凤，瑞鸟也。"

② （梁）萧统：《文选》卷三十四，胡刻本，注："《礼记》孔子曰：属辞比事，春秋教也。韩子曰：多言繁称，连模拟物也。"

③ （东汉）赵岐：《孟子注疏》引《论语注疏》解经卷第十七，清嘉庆二十年南昌府学重刊宋本十三经注疏本，注："子曰，小子何莫学夫诗（包曰：'小子，门人也。'），诗可以兴（孔曰：'兴，引譬连类。'）。"

④ （宋）李昉：《文苑英华》卷六百二十三，明刻本。

箸非谓卦中有耳聪象也。《乐记》曰："乐行而伦清，耳目聪明，血气和平。"乐以听为主，当云耳聪，而记并称目明，亦是连类而及也。①

王引之认为，"巽"卦三爻动使外卦为"离"卦，"离"卦表示目明之象，古人之所以说"巽而耳目聪明"，是因为仅说"目"明则"文单而义不显"，故连类以"耳"聪，"目"与"耳"连类而及。此与说"乐行而伦清，耳目聪明"所用的修辞表现手法一致。此例中在耳为聪，在目为明的共同性质，是进行"连类"的基础。扩而察之，隋·慧远《大乘义章》所载"三世事异，故须别知，空义理同，可以类知，故不别论"②句中所表达的在"理同"、"类知"为原则来推知三世之事的方法，或亦为此。

考察术语"连类而及"出现的语境，见《尚书古文疏证》：

> 又按：余尝谓古人文多连类而及，之因其一并及其一，《禹贡》亦然。江汉朝宗于海，汉入江，江方入海，因江入海，汉亦同之。伊、洛、瀍、涧既入于河，伊、瀍、涧悉入洛，洛方入河，因洛入河并及于伊、瀍、涧，皆连类之文也。③

阎若璩认为，古人使用"连类而及"方法者较多，在《尚书·禹贡》中就出现多处运用，如"荆、河惟豫州：伊、洛、瀍、涧既入于河"指伊、洛、瀍、涧四条水入于洛水，洛水入于河，这种提将"伊、洛、瀍、涧"类推入河，与"江入海，汉亦同之"一样，"因其一并及其一"的行文修辞方式，就是对"连类而及"这种推演方式进行的形象、具体的说明。

---

① （清）王引之：《经义述闻》第二，清道光刻本。
② （隋）慧远：《大乘义章》卷四，《大正藏》第44册，第576页中。
③ （清）阎若璩：《尚书古文疏证》卷六上，清乾隆眷西堂刻本，《中国基本古籍库》版。

除"连类"外，佛教典籍中也用"拟配"类比相似概念。《大般涅槃经集解》：

> 僧宗曰：声闻位中，始于内凡夫，终阿罗汉也；菩萨位中，始于住前，终期十地。取少分相似，相拟配也。此从四意止，至世第一法，拟住前三十心，并是折伏道，未得真无漏也。①

此段中，"凡夫"与"住前"菩萨位，"阿罗汉"与"十地"菩萨相比，显然是不同的，但凡夫之于阿罗汉与住前之于十地菩萨有其相似之处，故可进行拟配，可用熟悉的概念训释生疏的概念，以帮助阅文者理解文义。

通过上文对佛教"格义"、"连类"的探讨，笔者认为，两者即有相同也有不同。相同处：用中国文化来解释印度佛经。不同处："格义"以儒学为底蕴，以"互训"和"递训"为治学方法，重在文本的对应关系及对相同义理的训释。"格义"随着中国佛教哲学体系的发展而僵化，过之则限制对佛教思想的体证；"连类"以玄学为基础，重在对相似思想的意会，并非文本章句意义上的相同，较为灵活，引导信仰者进入形而上层面的思考，过则狂诞。

佛教自后汉传入中国后，至东晋始有"格义"之名。综观佛教在汉末魏晋南北朝的发展历史，获得文化认同是佛教发展的关键。此时，僧人的学养与影响力决定着佛教的传播效果，这一时期的主要僧人也可谓学兼内外、博古通今，此亦"格义"得以产生、发展的主要条件。东晋孙绰将东晋七位佛教僧人比作"竹林七贤"，他"制《道贤论》，以天竺七僧，方竹林七贤"②，"以法护匹山巨源，法祖比嵇康，竺潜比刘伯伦，于法兰比阮嗣宗，竺法乘比王浚冲，于道邃比阮咸，支遁比向子期。凡此七贤匹于七僧，皆察其气

---

① 《大般涅槃经集解》卷十五，《大正藏》第37册，第436页中。
② 《高僧传》卷一，《大正藏》第50册，第327页上。

椠，较道量德，着其论文，盛传于时。"①这一时期的名僧，大多学兼内外，既文风与魏晋玄风相合，符合魏晋品藻名士的标准，又对佛学有高深的造诣，故将"天竺七僧"比作"竹林七贤"亦是题中应有之义。

放眼魏晋南北朝，僧人类此者甚众：安世高"外国典籍及七曜、五行、医方、异术，乃至鸟、兽之声，无不综达"；康僧会"天文、图纬多所综涉，辩于枢机、颇属文翰"；支谦"世间伎艺多所综习，遍学异书，通六国语"；竺法护"博览六经，游心七籍"，精通"外国异言三十六种"，"贯综诂训，音义、字体，无不备识"；帛延"博解群籍、内外兼综②"；竺佛念"讽习众经，粗涉外典，其苍雅、诂训尤所明达"；释宝云"在外域遍学梵书，天竺诸国音、字、诂训悉皆备解"，因此他"华戎兼通，音训允正③"；求那毗地"兼学外典，明解阴阳"；竺法雅"少善外学，长通佛义"，他"风采洒落，善于枢机，外典、佛经递互讲说"；竺叔兰"既学兼胡、汉，故译义精允④"；竺法潜"或畅方等，或释《老》、《庄》，投身北面者，莫不内、外兼洽"；支遁"注《逍遥篇》，群儒旧学莫不叹服"；白法祖"研味方等，妙入幽微。世俗坟、索多所该贯"，"博涉多闻，善通梵、晋之语⑤"；释道安"外涉群书、善为文章"；昙一昙二"并博练经义，又善《老》、《易》"；释昙徽"年十二投道安出家，安尚其神彩且令读书，二三年中学兼经、史，十六方许剃发"；释慧远"博综六经，尤善《庄》、《老》"；释道恒"学该内外、才思清敏"；释僧肇少时"历观经史、备尽坟籍、爱好玄微"；慧叡"游历诸国，乃至南天竺界，音译、诂(诂)训、殊方异义无不必晓"；慧观"妙善佛理，探究《老》、《庄》"；释慧琳"善诸经及《庄》、《老》"；释僧诠"少游燕齐，遍学外

① 灵操：《释氏蒙求》卷一，《卍续藏经》第87册，第229页上。
② 《首楞严后记》，《出三藏记集》卷七，《大正藏》第55册，第49页下。
③ 《出三藏记集》卷十五，《大正藏》第55册，第113页上。
④ 《出三藏记集》卷十三，《大正藏》第55册，第98页下。
⑤ （唐）释智升《开元释教录》卷二，《大正藏》第55册，第498页下。

典";释僧含"幼而好学,笃志经、史及天文、算术,长通佛义,数论兼明";释僧瑾"少善《庄》、《老》及《诗》、《礼》";智斌"善《三论》及《维摩》、《思益》、《毛诗》、《庄》、《老》等";昙度"善三藏及《春秋》、《庄》、《老》、《易》";释弘充"通《庄》、《老》,解经、律";释僧若与僧璇"善诸经及外书,若诵《法华》,工草隶";释僧盛不仅善讲众经,还"特精外典,为群儒所惮";释昙斐"方等深经皆所综达,《老》、《庄》、儒、墨颇亦披览"①。兼通时下流行的各类学说,明达研究典籍的各种方法乃僧人必备的素质,也是评选高僧的标准之一。

不仅在内容上有重要联系,佛教与玄学在讲说形式上也较为相似。六朝清谈之风盛行,在论道过程中,士人喜用麈尾作为道具,增强谈论的氛围,佛教也采用了这一方式:

> 六朝人清谈必用麈尾。《晋书》:"王衍善元言,每捉白立柄,麈尾与手同色。"（《衍传》）"孙盛与殷浩谈,奋麈尾尽落饭中。"（《盛传》）……《齐书》:"戴容著《三宗论》,智林道人曰:'贫道捉麈尾三十年,此一涂无人能解,今始遇之。'"（《容传》）……《陈书》:"后主宴宫僚,所造玉柄麈尾新成,曰:'当今堪捉此者,惟张讥耳。'即以赐讥。又幸钟山开善寺,使讥竖义,时麈尾未至,命取松枝代之。"（《讥传》）②

麈尾即是拂尘,佛教与道教在讲法时均予以使用,以佛尘作为讲法的道具,在形式上沟通了道家与佛教,在魏晋南北朝时期的佛教传播过程中发挥了重要作用。

由上可知,《高僧传》所录汉末魏晋南北朝的名僧,大多既精研佛法,又

---

① 本段引注未特别说明处均引自慧皎《高僧传》。
② （清）赵翼:《廿二史札记》卷八,清嘉庆五年湛贻堂刻本,《中国基本古籍库》版。

备习中国与西域文化，内、外兼明可谓必备之学养，试图用中国原有的道理解释佛经，找到两种文化思想上的共通点，用相近或相似的概念对要表达的思想与意义进行诠释，是可行、便捷的方法，在早期佛教传播中尤为重要，因此要求僧人既要精通佛法，也要对儒家的"五经"与玄学的"三玄"（《老》、《庄》、《易》）进行深入研究，此也是自东汉佛经翻译始，时人在对佛教文化进行理解时，借用和引用了中国传统文化的概念的原因之一。印度佛经翻译成中文后，在中国生根发展，成为中国传统文化重要的组成部分，中国僧人在研究佛教的同时，也必须对中国传统文化有深入理解。

上文提到，汉末魏晋南北朝时期名僧的学养，大多兼通儒、道、释，至隋唐仍是如此，如隋朝名僧彦琮在出家之前，"时年二十有一，与宇文恺等周代朝贤，以《大》、《易》、《老》、《庄》陪侍讲论。江便外假俗衣，内持法服，更名彦琮"①。实际上，只有兼具儒释道三家的学养，才能列恰当地理解用中文形式书写的佛教经典，使之在中国文化肥沃的土壤中生长壮大。

在异质文化交流的背景下，除上文已分析"格义"与"连类"，尚有"六家"。此"六家"的代表人物②根据自己对佛教义理的理解，对佛教哲学的关键问题"空"进行了创造性的分析和论述。笔者认为，"格义"与"六家"不同，两者虽均站在中国文化的角度，以中国传统概念解释印度思想，找到两者在某些概念上的相通处进行类比，但"格义"的目的在于诠释"内典"与"外书"较一致的部分，"六家"重在阐释中国佛教哲学。"格义"与"六

---

① 《续高僧传》卷二，《大正藏》第50册，第436页下。

② "六家"，即"六家七宗"，代表人物与主要观点为："本无宗"道安认为"无在万化之前，空为众形之始。""本无异宗"竺法琛、竺法汰认为"本无者，未有色法，先有于无，故从无出有。即无在有先，有在无后，故称本无。""即色宗"支道林、郗超，支道林即色义倡"即色为空"，认为色之性"不自有色"，但"色复异空"。"识含宗"于法开认为"三界为长夜之宅，心识为大梦之主。今之所见群有，皆于梦中所见。其于大梦既觉，长夜获晓，即倒感识灭，三界都空。""幻化宗"道壹认为"世谛之法皆如幻化。是故经云，从本已来，未始有也。""心无宗"支敏度、竺法蕴、道恒，认为"心无者，无心于万物，万物未尝无。""缘会宗"道邃认为："缘会故有，名为世谛，缘散故即无，称第一义谛。"

家"的分野可谓"名教"与"自然"关系在佛教思想中的继续：玄学从"名教本于自然"到"越名教而任自然"；佛教从"格义"到"六家"而至于"不真空"，最终"离言绝虑"。或可以说，"佛经所以越名教、绝九流者，不以疏神达要，陶铸灵府，穷原尽化镜，万像于无像者也"①。随着佛教解经方法从"格义"到对语言的超越，佛教思想也完成了从外化形式到内在体验的转向。

综上所述，"格义"、"连类"与"六家"同为佛教传入早期，僧人用中国思想解释、理解印度佛学所做的尝试。这些尝试在进行文化间诠释时，又各有特点：从使用方法上说，"格义"重在对儒家解经法的运用，"连类"从概念性质相似处起"兴"，"六家"强调哲学概念的思辨；从使用目的上看，"格义"强调文化间相同的一面，"连类"侧重思想体会，"六家"实则是为了建立中国佛教哲学体系。

是否需要对"格义"进行广、狭义的划分，以及如何确立划分标准，是学者争论较多的问题，在承认"格义"为用中国文化解释印度佛教义理的共识上，是否将竺法雅的"格义"法区分出来，是争论的焦点。通过上文对"格"义的溯源与对"格义"、"连类"与"六家"的分析，笔者认为，对佛教"格义"进行广、狭二义的划分必要且重要，狭义"格义"指竺法雅的解经方法，广义"格义"指汉末魏晋南北朝用中国文化解释印度佛教的学术思潮。广义而言，作为特定文化语境中的产物，佛教"格义"有其历史局限性，但在文化间诠释的过程中，促进了时人对佛教的理解，扩大了佛教的影响，在一定程度上，促进了佛教义理的中国化，促进了中国佛教哲学体系的建立与完善。

本文在广义格义角度，分析《道行般若经》的"格义"可能方法，以此管窥中国佛教"格义"的过程。

---

① （东晋）慧远：《三报论》，《弘明集》卷五，《大正藏》第52册，第34页下。

第二章　《道行般若经》历代异译要点比较

作为重要的佛教经典，般若类经历代的异译的数据保存于南朝梁僧佑编《出三藏记集》、隋费长房编《历代三宝记》、隋法经编《众经目录》、武周明佺编《大周刊定众经目录》、唐释道宣编《大唐内典录》、唐静泰编《众经目录》、唐释智升编《开元释教录》、唐圆照编《贞元新定释教目录》、明智旭编《阅藏知津》等佛教经录中，《道行般若经》作为最早译成中文的般若类经典，是将其他般若类经翻译成中文的基础和参考，本章通过梳理、统计般若类经的重译数据，分析般若类经异译的原因，对比现存与《道行般若经》主要内容相同的般若类经典的翻译变化，探寻佛经重译和异译背后的深层文化原因。

第一节　重译经典与各本品目比较

一、"格义"视域下翻译的复杂性与重译的必然性

作为异质文化交流最初和最重要的阶段之一，佛经翻译在中国佛教传播史有着重要的历史地位和作用。佛经翻译场所承担了早期佛教教育的职能，也是佛教"格义"发生的地点和条件之一。

在中国佛教翻译史上，重要的佛教经典经过历代重译，这些译本由不同的译场组织翻译，翻译风格与特点也因底本、译者、文化语境的不同出现差

别。这些重译的经典，也称作"重翻"①，被冠以"异出经"之名，取其"胡本同"而"汉文异"之义，即同经异译。《出三藏记集》录：

> 异出经者，谓胡本同，而汉文异也。梵书复隐，宣译多变，出经之士，才趣各殊。辞有质文，意或详略，故令本一末二，新旧参差。若国言讹转，则音字楚夏；译辞格碍，则事义胡越。岂西传之骁骏，乃东写之乖谬耳。是以《泥洹》、《楞严》重出至七，《般若》之经，别本乃八。傍及众典，往往如兹。②

僧佑认为，"经出西域，运流东方，提挈万里，翻传胡汉。国音各殊，故文有同异；前后重来，故题有新旧"③。佛经译出的主要原因在于翻为汉语时所在的朝代文化、地区方言及译者水平不同，其胡/梵④文原本是相同的。

翻译具有复杂性，语言的地域差别不仅指两种文明之间，也包括同一文明的不同地区差异。从遥远国度到达中国的文本，其间或已经多次翻译，早与原用语言不同。从佛经翻译角度来说：

> 夫翻译者，谓翻梵天之语，转成汉地之言。音虽似别，义则大同。《宋僧传》云：如翻锦绣，背面俱华，但左右不同耳。译之言易也，谓以所有，易其所无。故以此方之经，而显彼土之法。周礼掌四方之语，各有其官。东方曰寄，南方曰象，西方曰狄鞮，北方曰译。今通西

---

① 笔者按：《续高僧传》卷二，《大正藏》第50册，第437页中："仁寿二年，下勅更令撰《众经目录》，乃分为五例，谓单译、重翻、别、生、疑伪，随卷有位，帝世盛行。"

② 《出三藏记集》卷二，《大正藏》第55册，第13页下。

③ 《出三藏记集·序》，《大正藏》第55册，第1页上。

④ 笔者按：实际上，就原本而言，也存在胡、梵语的差别，但直到隋朝以彦琮为代表的僧人才明确提出。

言，而云译者，盖汉世多事北方，而译官兼善西语。故摩腾始至，而译《四十二章》，因称译也。言名义者，能诠曰名，所以为义。能诠之名，胡梵音别，自汉至隋，皆指西域以为胡国。唐有彦琮法师，独分胡、梵，葱岭已西，并属梵种；铁门之左，皆曰胡乡。言梵音者，劫初廓然，光音天神，降为人祖，宣流梵音，故《西域记》云：详其文字，梵天所制，原始垂则，四十七言。寓物合成，随事转用，流演枝派，其源浸广。因地随人，微有改变，语其大较，未异本源。而中印度，特为详正，辞调和雅，与天音同。气韵清亮，为人轨则。[①]

　　在不同文明交流中，翻译的原则在于"以所有，易其所无"，后世之所以用"北方曰译"中的"译"字，来统括"寄"、"象""狄鞮"，代表对四方语言的翻译，是因为北方的译官同时也精通西方的语言，故将"译"上升为一般，指代文化翻译。在印度文化与中国文化交流过程中，一度没有区分梵、胡的不同，尽管梵语和胡语存在区别，但直到隋唐时期的彦琮法师，才正式指出梵、胡的差别。也就是说，隋前所译的梵语、胡语佛经，时人认为都属胡语。此段之中，"以此方之经，而显彼土之法"即为"格义"可能的运用形式和方法。在此意义上，"格义"始于翻译之初。

　　就文字形体来看，佛经使用的文字（梵文或胡文）与中文的差别：

　　　　夫神理无声,因言辞以写意；言辞无迹，缘文字以图音。故字为言蹄，言为理筌，音义合符，不可偏失。是以文字应用，弥纶宇宙，虽迹系翰墨，而理契乎神。昔造书之主凡有三人：长名曰梵，其书右行；次曰佉楼，其书左行；少者苍颉，其书下行。梵及佉楼居于天竺，黄史苍颉在于中夏。梵佉取法于净天，苍颉因华于鸟迹，文画诚异，传理则同矣。

---

① （宋）法云：《翻译名义集》卷一，《大正藏》第54册，第1056页上—中。

仰寻先觉所说，有六十四书，鹿轮转眼，笔制区分，龙鬼八部，字体殊式，唯梵及佉楼为世胜文，故天竺诸国谓之天书。西方写经，虽同祖梵文，然三十六国，往往有异。譬诸中土，犹篆、籀之变体乎。案苍颉古文，沿世代变，古移为籀，籀迁至篆，篆改成隶，其转易多矣。至于傍生八体，则有仙龙云芝；二十四书，则有揩奠针殳。名实虽繁，为用盖尠。然原本定义，则体备于六文；适时为敏，则莫要于隶法。东西之书，源亦可得，而略究也。①

文字、言语、语言最终的功能，是为了表达思想，从这一意义上来说，文字可谓"迹"，迹或有不同，其致一致，所示之义相同。但从字型与书写顺序上来说，不同文化的文字有所不同，如比较梵文/胡文与汉语，梵文/胡文的书写顺序为从左到右；汉文为从上到下。并且，即使同为西方的语文，梵文与西域三十六国的语言也存在区别，此与中国古文、篆文、籀文、隶书的区别类似。

再从发音来看：

至于胡音为语，单、复无恒，或一字以摄众理，或数言而成一义。寻《大涅槃经》列字五十，总释众义十有四音，名为字本。观其发语裁音，宛转相资，或舌根唇末，以长短为异。且胡字一音不得成语，必余言足句，然后义成。译人传意，岂不艰哉！又梵书制文，有半字、满字。所以名半字者，义未具足，故字体半偏，犹汉文"月"字，亏其傍也。所以名满字者，理既究竟，故字体圆满，犹汉文"日"字，盈其形也。故半字恶义，以譬烦恼，满字善义，以譬常住。又半字为体，如汉文"言"字；满字为体，如汉文"诸"字，以"者"配"言"方成诸字。

---

① 《胡汉译经音义同异记》，《出三藏记集》卷一，《大正藏》第55册，第4页中。

"诸"字两合，即满之例也；"言"字单立，即半之类也。半字虽单，为字根本，缘有半字，得成满字。譬凡夫始于无明，得成常住，故因字制义，以譬"涅槃"。梵文义奥，皆此类也。是以宣领梵文，寄在明译。译者释也，交释两国，言谬则理乖矣。自前汉之末，经法始通，译音胥讹，未能明练。故"浮屠"、"桑门"，言谬汉史。音字犹然，况于义乎。①

梵语/胡语的发音区别于汉语，梵语/胡语用几个音节表达一个字义，从未有一个音节表达一个字义的用法。梵文/胡文字义的变化有时从字形得出，比如同一字根的词，因为后缀的变化表达的意义有所不同，甚至相反。在这样的情况下，如果翻译者不精通梵文/胡文的构词与语法，则很容易译错。在翻译的最初，如果其发音不正，选择的对应字词出现错误，基于文字形成的意义是否适当和正确，就更值得商榷了。

对于佛经重译的主要原因，东晋支敏度在《合维摩诘经序》中谈到：

盖《维摩诘经》者，先哲之格言，弘道之宏标也。其文微而婉，厥旨幽而远。可谓唱高和寡，故举世罕览。然斯经梵本，出自维耶离，在昔汉兴，始流兹土。于时有优婆塞支恭明，逮及于晋有法护、叔兰，此三贤者，并博综稽古，研机极玄，殊方异音，兼通关解，先后译传，别为三经，同本、人殊、出异。或辞句出入，先后不同；或有无离合，多少各异；或方言训古，字乖趣同；或其文胡越，其趣亦乖；或文义混杂，在疑似之间。若此之比，其涂非一。若其偏执一经，则失兼通之功；广披其三，则文烦难究。余是以合两令相附，以明所出为本，以兰所出为子，分章断句，使事类相从，令寻之者瞻上视下，读彼案此，足以释乖迁之劳，易则易知矣。若能参考校异，极数通变，则万流同归，百虑一

---

① 《胡汉译经音义同异记》，《出三藏记集》卷一，《大正藏》第55册，第4页下。

致，庶可以辟大通于未寤，阖同异于均致。若其配不相俦，傥失其类者，俟后明哲君子，刊之从正。①

以《维摩诘经》为例，虽然此经已由支谦、竺法护、竺叔兰等人3次将其译为汉文，谓"同本"、"人殊"、"异出"，但由于各人对印度语言以及中国文字、音韵、训诂技能所掌握程度不同，此3种译本文字有差别，且均有不同程度的缺憾。对比此3种同本异译经，在所用字、词、章句和结构方面都有很大差异，因此支敏度认为，在校定通行本时，选用支谦的译本为底本，竺叔兰译本为辅助，校对、核定，分章断句，合为一本。

佛教初传中国时，面临如何向中国人传播的问题，当时，不仅有语言方面的障碍，需要翻译协助解决，更在于佛教的义理深奥，与中国传统哲学有着不同，所以在翻译佛教概念名相时，在中国文化中寻找与之对应的词句成为翻译过程中较难的工作，因为或有相近的词语可用，但内涵不同；或没有与之对应的词语，需要创造新词。这就对翻译参与者的训诂素养有了较高要求：

> 爰至安清、支谶、康会、竺护等，并异世一时，继踵弘赞。然夷夏不同，音韵殊隔，自非精括诂训，领会良难。属有支谦、聂承远、竺佛念、释宝云、竺叔兰、无罗叉等，并妙善梵汉之音，故能尽翻译之致，一言三复，词旨分明。然后更用此土宫商，饰以成制。随方俗语，能示正义，于正义中，置随义语，盖斯谓也。②

在道安看来，虽然安世高、支娄迦谶、康僧会、竺法护都精通佛经义理，也能将彼义理用语言表达，但是，由于中国与西域文化、语言的不同，

---

① （东晋）支敏度：《合维摩诘经序》，《出三藏记集》卷八，《大正藏》第55册，第58页中—下。
② 《高僧传》卷三，《大正藏》第50册，第345页下。

佛经翻译成中文时，译者必须对中文的文字、音韵、训诂之学有精深造诣，非如此，则不能提升翻译水平。在佛教的翻译史上，或可以说，支谦、聂承远、竺佛念、释宝云、竺叔兰、无罗叉等人，兼善梵、汉之语，亦精通中国训诂之学，使得佛经的翻译水平较东汉有了很大提高，但仍有较多不足，如道安所见的前人译经，就存在"句不通"、"义不契"的遗憾：

> 初，经出已久，而旧译时谬，致使深义隐没未通。每至讲说，唯叙大意，转读而已。安穷览经典，钩深致远，其所注《般若》、《道行》、《密迹》、《安般》诸经，并寻文比句，为起尽之义。及析疑甄解，凡二十二卷，序致渊富，妙尽玄旨，条贯既叙，文理会通，经义克明，自安始也。[1]

在中国文化语境下，如要契解佛经深义，道安认为，仅能"转读"和知"大意"是远远不够的，梵/胡文字翻译成中文以后，阅读者习惯于从中文的字义来理解文字承载的佛教义理，此时，不仅文化间相互理解是一个长期的过程，中华文字本身也在发展，语意也在演变，因此不同时期对前译佛教经典提出了重译的要求。

道安认为，自《放光般若经》译成中文以后，经文丰富了对中国佛教哲学"空"义的诠释。他在《放光经记》中再次谈到：

> 惟昔大魏颍川朱士行，以甘露五年出家学道为沙门，出塞西至于阗国，写得正品梵书胡本九十章，六十万余言。以太康三年，遣弟子弗如檀，晋字法饶，送经胡本至洛阳。住三年，复至许昌。二年后至陈留界仓垣水南寺。以元康元年五月十五日，众贤者皆集议，晋书正写。

---

[1]　《道安法师传》，《出三藏记集》卷十五，《大正藏》第55册，第108页上。

时执胡本者，于阗沙门无叉罗，优婆塞竺叔兰口传，祝太玄、周玄明共
笔受。正书九十章，凡二十万七千六百二十一言。时仓垣诸贤者等，大
小皆劝助供养。至其年十二月二十四日，写都讫。经义深奥，又前后写
者，参校不能善悉。至太安二年十一月十五日，沙门竺法寂来至仓垣水
北寺求经本，写时捡取现品五部并胡本，与竺叔兰更共考校书写，永安
元年四月二日讫。于前后所写，捡最为差定，其前所写，可更取挍。晋
胡音训，畅义难通，诸开士、大学、文生书写、供养、讽诵、读者，愿
留三思，恕其不逮也。①

此译《放光般若经》，在道安看来是正品梵书胡本90章，正合《道行般若
经》所由出之90章。从语言角度分析，朱士行在于阗取得的般若经胡/梵语
本，由西晋时期籍属于阗的无罗又主译，或能较好地理解和表达原本义理。
在翻译此本《放光般若经》时，又专设"口传"、"笔受"二职，以保证所译
文字既符合梵文原义，又更契合中文表达。译成晋语后，又参考当时已译成
中文的五种版本的般若类经，结合胡本比较，校定后形成定本流通。

尽管《放光般若经》的翻译和校订已综合了时下才俊之力，但由于胡
(梵)文和汉语的发音、文字的表达不同，此一汉译本仍未能完全表达原本含
义，译本仍显晦涩。继《放光般若经》后，《光赞般若经》也被译为中文。道
安《合〈放光〉、〈光赞〉略解序》：

> 《放光》、《光赞》，同本异译耳，其本俱出于阗国持来，其年相去无
> 几。《光赞》于阗沙门祇多罗以泰康七年赍来，护公以其年十一月二十五
> 日出之。《放光》分如檀以泰康三年，于阗为师送至洛阳，到元康元年五
> 月，乃得出耳。先《光赞》来四年，后《光赞》出，九年也。《放光》

① 《放光经记》，《出三藏记集》卷七，《大正藏》第55册，第47页下。

于阗沙门无叉罗执胡，竺叔兰为译，言少事约，删削复重，事事显炳，焕然易观也。而从约必有所遗，于天竺辞及腾每大简焉。《光赞》护公执胡本，聂承远笔受。言准天竺，事不加饰。悉则悉矣，而辞质胜文也。每至事首，辄多不便。诸反复相明，又不显灼也。考其所出，事事周密耳，互相补益，所悟实多。恨其寝逸凉土九十一年，几至泯灭，乃达此邦也。斯经既残不具，并《放光》寻出，大行华京，息心居士，翕然传焉。中山支和上遣人于仓垣，断绢写之，持还中山。中山王及众僧，城南四十里幢幡迎经。其行世如是，是故《光赞》人无知者。昔在赵魏，进得其第一品，知有兹经，而求之不得。至此会，慧常、进行、慧辩等，持如天竺，路经凉州，写而困焉。展转秦雍，以晋泰元元年五月二十四日，乃达襄阳。寻之玩之，欣有所益，辄记其所长，为略解如左。①

道安认为，所译《放光般若经》与《光赞经》的底本均出自于阗，属同一部经典，区别是带入汉地的人和时间不同：《放光般若经》由朱士行获得，其弟子于太康三年 (282) 带入中国，元康元年 (291) 译出，又于太安二年 (303) 再次校改；《光赞经》由祇多罗带至中国，太康七年 (286) 译出。由于翻译者的风格不同，《放光般若经》较简略，《光赞经》较忠实底本，显得完备，语言的重复处也较多。从翻译后的流传影响上看，《光赞经》译成后留存于北凉，《放光般若经》在传播上的影响大于《光赞经》。

东晋时期，研究般若学的僧人多研习《放光般若经》，在讲学过程中，教学双方虽对般若旨趣有一定了解，但也存在诸多不解之处，原因之一是译本与原本的差异，需要参照梵/胡文本般若经进行对比。也因为译本的缺憾，需要重译般若类经典。此后不久，胡本《般若经》由鸠摩罗跋提从高昌国带至中国，建元十八年 (382)，由印度僧人昙摩蜱主译为中文，此即《摩诃般若钞

---

① （东晋）释道安：《合放光光赞略解序》，《出三藏记集》卷七，《大正藏》第55册，第48页上一中。

经》，道安为之作序。道安谈到：

> 昔在汉阴十有五载，讲《放光经》岁常再遍，及至京师渐四年矣，亦恒岁二，未敢堕息。然每至滞句，首尾隐没，释卷深思，恨不见护公、叉罗等。会建元十八年，正车师前部王名弥第来朝，其国师，字鸠摩罗跋提，献胡大品一部四百二牒言二十千失卢。失卢三十二字，胡人数经法也，即审数之，凡十七千二百六十首卢，残二十七字，都并五十五万二千四百七十五字。天竺沙门昙摩蜱执本，佛护（佛图罗刹）为译，对而捡之，慧进笔受。与《放光》《光赞》同者，无所更出也。其二经译人所漏者，随其失处，称而正焉。其义异不知孰是者，辄并而两存之，往往为训其下。凡四卷，其一经五卷也。①

此段所录，"失卢"也译作"道卢"，为佛教的文体②，即"偈颂"。以三十二字为一偈，译为中文则为十六字。《摩诃般若波罗蜜钞经》共有一万七千二百六十偈，由昙摩蜱和佛图罗叉（佛护）共同翻译。在翻译的过程中，参考了已有的《放光般若经》和《光赞般若经》，对于之前译本得当之处，则保留原译；与胡本有差异处，则选择更为合适的表达；确实不知何译为上的，则保留并加以注释。

《摩诃般若钞经》译后12年，鸠摩罗什僧团在长安又重译《摩诃般若波罗蜜经》：

---

① （东晋）释道安：《摩诃钵罗若波罗蜜经抄序》，《出三藏记集》卷七，《大正藏》第55册，第52页中。

② 笔者按：《法华玄赞摄释》录："句有五类，一处中句，以八字成者；二者前句，或以六字、七字所成；三者后句，九字已上，乃至二十六字所成；四者短句，或以三字五字所成；五者长句，从二十七。乃至百字，或更多字之所成者。随前五类，当类四句，方名为偈。纵是长行，亦数四句，名之为偈。问观今经文，但十六字。云何判言当失卢颂？答若准西方，有三十二，今译从汉，但有十六。如言菩提，此但云觉，故无失也。"

既览旧经，义多纰僻，皆由先度失旨，不与梵本相应，于是兴使沙门僧䂮、僧迁、法钦、道流、道恒、道标、僧叡、僧肇等八百余人谘受什旨，更令出《大品》。什持梵本，兴执旧经，以相雠校，其新文异旧者，义皆圆通。[①]

鸠摩罗什僧团再对比梵文底本后，认为先译有不当之处，于是在姚兴的支持下译出《摩诃般若波罗蜜》经：

以弘始五年，岁在癸卯，四月二十三日，于京城之北逍遥园中出此经。法师手执胡本，口宣秦言，两释异音，交辩文旨。秦王躬揽旧经，验其得失，谘其通途，坦其宗致。与诸宿旧义业沙门释慧恭、僧䂮、僧迁、宝度、慧精、法钦、道流、僧叡、道恢、道檦、道恒、道悰等五百余人，详其义旨、审其文中、然后书之。以其年十二月十五日出尽，校正检括，明年四月二十三日乃讫。文虽粗定，以《释论》检之，犹多不尽。是以随出其论，随而正之。《释论》既讫，尔乃文定，定之未已，已有写而传者，又有以意增损，私以"般若波罗蜜"为题者。[②]

此时，解释般若经的龙树著《大智度论》已传入中国，鸠摩罗什将之译为汉文。在《大智度论》被译为中文后，又成为校订前译般若类经的重要参考：

经本既定，乃出此释论。论之略本有十万偈，偈有三十二字，并三百二十万言。梵夏既乖，又有烦简之异，三分除二，得此百卷。于大

---

① 《高僧传》卷二，《大正藏》第50册，第332页上。
② （东晋）僧叡：《大品经序》，《出三藏记集》卷七，《大正藏》第55册，第53页中。

智三十万言，玄章婉旨，朗然可见，归途直达，无复惑趣之疑，以文求之无间然矣。①

《大智度论》底本传入中国时，有三百二十万言，时人精简为百卷，为原本体量的三分之一。般若类经典在译成汉文后的流传过程中，或由于不同地域传写的原因，出现了品名杂乱，缺少统一的现象，释经也"精简"或"多解"，这些都成为般若类经典重译的原因：

此经东渐，二百五十有八岁，始于魏甘露五年，至自于阗，叔兰开源，弥天导江，鸠摩罗什澍以甘泉，三译五校，可谓详矣。龙树菩萨著《大智论》训解斯经，义旨周备。此实如意之宝藏，智慧之沧海。但其文远旷，每怯近情。朕以听览余日，集名僧二十人，与天保寺法宠等，详其去取；云根寺慧令等，兼以笔功，探采《释论》，以注经本，略其多解，取其要释。此外或捃关河旧义，或依先达故语，时复间出，以相显发。若章门未开，义势深重，则参怀同事，广其所见，使质而不简，文而不繁，庶令学者，有过半之思。②

南朝梁武帝萧衍认为，在传入中国的258年间，大品类般若经底本来自于阗，由竺叔兰首译，此即《放光般若经》；又经竺法护、释道安再译，此即《光赞经》；后由鸠摩罗什僧团翻译，经过三译五校，严格审定，此即《摩诃般若波罗蜜经》。后又有《大智度论》为大品般若经作训释，较为完备。但是，在一定程度上：

---

① （东晋）僧叡：《摩诃般若波罗蜜经释论序》，《大正藏》第25册，第57页中。
② 梁武帝：《注解大品序》，《出三藏记集》卷七，《大正藏》第55册，第54页中。

梵文委曲，皆如初品，法师以秦人好简故，裁而略之。若备译其文，将近千有余卷，法师于秦语大格，唯译一往。方言殊好，犹隔而未通，苟言不相喻，则情无由比。不比之情，则不可以托悟怀于文表；不喻之言，亦何得委殊涂于一致。理固然矣，进欲停笔争是，则交竟终日卒无所成；退欲简而便之，则负伤于穿凿之讥以二三。唯案译而书，都不备饰。幸冀明悟之贤，略其文而挹其玄也。[①]

此即是说，鸠摩罗什所译之《摩诃般若经》以姚秦时期的文风为标准，较为简略，加之由于南北发音不同，文化差异，仍有未尽善之处，般若类经典的重译仍是一项需要关注和进行的工作。

般若类经典的译本，尚有南朝天监年间，扶南国僧人僧伽婆罗译《文殊般若经》：

以天监五年，被勅征召，于梁都寿光殿、华林园、正观寺、占云馆、扶南馆等五处传译。即以天监五年丙戌，至普通元年庚子，译《文殊般若》等经十部。初翻经日于寿光殿，武帝躬临法座，笔受其文，然后乃付译人，尽其经本。勅沙门宝唱、慧超、僧智、法云及袁昙允等相对疏出。[②]

在翻译《文殊般若经》时，梁武帝亲为笔受，后又令比丘宝唱、慧超、僧智、法云等人对照前译经文与注释，注疏成册。

唐朝年间，玄奘西行求法，带回大量梵文大乘经论，他主持翻译的《大般若经》就是一部关于般若类经典的集大成之作：

---

① 僧叡：《摩诃般若波罗蜜经释论序》，《大正藏》第25册，第57页中。
② 《开元释教录》卷六，《大正藏》第55册，第537页下。

　　显庆三年，下勅为皇太子造西明寺成，令给上房僧十人以充侍者。有《大般若》者，二十万偈，此土八部咸在其中。不久下勅令住玉华，翻经供给一准京寺，遂得托静不爽译功。以显庆五年正月元日，创翻大本，至龙朔三年十月末了，凡四处十六会说，总六百卷。般若空宗此焉周尽。①

此部《大般若经》有二十万偈，内容包括已译成中文的8种般若类经。在姚秦、刘宋时期翻译的般若类经基础上，玄奘法师以精通梵、汉语言的学术基础，以及对佛教义理深入研究，在印度求法取经，直接从梵本译出《般若经》，纠正了前朝所译的不当之处：

　　自前代已来，所译经教，初从梵语，倒写本文，次乃回之，顺同此俗。然后笔人乱理文句，中间增损，多坠全言，今所翻传，都由奘旨。意思独断，出语成章，词人随写，即可披翫，尚贤吴魏，所译诸文，但为西梵所重，贵于文句，钩锁联类，重沓布在。唐文颇居繁复，故使缀工专司此位，所以贯通词义，加度节之，铨本勒成，秘书缮写。于时驾返西京，奘乃表上并请序题。②

玄奘认为，唐朝以前的佛经译本，语法、语序参照西域的特点，站在中文语法角度来看，就是"倒写"。"倒写"之后，时人认为不妥，于是将其换为中文语法、语序，在这一"转"、"换"过程中，致使解经多有增益或减损，于理有碍，因此需要重新依梵本，贯通词义，审定全本。后人评价：

---

　　① 《续高僧传》卷四，《大正藏》第50册，第458页上。
　　② 《续高僧传》卷四，《大正藏》第50册，第455页上—中。

> 唐朝后译，不屑古人，执本陈勘，频开前失。既阙今乖，未遑厘正，
> 辄略陈此，夫复何言。①

唐朝译经之后，宋代也发展了译经事业。与前朝相比，宋代所译底本经的来源，一为西方僧人来献②，二为中国僧人西行所求③，三为向私人、民间征集④。至太平兴国七年 (982) 七月，天息灾、施护从梵本译出《佛母生出三法藏般若波罗蜜多经》，"天息灾等即持梵文，先翻梵义，以华文证之，曜众及服，诏新经入藏"⑤。至此，佛教经录所载，以《道行般若经》为第一译本的般若类经同经异译本已齐全。

历代所译般若类经典的翻译质量，第一取决于底本，第二取决于主译人员的水平，第三取决于翻译团队的整体水平与译经分工。东汉译《道行般若经》时，由于理解佛教和精通梵文的中国人很少，主译僧人支娄迦谶的个人的佛学造诣与对印度与中国文字的驾驭能力就决定了翻译的水平。道安在《合首楞严经记》中谈到：

---

① 《续高僧传》卷四，《大正藏》第50册，第459页下。

② 《古今图书集成·释教部汇考》："乾德三年，沧州僧道圆以佛舍利贝叶梵经来献。按《宋史·太祖本纪》不载，按《天竺国传》：乾德三年，沧州僧道圆，自西域还，得佛舍利一，水晶器，贝叶梵经四十夹来献。道圆晋天福中诣西域，在涂十二年，住五印度凡六年，五印度即天竺也。还经于阗，与其使偕至，太祖召问所历风俗山川道里，一一能记。按《佛祖统纪》：道圆献佛舍利贝叶梵经，上召见便殿赐紫方袍器币。"

③ 《古今图书集成·释教部汇考》："乾德四年，赐僧行勤等一百五十七人，钱各三万，至西域求佛书。……按《宋史·太祖本纪》：乾德四年春三月癸未，僧行勤等一百五十七人，各赐钱三万游西域。按《天竺国传》：四年僧行勤等一百五十七人，诣阙上言，愿至西域求佛书，许之。以其所历甘沙伊肃等州，焉耆、龟兹、于阗、割禄等国，又历布路沙加、湿弥罗等国，并诏谕其国，令人引导之。"

④ 《宋高僧传》卷三："自唐宪宗元和五年至于周朝，相望可一百五十许岁，此道寂然。迨我皇帝临大宝之五载，有河中府传显密教沙门法进，请西域三藏法天译经于蒲津。州府官表进，上览大悦，各赐紫衣。因敕造译经院于太平兴国寺之西偏，续敕搜购天下梵夹。"

⑤ 《古今图书集成·释教部汇考》，《卐续藏经》第77册，第27页中—下。

（支）谶，月支人也，汉桓灵之世，来在中国，其博学渊妙，才思测微，凡所出经，类多深玄，贵尚实中，不存文饰。今之《小品》、《阿阇贳》、《屯真》、《般舟》，悉谶所出也。又有支越，字恭明，亦月支人也。其父亦汉灵帝之世，来献中国。越在汉生，似不及见谶也。又支亮字纪明，资学于谶，故越得受业于亮焉。越才学深彻，内外备通，以季世尚文，时好简略，故其出经，颇从文丽，然其属辞析理，文而不越，约而义显，真可谓深入者也。以汉末沸乱，南度奔吴，从黄武至建兴中，所出诸经凡数十卷，自有别传记录。亦云：出此经，今不见，复有异本也。然此《首楞严》自有小不同，辞有丰约，文有晋胡，较而寻之，要不足以为异人别出也。恐是越嫌谶所译者，辞质多胡音，异者删而定之，其所同者，述而不改，二家各有记录耳。此一本于诸本中，辞最省便，又少胡音，偏行于世，即越所定者也。①

支娄迦谶的翻译风格为文"尚实"；支亮受学于支娄迦谶，传其学于支谦；支谦才学备通内外，文"尚丽"。其时流传的《首楞严经》行文省便，少胡音，因支娄迦谶译文"辞质多胡音"，所以此或为支谦删定后的流行本。东吴时期，支谦将佛经译为东吴当地的语言：

（支）越以大教虽行，而经多梵文，莫有解者。既善华戎之语，乃收集众本，译为吴言。从权黄武二年癸卯，至亮建兴二年癸酉，三十余载，译《大明度》等经八十八部，曲得圣义辞旨文雅。②

---

① 《合首楞严经记》，《出三藏记集》卷七，《大正藏》第55册，第49页上—中。
② 《开元释教录》卷二，《大正藏》第55册，第489页下。

支谦既善梵语，亦善汉文，因此《大明度无极经》以建康当地的语言为翻译标准，用语较为文雅。

两晋十六国期间，佛教译经事业得到了长足发展。译经由团队共同完成，水平较东汉三国得到提高。在西晋的各大译场中，增加了"口传"、"校订"的分工。元康元年 (295) 在洛阳翻译《放光般若经》的译场中，于阗僧人无罗叉念诵胡本，竺叔兰担任口传，由竺叔兰和竺法寂共同审校，祝太玄和周玄明作为笔受。在竺法护翻译《光赞经》时，聂承远担任笔受。作为翻译职务"笔受"的代表人物，聂承远与聂道真成绩显著，得到了释道安的好评：

> 时有清信士聂承远，明解有才，笃志务法，护公出经，多参正文句。《超日明经》初译，颇多烦重，承远删正，得今行二卷。其所详定类皆如此。承远有子道真，亦善梵学。此君父子，比辞雅便，无累于古。又有竺法首、陈士伦、孙伯虎、虞世雅等，皆共承护旨执笔详校。安公云："护公所出，若审得此公手目，纲领必正。"①

道安认为，聂承远父子对竺法护译经的质量起到了较为关键的作用，有他们参与翻译之经典，既参考了前译，又不被前译所限制，也更讲求文字表达。通过此例，也可窥探，西晋时期，译经团队已由多人组成，中国人在译经中担任了重要职务，起到了重要作用。

佛经翻译的水平因地域不同而呈现差别。苻秦时期长安译场，虽然佛教传入中国已有几百年，但近人对于梵文、胡文的原本理解仍存在困难：

> 苻氏建元中，有僧伽跋澄、昙摩难提等入长安，赵正请出诸经。当时

---

① 《高僧传》卷一，《大正藏》第50册，第327页上。

名德莫能传译，众咸推念。于是澄执梵文，(竺佛)念译为晋，质断疑义，音字方明。①

通过此段的描述可知，建元年间，苻秦的知识分子大多不通梵、胡之语，佛经翻译只能由极个别人来完成。竺佛念为其中的代表。但是 "(竺)佛念译音，情义实难。或离文而就义，或正滞而傍通，或取解于诵人，或事略而曲备。冀将来之学士令，鉴罪福之不朽设，有毫牦润色者，尽铭之于萌兆。"②由僧伽跋澄和竺佛念共同翻译的经典，又经道安、法和再次审定成为定稿流传于世。建元十八年 (382) 由昙摩蜱主译《摩诃般若经抄》时，慧进担任笔受，佛图罗刹传译，道安校订并作序。由于参与了多次译经，道安对佛教理解加深，所以在对待前人译经水平的问题上，道安认为：

前人出经,支谶、世高，审得胡本难系者也；叉罗、支越，斲凿之巧者也。巧则巧矣，惧窍成而混沌终矣。若夫以诗为烦重，以尚书为质朴，而删令合今。则马、郑所深恨者也。近出此撮，欲使不杂，推经言旨，唯惧失实也。其有方言古辞，自为解其下也。于常首尾相违，句不通者，则冥如合符，厌如复折，乃见前人之深谬，欣通外域之嘉会也。于九十章荡然无措疑处，毫芒之间，泯然无微疹，已矣乎！③

佛经翻译想要达到"理得"、"音正"并非易事，前译般若类经不同程度存在缺憾。与个人水平决定佛经翻译的质量相比，由"主译"、"宣译"、"传言"、"口译"、"笔受"、"校订"等组成的合作团队翻译更为可取。西晋以降，

① 《高僧传》卷一，《大正藏》第50册，第329页中。
② (晋) 竺佛念：《王子法益坏目因缘经序》，《出三藏记集》卷七，《大正藏》第55册，第51页下。
③ 《摩诃钵罗若波罗蜜经抄序》，《出三藏记集》卷七，《大正藏》第55册，第52页下。

译经的参与人员或根据译场规模及译经经费，由几人到上百人不等。姚秦时期长安译场，弘始五年（403）鸠摩罗什主译《摩诃般若波罗蜜经》时，在姚兴的倡导下，组织沙门增茕、僧迁、法钦、道流、道恒、道标、僧叡、僧肇等八百余人共同审定。随着官方对佛经翻译工作重视，参与译经和讨论的人员也越来越多。鸠摩罗什在长安大寺译《妙法莲华经》时，有"四方义学沙门二千余人"参与；译《维摩诘经》时，有"义学沙门千二百人"共同参与，规模空前。此时，译场也是讨论佛教义理、传播佛教思想的场所。参与鸠摩罗什译场译经的僧叡在《大品经序》中写道：

> 弘始五年，岁在癸卯，四月二十三日，于京城之北逍遥园中出此经。法师手执胡本，口宣秦言，两释异音，交辩文旨。秦王躬揽旧经，验其得失，谘其通途，坦其宗致，与诸宿旧义业。沙门释慧恭、僧茕、僧迁、宝度、慧精、法钦、道流、僧叡、道恢、道檦、道恒、道悰等五百余人，详其义旨，审其文中，然后书之。以其年十二月十五日出尽，校正检括，明年四月二十三日乃讫。①

翻译需对两种文化的文化和修辞特色深入了解，鸠摩罗什在翻译《摩诃般若波罗蜜经》时，"手执胡本"，"口宣秦言"，秦王苻坚将所译秦言对比前译，其时并有500余人组成翻译团队，参考、校定后形成译本。在此翻译的团队中，僧叡为一时才俊，对翻译佛经有独到见解：

> 初沙门僧叡才识高明，常随什传写。什每为叡论西方辞体商略同异，云："天竺国俗，甚重文制，其宫商体韵，以入弦为善。凡觐国王，必有赞德；见佛之仪，以歌叹为贵，经中偈颂，皆其式也。但改梵为秦，失

---

① 《大品经序》，《出三藏记集》卷七，《大正藏》第55册，第53页中。

其藻蔚，虽得大意，殊隔文体，有似嚼饭与人，非徒失味，乃令呕哕也。"①

僧叡认为，印度与中国语言文字的修辞与文体不同，各有特点，因此在翻译时，即使能表达原义，也会因文体不同，影响对原文语言意境的体会。

《道行般若经》的翻译对中国传统文化影响深远，在一定程度上，可谓中国佛教哲学体系创建的发端。同时，般若类经宣传的般若之智也启发了中国哲学。释道安在《道行经序》中写道：

执道御有，卑高有差，此有为之域耳。非据真如，游法性，冥然无名也。据真如，游法性，冥然无名者，智度之奥室也；名教远想者，智度之蘧庐也。然存乎证者，莫不契其无生而惶眩；存乎迹者，莫不忿其荡冥而诞诽。道动必反，优劣致殊，眩诽不其宜乎。不其宜乎，要斯法也，与进度齐轸，逍遥俱游，千行万宜，莫不以成。众行得字而智进，令名诸法参相成者，求之此列也。且其经也，进咨第一义，以为语端；追述权便，以为谈首。行无细而不历，数无微而不极，言似烦而各有宗，义似重而各有主。琐见者，庆其迩教而悦寤；宏哲者，望其远标而绝息。陟者弥高而不能阶，涉者弥深而不能测，谋者虑不能规，寻者度不能暨。窈冥矣，真可谓大业渊薮，妙矣者哉。然凡谕之者，考文以征其理者，昏其趣者也；察句以验其义者，迷其旨者也。何则？考文则异同每为辞，寻句则触类每为旨，为辞则丧其平成之致，为旨则忽其始拟之义矣。若率初以要其终，或忘文以全其质者，则大智玄通，居可知也。从始发意，逮一切智，曲成决著，八地无深，谓之智也。故曰："远离也，三脱照空，四明非有，统鉴诸法，因后成用。药病双亡，谓之观

___

① 《高僧传》卷二，《大正藏》第50册，第332页下。

也。"明此二行，于三十万言，其如视诸掌乎，颠沛造次，无起无此也。

如"仁"之于儒家，孔子对"仁"的追求，"颠沛必于是"，"造次必于是"一样，佛教对般若一切智的亦复如是。道安认为般若类经所述均为"万圣资通、咸宗以成"之智度、真如，"无名"与"名教"，"迹"与"冥"统一于般若真智之中。

佛教的般若经讲解了佛教的终极智慧，萧梁朝佛教都讲枳园寺法彪在讲解《摩诃般若波罗蜜经》时谈到：

> 曼倩云谈何容易，在乎至理，弥不可说，虽罄两端，终惭四答。夫实智不动，至理无言，湛然莫测，超尔独远，照尽空界，不运其明，用穷有境，不施其功。无住住以之住，无得得以之得，百福殊相，同入无生，万善异流，俱会平等。故能导群盲而并驱，方六舟而俱济，成菩提之妙果，入涅槃之玄门。(五)明不能窥其机，七辩不能宣其实，大圣世尊不违本誓，以方便力接引众生，于无名相寄名相说，使访道者识涂，令问津者知归所以。于王舍城大师子吼，说《摩诃般若波罗蜜经》，此经亦名为《大品经》。

法彪以六舟为喻，明般若通于六乘，乃佛教至理。

综而言之，般若类经典重译的主要原因，第一在于底本的不同，第二在于译经团队风格的差别，第三在于中国佛教义理解释体系的发展，第四在于中国文字本身的发展。

二、以《道行般若经》为第一译本的般若类经典的重译情况

在重译的重要佛经中，般若经类被多次译为中文，形成了不同的译本，笔者主要佛教经录综合统计如下：

1.《出三藏记集》

《出三藏记集》卷二《新集经论录第一》："《道行经》一卷（安公云：《道

行品经》者,《般若》抄也,外国高明者所撰。安公为之序注)。右一部,凡一卷。汉桓帝时,天竺沙门竺朔佛赍胡本至中夏。到灵帝时 (168～189),于洛阳译出。《般若道行品经》十卷。(或云《摩诃般若波罗蜜经》,或八卷),光和二年十月初八日出。"①此一《般若道行品经》为"汉桓帝灵帝时,月支国沙门支谶所译出"②。

《出三藏记集》卷二《新集经论录第一》:"《明度经》四卷,或云《大明度无极经》"③为"魏文帝时,支谦以吴主孙权黄武初至孙亮建兴中所译出"④。

《出三藏记集》卷二《新集经论录第一》:"《摩诃钵罗若波罗蜜经抄》五卷 (一名《长安品经》,或云《摩诃般若波罗蜜经》,伪秦苻坚建元十八年出)。右一部,凡五卷,晋简文帝时,天竺沙门昙摩蜱,执胡《大品》本,竺佛念译出。"⑤

《出三藏记集》卷二《新集经论录第一》:"《吴品》五卷","魏明帝时,天竺沙门康僧会,以吴主孙权、孙亮世所译出"⑥。

《出三藏记集》卷二《新集经论录第一》:"《放光经》二十卷 (晋元康元年五月十五日出,有九十品。一名《旧小品》,阙)。右一部,凡二十卷,魏高贵公时,沙门朱士行以甘露五年到于阗国,写得此经正品梵书胡本十九章,到晋武帝元康初,于陈留仓恒水南寺译出。"⑦

《出三藏记集》卷二《新集经论录第一》:"《光赞经》十卷 (十七品,太康七年十一月二十五日出)。"⑧为竺法护译。

《出三藏记集》卷二《新集异出经录第二》:"《般若经》[支谶出《般若

---

① 《出三藏记集》卷二,《大正藏》第55册,第6页中。
② 《出三藏记集》卷二,《大正藏》第55册,第6页中。
③ 《出三藏记集》卷二,《大正藏》第55册,第7页上。
④ 《出三藏记集》卷二,《大正藏》第55册,第7页上。
⑤ 《出三藏记集》卷二,《大正藏》第55册,第10页中。
⑥ 《出三藏记集》卷二,《大正藏》第55册,第7页上—中。
⑦ 《出三藏记集》卷二,《大正藏》第55册,第7页中。
⑧ 《出三藏记集》卷二,《大正藏》第55册,第7页中。

道行品经》十卷，出《古品遗日说般若》一卷；竺佛朔出《道行经》一卷，《道行》者，《般若》抄也；朱士行出《放光经》二十卷 (一名《旧小品》)；竺法护更出《小品经》七卷；卫士度抄《摩诃般若波罗蜜道行经》二卷；昙摩蜱出《摩诃钵罗若波罗蜜经》五卷 (一名《长安品经》)；鸠摩罗什出《新大品》二十四卷，《小品》七卷]。右一经七人异出。"①

《出三藏记集》卷三《新集安公失译经录第二》："《须菩提品经》七卷 (一本云法护出《道行经》同本异出也)"②，"是凉土异经"③。

《出三藏记集》卷七《道行经后记第二》："光和二年十月八日，河南洛阳孟元士，口授天竺菩萨竺朔佛，时传言译者月支菩萨支谶，时侍者南阳张少安、南海子碧，劝助者孙和、周提立。正光二年九月十五日，洛阳城西菩萨寺中，沙门佛大写之。"④

综上所录，案《出三藏记集》，般若类经典中次第译为中文者为（1）竺佛朔于东汉桓帝时赍入，汉灵帝年间 (168~189在位) 译《道行经》一卷；（2）支谶光和二年 (179) 译《般若经道行品经》十卷；（3）支谶译《古品遗日说般若》一卷；（4）支谦于黄武至建兴年间 (222~231) 译《大明度无极经》四卷；（5）朱士行取经，无罗叉、竺叔兰晋元康年 (280) 译《放光经》二十卷；（6）竺法护太康七年 (286) 译《光赞经》十卷；（7）西晋卫士度 (290~306) 抄《摩诃般若波罗蜜道行经》二卷；（8）昙摩蜱、竺佛念建元十八年（386）出《摩诃钵罗若波罗蜜经》五卷；（9）鸠摩罗什译《小品般若经》七卷；（10）《新大品般若经》二十四卷。

2.《历代三宝记》

《历代三宝记》卷二："嘉平元 (年) (朱士行《汉录》云：竺佛朔此年于洛阳译《道行

---

① 《出三藏记集》卷二，《大正藏》第55册，第14页上。
② 《出三藏记集》卷三，《大正藏》第55册，第19页上。
③ 《出三藏记集》卷三，《大正藏》第55册，第19页中。
④ 《出三藏记集》卷七，《大正藏》第55册，第47页下。

经》一卷，道安为之注序）。……（戊午）光和元年。（己未）二年（《支敏度录》云：支娄迦谶七月八日译《般若道行品》等十卷）。（庚申）三年（《聂道真录》云：支娄迦谶十月八日于洛阳译《般舟三昧经》二卷，《宝积经》一卷）。……（癸亥）六年（竺佛朔于洛阳译《道行经》一卷，支谶传语，孟福、张莲笔受）。（甲子）中平元年。（乙丑）二年（支曜于洛阳译《成具光明》等十一部经十一卷）。（丙寅）三年（朱士行《汉录》云：支娄迦谶二月八日于洛阳译《首楞严经》二卷）。"①

《历代三宝记》卷四《译经·后汉》："《般若道行品经》十卷（初出，亦云《摩诃般若波罗蜜经》，或八卷，光和二年十月八日出。见《支敏度录》及《僧佑录》）。"②

《历代三宝记》卷五《译经·吴魏》："《吴品经》五卷（即是《小品般若》，见《三藏集记》）"③为吴康僧会所译。

《历代三宝记》卷六："《摩诃般若波罗蜜道行经》二卷（第二出，直云《道行经》，与汉世竺佛朔译者，文质为异。见竺道祖《晋世杂录》）。右一经二卷，惠帝世，优婆塞卫士度略出。从旧《道行》中删改，亦是《小品》及《放光》等要别名耳。未详士度是何许人，传录弗载，缘起莫寻。"④"《光赞般若经》十卷（太康七年十一月二十五日出，十七品，或十五卷。见《道安录》）。"⑤"《新道行经》十卷（太始年第二出，与汉世竺佛朔译旧《道行》全异，亦名《小品》，出《光赞般若》）。"⑥

《历代三宝记》卷八："《摩诃般若波罗蜜经》三十卷（旧二十七卷。僧叡《二秦录》云：译《大品》时，大秦天王姚兴自执旧本，什执梵文，竺佛念传语，僧叡、肇笔受，并制序。以此知先译今三十卷）。"⑦此乃罗什译之《摩诃般若经》。"《小品般若波罗蜜经》十卷（弘始十年重出。或七卷，僧叡笔受，见《二秦录》，与七卷《菩提经》本异，出《别录》。僧叡制序同）。"⑧

---

① 《历代三宝记》卷二，《大正藏》第49册，第34页。
② 《历代三宝记》卷四，《大正藏》第49册，第52页下。
③ 《历代三宝记》卷五，《大正藏》第49册，第59页上。
④ 《历代三宝记》卷六，《大正藏》第49册，第66页下。
⑤ 《历代三宝记》卷六，《大正藏》第49册，第61页下。
⑥ 《历代三宝记》卷六，《大正藏》第49册，第62页上。
⑦ 《历代三宝记》卷八，《大正藏》第49册，第77页中。
⑧ 《历代三宝记》卷八，《大正藏》第49册，第77页下。

《历代三宝记》卷十三："《摩诃般若波罗蜜经》四十卷，《放光般若波罗蜜经》二十卷，《光赞般若波罗蜜经》十卷，（上三经同本、别译、异名。）"①

《历代三宝记》卷十三："《道行般若波罗蜜经》十卷，《新道行经》十卷，《新小品经》七卷，《须菩提品经》七卷，《明度无极经》六卷（上五经同本别译异名）"②此卷中，另录有"《长安品经》五卷（亦名《摩诃钵罗若经》）"③。

综上所录，按《历代三宝记》，般若类经典中次第译为中文者为：（1）竺佛朔熹平（嘉平）元年（172）译《道行经》一卷；（2）支娄迦谶光和二年（179）译《般若道行品》十卷；（3）支娄迦谶光和六年（183）译《道行经》一卷；（4）光和六年（183）竺佛朔与支娄迦谶译《道行经》一卷；（5）《明度无极经》六卷；（6）康僧会于赤乌年（238~251）译《吴品经》五卷；（7）卫士度出《摩诃般若波罗蜜道行》二卷；（8）泰始二年（266）出《新道行经》十卷；（9）《放光般若波罗蜜经》二十卷；（10）太康七年（286）译《光赞般若经》十卷；（11）《须菩提品经》七卷；（12）《长安品经》七卷；（13）鸠摩罗什译《摩诃般若波罗蜜经》三十卷，（14）鸠摩罗什译《小品般若波罗蜜经》十卷。

3.法经《众经目录》

法经《众经目录》卷一《众经异译二》："《道行般若波罗蜜经》十卷（后汉光和年支谶译），《新道行经》十卷（一名《新小品经》或七卷，晋太始年竺法护译），《小品经》七卷（后秦弘始年罗什译），《明度经》六卷（一名《大明度无极经》或四卷，吴黄武年支谦译），《须菩提品经》七卷。右五经同本异译。"④

法经《众经目录》卷一《众经异译二》："《摩诃般若波罗蜜经》三十卷（一名大品经）（后秦弘始年罗什译）；《放光般若波罗蜜经》三十卷（晋元康年无罗叉共竺叔兰

---

① 《历代三宝记》卷十三，《大正藏》第49册，第109页中。
② 《历代三宝记》卷十三，《大正藏》第49册，第109页下。
③ 《历代三宝记》卷十三，《大正藏》第49册，第109页下。
④ （隋）法经：《众经目录》卷一，《大正藏》第55册，第119页中。

于陈留仓垣译）；《光赞般若波罗蜜经》十卷（晋太康年竺法护译）"①。

法经《众经目录》卷六《西方诸圣贤所撰集一》："《摩诃般若波罗蜜经抄》五卷（一名《摩诃般若经》，一名《长安品经》，前秦建元年沙门昙摩蜱共竺佛念译）。"②"《吴品》五卷（吴世康僧会译）"，"《道行经》一卷（后汉世支谶译）"，"《道行般若经》二卷（晋世卫士度译）"③，以上各经为"大乘抄集"④。

综上所录，按《众经目录》，般若类经典次第译为中文者有：（1）支娄迦谶译《道行般若波罗蜜经》十卷；（2）支谦译《明度经》六卷；（3）康僧会译《吴品经》五卷；（4）竺法护译《新道行经》十卷；（5）竺法护译《光赞般若波罗蜜经》十卷；（6）无罗叉、竺叔兰译《放光般若波罗蜜经》三十卷；（7）昙摩蜱、竺佛念译《摩诃般若波罗蜜经抄》五卷；（8）卫士度译《道行般若经》二卷；（9）《须菩提品经》七卷；（10）鸠摩罗什译《摩诃般若波罗蜜经》三十卷；（11）鸠摩罗什译《小品经》七卷。

4.《大唐内典录》

《大唐内典录》卷二《西晋朝传译佛经录第四》⑤："（竺法护译）《光赞般若经》十卷（太康七年十一月二十五日出，十七品或十五卷。见《道安录》）；《新道行经》十卷（太始年第二出，与汉世竺佛调译旧《道行》全异，亦名《小品》，出《光赞般若》）"⑥。"《小品经》七卷（太始四年三月四日译，是第二出，或八卷。见《聂道真》录。与旧《道行经》本同，文小异）。"⑦

《大唐内典录》卷二："《吴品经》五卷（即是《小品般若》，见《三藏集记》）。"⑧又："《摩诃般若波罗蜜·道行经》二卷（第二出，亦直云《道行经》，与竺佛朔译者文质为

---

① 法经《众经目录》卷一，《大正藏》第55册，第118页中。
② 法经《众经目录》卷六，《大正藏》第55册，第144页上。
③ 法经《众经目录》卷六，《大正藏》第55册，第144页上。
④ 法经《众经目录》卷六，《大正藏》第55册，第144页中。
⑤ 《大唐内典录》卷二，《大正藏》第55册，第235页下。
⑥ 《大唐内典录》卷二，《大正藏》第55册，第232页下。
⑦ 《大唐内典录》卷二，《大正藏》第55册，第232页下。
⑧ 《大唐内典录》卷二，《大正藏》第55册，第230页上。

异，见竺道祖《晋世杂录》）。右一经二卷，惠帝世，优婆塞卫士度略出，从旧《道行》中删改，亦是《小品》及《放光》等要别名耳，未详士度是何许人，传录弗载，缘起莫寻。"①

《大唐内典录》卷六《大乘经单重翻本并译有无录》："《摩诃般若波罗蜜经》（四十卷，或三十卷，或二十七卷，六百一十九纸），后秦弘始年鸠摩罗什于常（长）安逍遥园译。"②"《放光般若波罗蜜经》（三十卷或二十卷，四百六十纸），西晋元康年无罗叉等于陈留译。"③"《光赞般若波罗蜜经》（十卷或十五卷，二百一十五纸），西晋太康年竺法护于长安译（《大品》上帙）。"④"《新小品经》（七卷一百五十四纸），后秦罗什译。"⑤"《小品经》（七卷，一百五十四纸），西晋竺法护译。"⑥"《道行般若波罗蜜经》（十卷或八卷，一百六十五纸），后汉支谶译（是《小品》经）。"⑦"《大明度经》（六卷或四卷，九十一纸），吴时支谦黄武年译。《摩诃般若波罗蜜经》（五卷，有说《长安品》），前秦建元年（昙摩蜱于长安译）。《大智度无极经》四卷别译。右九经并《大品般若》之同本别译，前后抄录致别（更有别译，本无故阙）。"⑧

综上所录，按《大唐内典录》，（1）支娄迦谶译《道行般若波罗蜜经》、（2）支谦译《大明度经》、（3）无罗叉译《放光般若波罗蜜经》、（4）竺法护译《光赞般若波罗蜜经》、（5）竺法护译《小品经》、（6）昙摩蜱《摩诃般若波罗蜜经》、（7）鸠摩罗什译《摩诃般若波罗蜜经》、（8）鸠摩罗什译《新小品经》、（9）《大智度无极经》等9部经典为《大品般若经》的同本别译。

---

① 《大唐内典录》卷二，《大正藏》第55册，第237页下。
② 《大唐内典录》卷六，《大正藏》第55册，第285页中。
③ 《大唐内典录》卷六，《大正藏》第55册，第285页中。
④ 《大唐内典录》卷六，《大正藏》第55册，第285页中。
⑤ 《大唐内典录》卷六，《大正藏》第55册，第285页下。
⑥ 《大唐内典录》卷六，《大正藏》第55册，第285页下。
⑦ 《大唐内典录》卷六，《大正藏》第55册，第285页下。
⑧ 《大唐内典录》卷六，《大正藏》第55册，第285页下。

5.静泰《众经目录》

静泰《众经目录》卷二《大乘经重翻》："《放光般若波罗蜜经》三十卷 (或二十卷四百六十纸)，晋元康元年无罗叉共竺叔兰于陈留译。《光赞般若波罗蜜经》十卷 (或十五卷二百一十五纸)，晋太康年竺法护译。右二经同本异译。"①

静泰《众经目录》卷二《大乘经重翻》："《道行般若波罗蜜经》十卷 (一百六十五纸)，后汉元和年支谶译。《新道行经》十卷 (一名新小品经或七卷一百五十四纸)，晋太始年竺法护译。《小品般若经》十卷 (或八卷一百五十四纸)，后秦弘始年罗什译。《明度经》四卷 (一名《大明度无极经》，或六卷九十一纸)。右四经同本异译。"②

静泰《众经目录》卷一《大乘经单本》："《摩诃般若波罗蜜经》四十卷或三十卷 (六百十九纸)，后秦鸠摩罗什共僧叡等于长安逍遥园译，一名《大品》。"③

静泰《众经目录》卷二《圣贤集传》："《摩诃般若波罗蜜经钞长安品》五卷 (一名《须菩提品》，一名《长安品经》，八十三纸)，前秦建元年，沙门昙摩埤共竺佛念译。"④

静泰《众经目录》卷三《大乘别生》："《大智度无极经》四卷，《智度无极譬经》三卷，《总摄无尽义经》二卷，《摩诃般若波罗蜜神咒经》一卷，《般若波罗蜜神咒经》一卷，《道行经》一卷。右六经出《大品经》。"⑤

综上所录，按静泰《众经目录》，支娄迦谶译《道行般若波罗蜜经》与竺法护译《新道行经》、鸠摩罗什译《小品般若经》、《大明度无极经》同本异译；无罗叉共竺叔兰译《放光般若波罗蜜经》、竺法护译《光赞般若波罗蜜经》与鸠摩罗什译《摩诃般若波罗蜜经》同本异译；昙摩蜱 (埤) 共竺佛念译《摩诃般若波罗蜜经钞长安品》为贤圣集撰；《大智度无极经》、《智度无极譬

---

① (唐) 静泰：《众经目录》卷二，《大正藏》第55册，第189页中。
② (唐) 静泰：《众经目录》卷二，《大正藏》第55册，第189页中。
③ (唐) 静泰：《众经目录》卷二，《大正藏》第55册，第181页下。
④ (唐) 静泰：《众经目录》卷二，《大正藏》第55册，第196页上。
⑤ (唐) 静泰：《众经目录》卷二，《大正藏》第55册，第196页下—197页上。

经）、《总摄无尽义经》、《摩诃般若波罗蜜神呪经》、《般若波罗蜜神呪经》与一卷本《道行经》均出自《大品般若经》，为大乘经典的别生经。

6.《大周刊定众经目录》

《大周刊定众经目录》卷二《大乘重译经目卷之一》："《大般若波罗蜜多经》一部六百卷（一万二千纸），右，大唐显庆四年三藏玄奘于方州玉华宫译，此一部经具单重合译。""《道行般若经》一部十卷（一百九十四纸）。右后汉光和二年沙门支楼迦谶于洛阳译。出《长房录》，是小品经。""《古品曰遗日说般若经》一卷（一名《佛遗日摩尼宝经》，一名《摩诃衍宝严经》，一名《大宝积经》二十五纸正）。右后汉桓帝建初年，沙门支楼迦谶于洛阳译。出《长房录》。""《道行经》一卷，右后汉嘉平年，沙门竺佛朔译，出后汉《朱士行录》。""《大明度经》一部四卷（或六卷，或名《大明度无极经》，一百六纸）右吴黄武年，优婆塞支谦于凉州译。出《长房录》。""《吴品经》一部五卷（亦名《大智度无极经》，即是《小品般若》），右魏齐王世吴赤乌年沙门康僧会译。出《僧佑》及《长房》二录。"[①]

《大周刊定众经目录》卷二："《摩诃般若波罗蜜经钞·长安品》五卷（一名《须菩提品》，一名《长安品经》，八十三纸），右前秦建元年沙门昙摩蜱共竺佛念译。出《内典录》。""《新道行经》一部十卷（或七卷，第二出，亦名《小品》，出《光赞般若》，一百八十五纸），右，西晋太始年沙门竺法护于洛阳及江左译。出《长房录》。""《小品经》一部七卷（第二译），右西晋太始四年，竺法护于洛阳译。出《长房录》。与汉世竺佛朔译旧《道行》全异。""《光赞般若经》一部十五卷（或十卷，二百五十一纸）。右，西晋太康七年，沙门竺法护于长安译。出《长房录》。""《放光般若经》一部三十卷（或二十卷五百三十纸），右，西晋元康元年，沙门无罗叉等于陈留仓垣译。出《内典录》。""《大智度无极经》一部四卷。（《义善寺录》云出《大品》）"。"《摩诃般若波罗蜜道行经》一部二卷（或直云《道行》）。右，西晋惠帝代，优婆塞卫士度译。出《宝唱录》。""《摩诃般若波罗

---

① 《大周刊定众经目录》卷二，《大正藏》第55册，第381页中。

蜜经钞长安品》五卷（一名《须菩提品》，一名《长安品经》，八十三纸），右，前秦建元年沙门昙摩蜱共竺佛念译。出《内典录》。""《放光般若波罗蜜经》一部二十卷（第二译），右，后秦弘始年鸠摩罗什于长安逍遥园译。出《长房录》。""《小品般若波罗蜜经》一部十卷（或七卷，或八卷，《（须）菩提经》同本异出，一百五十四纸），右，后秦弘始十年沙门罗什于长安逍遥园译。出《长房录》。""《大明度经》一部四卷（一百六纸），右，北凉沙门道龚于西源译。出《长房录》。"①

综上所录，按《大周刊定众经目录》，般若类经共36种译本，此"三十六经并《般若》枝分"②。其中，支娄迦谶译《道行般若经》为最早译本。

7. 《开元释教录》

《开元释教录》卷一："《道行般若波罗蜜经》十卷（题云《摩诃般若波罗蜜道行经》，亦云《般若道行品经》或八卷。初出。与《明度》、《小品》及《大般若》第四会等同本，光和二年七月八日出，见《敏》、《佑》二录）。"③

《开元释教录》卷二："《吴品经》五卷（《佑录》无经字，云凡有十品，第三出。房云即是《小品般若》，见《僧佑录》）。"④

《开元释教录》卷二："《光赞般若波罗蜜经》十五卷（初出，或十卷，与《大般若》第二会及《放光》、《大品》并同本，亦云《光赞摩诃般若经》，凡二十七品，太康七年十一月二十五日出。见《道安录》及《僧佑录》）。"⑤

---

① 《大周刊定众经目录》卷二，《大正藏》第55册，第381页下—382页上。

② 笔者按：此录于《大周刊定众经目录》卷二，《大正藏》第55册，第382页中。明佺所计之般若类重译36种经，除正文中提到的外，尚有支谦译《摩诃般若波罗蜜咒经》一卷；竺法护译《佛遗日摩尼宝经》一卷、《仁王般若经》一部，鸠摩罗什译《仁王般若经》一部、《金刚般若波罗蜜经》一卷，菩提留支译《金刚般若经》一卷、《实相般若经》一卷，曼陀罗译《文殊般若波罗蜜经》一卷，僧伽婆罗译《文殊师利所说般若波罗蜜经》一卷，真谛译《仁王般若经》一卷、《金刚般若经》一卷，月婆首那译《胜天王般若经》一部，阇那耶舍译《宝积经》一部，玄奘译《能断金刚般若经》一卷、《摩诃衍宝严经》一卷、《大宝积经》一卷、《般若波罗蜜神咒经》一卷、《总摄无尽义经》一部。

③ 《开元释教录》卷一，《大正藏》第55册，第478页下。

④ 《开元释教录》卷二，《大正藏》第55册，第490页上。

⑤ 《开元释教录》卷二十，《大正藏》第55册，第493页中。

《开元释教录》卷二："《新道行经》十卷（亦名《小品》，或七卷。佑云：更出《小品》，太始八年译，第四出。与旧《道行》等同本。《房》录更载：《小品》七卷，误也。见《佑》、《房》二录，藏中者，非此本，先阙）。"①此《新道行经》为晋竺法护译②。

《开元释教录》卷二："《长房》等录云：优婆塞卫士度，于惠帝代，出《摩诃般若波罗蜜道行经》二卷云。从旧《道行》中删改略出（《僧佑录》云：众录并云《道行经》二卷，卫士度略出）。既取旧经删略，即非梵本别翻，今载别生录中，此不复存也。"③

《开元释教录》卷三："《大智度经》四卷（第五出，与支谶《道行经》及《大般若》第四会等同本，见《僧佑录》及《竺道祖录》）"④为东晋沙门祇多蜜译。

《开元释教录》卷三："《摩诃般若波罗蜜钞经》五卷（或无钞字，或七卷，亦云《般罗若》，一名《须菩提品》，亦名《长安品》，次第六出。与《道行》、《小品》、《明度》等同本。见僧《二秦录》及《僧佑录》）。"⑤

《开元释教录》卷三："《大智度经》四卷（第五出，与支谶《道行经》及《大般若·第四会》等同本。见《僧佑录》及《竺道祖录》）。"⑥

《开元释教录》卷十一《大乘经重单合译》：《大般若经》"第四（重会）《王舍城鹫峰山说》（一十八卷，第八译）。右，新译重本，与旧《道行》、《小品》、《明度》、《长安品》等同本异译。从五百三十八卷至五百五十五，比于旧经亦阙《常啼》等品，余意不殊"⑦。

《开元释教录》卷十一《大乘经重单合译》："寻诸旧录皆以单译为先，

---

① 《开元释教录》卷二十，《大正藏》第55册，第495页中。
② 《开元释教录》卷二十，《大正藏》第55册，第496页下。
③ 《开元释教录》卷二，《大正藏》第55册，第501页上—中。
④ 《开元释教录》卷二十，《大正藏》第55册，第508页中。
⑤ 《开元释教录》卷三，《大正藏》第55册，第511页上。
⑥ 《开元释教录》卷三，《大正藏》第55册，第508页中。
⑦ 《开元释教录》卷十一，《大正藏》第55册，第582页中。

今此录中以重译者居首，所以然者，重译诸经，文义备足，名相揩定，所以标初也。又旧录中直名重译，今改名重单合译者，以《大般若经》九会单本，七会重译。"①其般若部类中有："《放光般若波罗蜜经》三十卷（或二十卷三帙），西晋三藏无罗又共竺叔兰译（第二译）；《摩诃般若波罗蜜经》四十卷（亦名《大品般若经》或三十卷四帙），姚秦三藏鸠摩罗什共僧叡等译（第三译）；《光赞般若波罗蜜经》十五卷（或十卷），西晋三藏竺法护译（第一译）。右三经。与《大般若》第二会同本异译。其《光赞般若》比于新经三分将一，至《散花品》后文并阙。又按姚秦僧叡《小品序》云：斯经正文凡有四种，是佛异时适化广略之说也。其多者云有十万偈，少者六百偈，此之大品即是天竺之中品也。准斯中品故，知与大经第二会同梵文也（龙树菩萨造智度论释《大品经》）。"②

《开元释教录》卷十一《大乘经重单合译》："《摩诃般若波罗蜜钞经》五卷（一名《须菩提品》，亦名《长安品》），符秦天竺沙门昙摩蜱共竺佛念译（第六译）。"③"右一经（《摩诃般若波罗蜜钞经》），《长房》、《内典》二录云，是外国经钞者，寻之未审也，据其文理，乃与《小品》、《道行经》等同本异译。故初题云《摩诃般若波罗蜜经·道行品第一》，但文不足三分过二，准《道行经》后阙十品。上二经二十卷二帙。"④

《开元释教录》卷十一《大乘经重单合译》："《道行般若波罗蜜经》十卷（亦名《般若道行品》，或八卷一帙），后汉月支三藏支娄迦谶译（第一译）；《小品般若波罗蜜经》十卷（或七卷，或八卷一帙），姚秦三藏鸠摩罗什译（第七译）；《大明度无极经》四卷（亦直云《大明度经》，或六卷），吴月支优婆塞支谦译（第三译）。右四经，与《大般若·第四会》同本异译（其西晋三藏竺法护译《新道行经》，但有其名，而无其本，诸藏纵有，即与

---

① 《开元释教录》卷十一，《大正藏》第55册，第582页中。
② 《开元释教录》卷十一，《大正藏》第55册，第583页上。
③ 《开元释教录》卷十一，《大正藏》第55册，第583页上。
④ 《开元释教录》卷十一，《大正藏》第55册，第583页中。

《小品》文同，但题目异耳，故不重出。前后八译，五存三阙）。"①

《开元释教录》卷十四《大乘经重译阙本》："《吴品经》五卷（即是《小品般若》），吴天竺三藏康僧会译（第三译）；《新道行经》十卷（亦名《小品》，或七卷，《佑录》名更出《小品》），西晋三藏竺法护译（第四译）。又按《长房》等录，竺法护译中，更有《小品》经七卷者不然。护公既有《新道行经》，不合别出《小品》。又《道行》脚注亦名《小品》，又《义善寺录》中有《大智度无极经》四卷，亦云护公所出，既与《道行》同本，更亦不合别翻，既并繁重，故不存也。"② "《大智度经》四卷，东晋西域三藏祇多蜜译（第五译）。右三经（《吴品经》、《新道行经》、《大智度经》）与《大般若·第四会》同本，前后八译，五本在藏，三本阙（《长房》等录，罗什经数，复有《放光般若》二十卷者，不然，什公既译《大品》，不合重出《放光》，有者误也）。"③

《开元释教录》卷十四《别录之四》"别录中有译无本录第二之一"中"大乘经阙本"："《道行经》一卷（安公云是《般若抄》，外国高明者所撰，安为之制序）。后汉天竺沙门竺佛朔译右一经，虽名《道行》，卷部全小，不可与前《道行》等以为同本，且别记之。"④

《开元释教录》卷十六《大乘别生经》："《大智度无极经》四卷（非藏中者）；《智度无极譬经》三卷（或云《无极譬经》，或四卷，或加大字）；《总摄无尽义经》二卷；《般若波罗蜜神呪经》一卷。《大智度无极》下四经，隋《众经录》云并出《大品》。《摩诃般若波罗蜜道行经》二卷（亦直云《道行经》新编上）。右一经，《长房》等录并云：西晋惠帝代，优婆塞卫士度略出，从旧《道行》中删改，亦是《小品》及《放光》等要别名耳（撰录者曰：既从大经略出，即类别生，编正经中恐将乖误，

① 《开元释教录》卷十一，《大正藏》第55册，第583页中。
② 《开元释教录》卷十四，《大正藏》第55册，第626页上—中。
③ 《开元释教录》卷十四，《大正藏》第55册，第626页中。
④ 《开元释教录》卷十四，《大正藏》第55册，第626页中。

故附斯录)。"①

《开元释教录》卷十七《别录中删略繁重录第四》:"《新道行经》七卷（或十卷），西晋三藏竺法护译（出《长房》等录）。右一经，捡诸藏本，并与《小品般若》文句全同者，其本错也。护公所译《新道行经》时无其本（承闻东都有护译本，寻之未获）。"②

《开元释教录》卷十九:"《摩诃般若波罗蜜钞经》五卷（或无钞字，亦名《长安品经》，一名《须菩提品经》，或七卷），九十纸。"③ "《道行般若波罗蜜经》十卷（一帙题云《摩诃般若波罗蜜道行经》或八卷，亦云《般若道行品经》）一百七十纸。"④ "《小品般若波罗蜜经》十卷（题云《摩诃般若波罗蜜经》，无小品字，一帙）一百五十纸。"⑤ "《大明度无极经》四卷（亦直名《大明度经》，或六卷），九十四纸。"⑥

《开元释教录》卷十九:"《道行般若波罗蜜经》十卷（一帙题云《摩诃般若波罗蜜道行经》，亦八卷，亦云《般若道行品经》一百六十七纸），后汉月支三藏支娄迦谶译。《小品般若波罗蜜经》十卷（一帙题云《摩诃般若波罗蜜》，无小品字，《僧佑录》云《新小品经》或八卷，或七卷，一百五十纸），姚秦三藏鸠摩罗什译。《大明度无极经》四卷（亦直名《大明度经》或六卷九十纸），吴月支优婆塞支谦译。《胜天王般若波罗蜜经》七卷（一百二十五纸），陈优禅尼国王子月婆首那译。"⑦ "上二经十一卷同帙"⑧。

《开元释教录》卷二十:"《光赞般若波罗蜜经》十五卷（亦云《光赞摩诃般若经》，二百二十一纸），西晋三藏竺法护译，《摩诃般若波罗蜜钞经》五卷（或无钞字，亦名《长安品经》，一名《须菩提品经》，或七卷九十纸），符秦天竺沙门昙摩蜱共竺佛念译，上

---

① 《开元释教录》卷十六,《大正藏》第55册,第651页中。
② 《开元释教录》卷十七,《大正藏》第55册,第664页上。
③ 《开元释教录》卷十九,《大正藏》第55册,第680页中。
④ 《开元释教录》卷十九,《大正藏》第55册,第680页中。
⑤ 《开元释教录》卷十九,《大正藏》第55册,第680页中。
⑥ 《开元释教录》卷十九,《大正藏》第55册,第680页中。
⑦ 《开元释教录》卷二十,《大正藏》第55册,第701页上。
⑧ 《开元释教录》卷二十,《大正藏》第55册,第701页中。

二经二十卷二帙。"①

《开元释教录》卷二十："《道行般若波罗蜜经》十卷（一帙题云《摩诃般若波罗蜜道行经》，或八卷，亦云《般若道行品经》一百六十七纸），后汉月支三藏支娄迦谶译。《小品般若波罗蜜经》十卷（一帙题云《摩诃般若波罗蜜》无小品字，《僧佑录》云：《新小品经》或八卷，或七卷，一百五十纸），姚秦三藏鸠摩罗什译。《大明度无极经》四卷（亦直名《大明度经》或六卷，九十纸），吴月支优婆塞支谦译。《胜天王般若波罗蜜经》七卷（一百二十五纸），陈优禅尼国王子月婆首那译。"②

综上所录，按《开元释教录》，小品般若类经同本异译次第如下：支娄迦谶译《道行般若波罗蜜经》（第一译），《大明度经》（第二译），康僧会译《吴品经》五卷（第三译），竺法护译《新道行经》（第四译），祇多蜜译《大智度经》（第五译），昙摩蜱译《摩诃般若波罗蜜钞经》（第六译），卫士度节删《摩诃般若波罗蜜道行经》，鸠摩罗什译《小品般若波罗蜜经》（第七译）与《大品般若经》第四会（第八译）同本异译。

大品类般若经同本异译次第如下：《光赞般若波罗蜜经》（第一译），《放光般若波罗蜜经》（第二译），鸠摩罗什译《摩诃般若波罗蜜经》（第三译）与《大品般若经》第二会（第四译）同本异译。

8. 《贞元新定释教目录》

《贞元新定释教目录》卷三："《吴品经》五卷（《佑录》无经字，云凡有十品，第三出。房云即是《小品般若》，出《僧佑录》）。"③

《贞元新定释教目录》卷二十四《大乘阙本》："《吴品经》五卷（即是《小品般若》），天竺三藏康僧会译，第三译；《新道行经》十卷（亦名《小品》或七卷，《佑录》名更出《小品》），西晋三藏竺法护，第四译；右按《长房》等录，竺法护译

---

① 《开元释教录》卷二十，《大正藏》第55册，第701页上。
② 《开元释教录》卷二十，《大正藏》第55册，第701页上。
③ （唐）圆照：《贞元新定释教目录》卷三，《大正藏》第55册，第787页中。

中更有《小品经》七卷者不然，护公既有《新道行经》，不合别录中有《大智度无极经》四卷，亦云护公所出，既与《道行》同，本更亦不合别翻，既并繁重故不存也。《大智度经》四卷，东晋西域三藏祇多蜜译。右三经与《大般若》第四会同本。前后八译，五本在藏，三本阙（《长房》等录，罗什经数复有《放光般若》二十二卷者不然，什公既译《大品》，不合重出《放光》，有者误也）。"①

《贞元新定释教目录》卷二十九："《光赞般若波罗蜜经》十五卷（亦云《光赞摩诃般若经》，或十卷二十七品），二百二十一纸。《摩诃般若波罗蜜钞经》五卷（或无钞字，亦名《长安品经》，一名《须菩提品经》，或七卷，九十纸）。""《道行般若波罗蜜经》十卷（一帙题云《摩诃般若波罗蜜道行经》或八卷，或云《般若道行经》），一百六十七纸。《小品般若波罗蜜经》十卷（一帙题云《摩诃般若波罗蜜》，或无小品字。《僧佑录》云：《新小品经》或八卷），一百五十纸。《大明度无极经》四卷（亦直云《大明度经》或六卷），九十四纸。《胜天王般若波罗蜜经》七卷，一百二十二纸，上二经十一卷同帙。"②

综上所录，按《贞元新定释教目录》，与《大般若经》第四会（第八译）同本异译的般若类经依次为：第一译支娄迦谶《道行般若经》，第二译支谦《大明度经》，第三译康僧会《吴品经》，第四译竺法护《新道行经》，第五译祇多蜜《大智度经》，第六译昙摩蜱《摩诃般若波罗蜜钞经》，第七译鸠摩罗什《小品般若波罗蜜经》。其中，前后八译，五本在藏，《吴品经》、《新道行经》、《大智度经》已阙。

9.《阅藏知津》

《阅藏知津》："《放光般若波罗密多经》（三十卷）"，"西晋于阗国沙门无罗叉共竺叔兰译，共九十品，与《大般若》第二分同本，而有《常啼》、《法上》二品""《摩诃般若波罗密经》（三十卷），姚秦天竺沙门鸠摩罗什共僧叡译，共九十品，亦同《放光般若》而文较顺畅。""《光赞般若波罗密经》

---

① 《贞元新定释教目录》卷二十四，《大正藏》第55册，第959页下—960页上。
② 《贞元新定释教目录》卷二十九，《大正藏》第55册，第1024页中。

（十卷），西晋月支国沙门竺法护译，共二十一品，亦同上经，而文来未尽。"
"《道行般若波罗密经》（十卷，有《道安序》），后汉月支国沙门支娄迦谶译，共
三十品，与《大般若》第四分同，而有《常啼》、《昙无竭》二菩萨事。""《小
品般若波罗密经》（十卷，有《僧叡序》），姚秦天竺沙门鸠摩罗什译，共二十九
品，与《道行》同。""《佛母出生三法藏般若波罗密多经》（二十五卷，北作十四
卷），宋北印土沙门施护译，共三十二品，亦同《道行》，而文畅顺。""《佛母
宝德藏般若波罗密经》（三卷，今作二卷），宋中印土沙门法贤译，即《佛母般若》
三十二品之摄颂也。""《大明度无极经》（六卷），吴月支国优婆塞支谦译，共
三十品，亦同《道行》。""《摩诃般若波罗密钞经》（五卷），苻秦天竺沙门昙摩
蜱共竺佛念译，共十三品，亦同《道行》，而文来未尽。"[1]"《金刚能断般若
波罗密经》（一卷），隋南天竺沙门达摩笈多译，文拙甚。"[2]

　　综上所录，笔者认为，明·智旭在参考、比较前人统计的基础上，排列
出截至宋朝小品类般若经的重译情况，并提出自己的标准和评价。智旭认
为，无罗叉译《放光般若经》的内容与玄奘译《大般若》经第二会的内容
同，但增加了《常啼》和《法上》两品；支娄迦谶译《道行般若经》与《大
般若》经第四会同，但增加了《常啼》和《昙无竭》[3]两品。较《开元释教
录》和《贞元新定释教目录》，智旭增加了宋朝法贤译《佛母宝德藏般若波罗
密经》与施护译《佛母出生三法藏般若波罗密多经》两种译本作为《道行般
若经》的同本异译。

　　除上述提及佛教主要经录外，《后汉艺文志》记录：

　　　　《道行般若波罗密经》十卷，题云《摩诃般若波罗密道行经》，亦云

---

①　《阅藏知津》，《嘉兴藏》第32册，第92页下。

②　《阅藏知津》，《嘉兴藏》第32册，第93页上。

③　笔者按：实际上，昙无竭也译为法上、法来，故《法上》品与《昙无竭》品同。

> 《般若道行品经》，或八卷，初出。与《明度》、《小品》及《大般若·第四会》同本，光和二年七月八日出。见《敏》、《佑》二录。《别录》云：后汉月支三藏支娄迦谶译。①

此段中，《敏》录为东晋支敏度编撰，也称为《旧录》；《佑》录指《出三藏记集》。《后汉艺文志》以东晋南朝佛教经录作为主要参考，指出《道行般若经》的同本异译有《大明度无极经》、《小品般若经》与《大般若经·第四会》。

佛教注疏中也对般若类经典的重译作出说明。隋·吉藏《金刚般若疏》谈到：

> 《问大悲比丘尼本愿经》末记文云：初说《大品》，《小品》出其中，后说《光赞》，《道行》其中此事云何？答是亦不然。《道行》犹是《小品》之异名。《大智论》前列《光赞》、《放光》、《道行》，后列云《小品》、《放光》、《光赞》，故知《小品》则《道行》之异名也。叡公《小品序》云："此经三十章，贯之以道，故称道行。"故知《道行》即是《小品》也。②

吉藏认为，当时流传的《小品般若经》即是《道行般若经》。

综上所述，般若类经最早传入中国者为东汉竺朔佛赍入之《道行经》，笔者认为，此即竺朔佛与支娄迦谶共译之《般若道行品经》，也即现存之《道行般若经》。《道行般若经》之名始见隋朝仁寿年间法经编撰之《众经目录》，并

---

① （清）姚振宗：《后汉艺文志》卷四，民国适园丛书本，《中国基本古籍库》版。
② （隋）吉藏：《金刚般若疏》卷一，《大正藏》第33册，第90页中—下。又录于吉藏《大品经义疏》卷一，《卍续藏经》第24册，第210页中—下。

见于《大唐内典录》、静泰《众经目录》、《大周刊定众经目录》、《开元释教录》、《一切经音义》与《阅藏知津》。

梁启超《佛学研究十八篇》对般若类经的历代异译进行了总结：

> 《大般若经》六百卷，在大藏中，卷帙最为浩瀚。然唐以前输入者，不过极小部分耳。考两晋间，治般若者，有大品、小品之目，所谓小品者，今本之第四会也。前后凡九译，五存四阙。其目则：《道行经》一卷，后汉竺佛朔译，第一译，今佚；（《高僧传》）《道行般若波罗蜜经》十卷，后汉支娄迦谶译，第二译，今存；《吴品经》五卷，吴康僧会译，见《开元释教录》，第三译，今佚；《大明度无极经》四卷，吴支谦译，第四译，今存；《新道行经》十卷，西晋竺法护译，第五译，今佚，见《出三藏记集》；《大智度经》四卷，东晋祇多蜜译，第六译，《摩诃般若波罗蜜经》五卷，苻秦昙摩蜱、竺佛念同译，第七译，今存；《小品般若波罗蜜经》十卷，姚秦鸠摩罗什译，第八译，今存。[1]

梁氏认为，第一，在西晋与东晋时期，研究般若的学者，对所译之般若类经，分为大品和小品两类。第二，他对支娄迦谶译《道行般若波罗蜜经》同本异译的总结与《开元释教录》、《贞元新定释教目录》稍有不同，增加了竺佛朔《道行经》为第一译。那么，究竟对小品、大品般若加以区分始于何时？第一译般若类经是哪一部？必须深入经录仔细分析。笔者通过统计，分析历代佛教经录与相关史料，将各种般若类经翻译的时间、地点和译者进行统计，根据数据试对以上问题作出回答。

上节已列出历代主要佛教经录对般若类经的翻译与分类情况，在此根据上节主要佛经录对隋前般若类经的记录，笔者按时间顺序统计如下表所示：

---

[1] 梁启超：《佛典之翻译》，《佛学研究十八篇》，北京：中华书局，1989年，第230—231页。

表1 般若类经出经情况一览表

序号	经　　名	翻译时间	翻译地点	主要翻译人员	出处/备注
1	《古品曰遗日说般若经》	建初年间（76~84）	洛阳	支楼迦谶	见《大周刊定众经目录》，一名《佛遗日摩尼宝经》，一名《摩诃衍宝严经》，一名《大宝积经》，二十五纸正，出《历代三宝记》
2	《道行经》一卷	熹平年间（172~178）	洛阳	竺朔佛	《出三藏记集》录为灵帝时译。《历代三宝记》引出朱士行《汉录》，嘉平元年出，道安为之注序。《大周刊定众经目录》引出《朱士行录》。《古今译经图记》录，灵帝嘉平元年岁次壬子于洛阳译《道行经》一卷
3	《般若道行品经》十卷	光和二年（179）	洛阳	竺朔佛、支楼迦谶	见《出三藏记集》，又名《摩诃般若波罗经》，或八卷。《古今译经图记》录为光和六年译
4	《摩诃般若波罗蜜经》八卷	光和二年（179）	洛阳	支楼迦谶	《历代三宝记》录，此为十卷《般若道行品经》异名。《敦煌遗书》有残卷，内容与《道行般若经》同
5	《道行般若波罗蜜经》十卷	光和二年（179）	洛阳	支楼迦谶	出《历代三宝记》。法经《众经目录》、静泰《众经目录》录为十卷一百六十五纸。《开元释教录》录为《般若道行品经》，或八卷，初出，与《明度》、《小品》及《大般若》第四会等同本，光和二年七月八日出，见《敏》、《佑》二录
6	《道行般若经》十卷	光和二年（179）	洛阳	支楼迦谶	见《大周刊定众经目录》，十卷一百九十四纸，出《长房录》
7	《古品遗日说般若经》一卷	光和二年（179）	洛阳	支楼迦谶	见《出三藏记集》
8	《道行经》一卷	光和六年（183）	洛阳	竺朔佛、支谶、孟福、张莲	见《历代三宝记》，法经《众经目录》并录
9	《大明度无极经》四卷	黄武年间（222~231）	建康	支谦	见《出三藏记集》，又名《明度经》

续表

序号	经　名	翻译时间	翻译地点	主要翻译人员	出处/备注
10	《明度经》六卷	黄武年间（222～231）	建康	支谦	见法经《众经目录》，又名《大明度无极经》四卷
11	《摩诃般若波罗蜜咒经》一卷	黄武年间（222～231）	建康	支谦	《历代三宝记》引出《宝唱录》，又名《般若波罗蜜咒经》。静泰《众经目录》引出《大品经》
12	《吴品经》五卷	赤乌年间（238～251）	建康	康僧会	见《出三藏记集》。《历代三宝记》指此经即《小品般若》。《大周刊定众经目录》引出《出三藏记集》与《历代三宝记》。《开元释教录》指出，《佑录》无"经"字，云凡有十品，第三出。
13	《大智度无极经》四卷	赤乌年间（238～251）	建康	康僧会	《大周刊定众经目录》引出《出三藏记集》与《历代三宝记》，为《吴品经》异名，即《小品般若》。又引《义善寺录》云，出《大品》。静泰《众经目录》引出《大品经》
14	《小品经》七卷	泰始四年（268）	长安	竺法护	见《出三藏记集》。《大周刊定众经目录》录出《历代三宝记》，与汉世竺佛朔译旧《道行》全异
15	《新道行经》十卷	泰始八年（272）	洛阳	竺法护	《历代三宝记》录为第二出，与竺佛朔译旧《道行》全异，亦名《小品》，出《光赞般若》。法经《众经目录》云：一名《新小品经》七卷。《大周刊定众经目录》记或七卷，第二出，亦名《小品》，出《光赞般若》，一百八十五纸。静泰《众经目录》云：又名《新小品经》十卷，或七卷一百五十四纸。《开元释教录》云，亦名《小品》，或七卷。佑云，更出《小品》，太始八年译，第四出，与旧《道行》等同本，《房录》更载《小品》七卷，误也，见《佑》、《房》二录藏中者，非此本，先阙

续表

序号	经　　名	翻译时间	翻译地点	主要翻译人员	出处/备注
16	《放光般若经》二十卷	元康元年（280）	陈留	无罗叉、竺叔兰	《出三藏记集》云，又名《旧小品》。《大周刊定众经目录》引出《大唐内典录》。法经《众经目录》录为《放光般若波罗蜜经》三十卷。静泰《众经目录》录为三十卷，或二十卷四百六十纸
17	《光赞般若经》十五卷	太康七年（286）	长安	竺法护、聂承远	《大周刊定众经目录》引出《历代三宝记》。《历代三宝记》录为十卷，或十五卷。法经《众经目录》录为《光赞般若波罗蜜经》十卷
18	《光赞般若波罗蜜经》十五卷	太康七年（286）	长安	竺法护、聂承远	见《出三藏记集》，或十卷，与《大般若》第二会及《放光》、《大品》并同本，又名《光赞摩诃般若经》，共二十七品
19	《佛遗日摩尼宝经》一卷	西晋时期（268～280）	洛阳	竺法护	见《大周刊定众经目录》
20	《仁王般若经》一部	西晋时期（268～280）	洛阳	竺法护	见《大周刊定众经目录》
21	《摩诃般若波罗蜜道行经》二卷	西晋时期（290～306）		卫士度	见《出三藏记集》。《历代三宝记》引出《晋世杂录》，又名《道行经》，与竺佛朔译者，文质为异。《大周刊定众经目录》引出《宝唱录》。《开元释教录》云，优婆塞卫士度，于惠帝代，出《摩诃般若波罗蜜道行经》二卷云，从旧《道行》中删改略出（《僧佑录》云：众录并云《道行经》二卷，卫士度略出），既取旧经删略，即非梵本别翻，今载别生录中，此不复存也
22	《道行般若经》二卷	西晋时期（290～306）	不详	卫士度	见法经《众经目录》
23	《摩诃钵罗若波罗蜜抄经》五卷	建元十八年（382）	长安	昙摩蜱、竺佛念、慧进	见《出三藏记集》，又名《长安品经》、《摩诃般若波罗蜜经》。《开元释教录》云，此为第六译

续表

序号	经　名	翻译时间	翻译地点	主要翻译人员	出处/备注
24	《大智度经》四卷	东晋	江南	祇多蜜	《开元释教录》引出《僧佑录》及《竺道祖录》，与支谶《道行经》及《大般若》第四会等同本，为第五出
25	《摩诃般若波罗蜜经钞·长安品》五卷	建元年间	长安	昙摩蜱、竺佛念	见《大周刊定众经目录》云，一名《须菩提品》，一名《长安品经》，八十三纸，出《内典录》。静泰《众经目录》云，一名《须菩提品》，一名《长安品经》，八十三纸
26	《摩诃般若波罗蜜钞经》五卷	建元十八年（382）	长安	昙摩蜱竺佛念、慧进	《开元释教录》云又名《摩诃般若波罗蜜经》，或七卷，亦云《般若钞》，一名《须菩提品》，亦名《长安品》，次第六出。与《道行》《小品》《明度》等同本。见僧叡《二秦录》及《僧佑录》
27	《摩诃般若经》五卷	建元十八年（382）	长安	昙摩蜱、竺佛念、慧进	法经《众经目录》录又名《摩诃钵罗若波罗蜜抄经》、《长安品经》
28	《须菩提品》	建元十八年（382）	长安	昙摩蜱、竺佛念、慧进	《开元释教录》注为《摩诃钵罗若波罗蜜抄经》异名
29	《长安品》	建元十八年（382）	长安	昙摩蜱、竺佛念、慧进	《开元释教录》注此经为《摩诃钵罗若波罗蜜抄经》异名
30	《新大品》二十四卷	弘始年间（399～416）	长安	鸠摩罗什	见《出三藏记集》
31	《大品经》三十卷	弘始年间（399～416）	长安	鸠摩罗什	见法经《众经目录》，又名《摩诃般若波罗蜜经》，三十卷
32	《放光般若波罗蜜经》二十卷	弘始年间（399～416）	长安	鸠摩罗什	《大周刊定众经目录》引出《长房录》
33	《金刚般若波罗蜜经》一卷	弘始三年（401）	长安	鸠摩罗什	《大周刊定众经目录》引出《长房录》
34	《仁王般若经》一部	弘始三年（401）	长安	鸠摩罗什	《大周刊定众经目录》引出《长房录》

续表

序号	经　名	翻译时间	翻译地点	主要翻译人员	出处/备注
35	《摩诃般若波罗蜜经》三十卷	弘始五年（403）	长安	鸠摩罗什、竺佛念	《大唐内典录》录为第二出。《历代三宝记》录为四十卷。法经《众经目录》云，又名《大品经》。静泰《众经目录》云，四十卷，或三十卷六百十九纸，又名《大品》
36	《小品般若波罗蜜经》十卷	弘始十年（408）	长安	鸠摩罗什	《历代三宝记》云，或七卷，见《二秦录》，与七卷《菩提经》本异，出《别录》。《大周刊定众经目录》引出《历代三宝记》。法经《众经目录》云，为《小品经》七卷。静泰《众经目录》云，为十卷，或八卷，一百五十四纸
37	《须菩提品经》七卷	北凉时期（401～439）	北凉	不详	《出三藏记集》云，与竺法护出《道行经》同本异出。《开元释教录》云，此为《摩诃般若波罗蜜钞经》异名
38	《大明度经》四卷	北凉时期（401～439）	西源	道龚	《大周刊定众经目录》引出《历代三宝记》
39	《金刚般若经》一卷	永平二年（509）	洛阳	菩提留支	见《大周刊定众经目录》
40	《文殊般若波罗蜜经》一卷	天监年间（501～523）	杨州	曼陀罗	见《历代三宝记》、《大周刊定众经目录》
41	《文殊师利所说般若波罗蜜经》一卷	天监年间（501～523）	建康	僧伽婆罗	见《历代三宝记》、《大周刊定众经目录》
42	《仁王般若经》一卷	大同三年（537）	建康	真谛	见《历代三宝记》、《大周刊定众经目录》、《大唐内典录》
43	《金刚般若经》一卷	永定年间（557～559）	广州	真谛	见《大周刊定众经目录》
44	《胜天王般若经》一部	天嘉六年（565）	江州	月婆首那	《大周刊定众经目录》引出《历代三宝记》，又引《弘福寺》等录云，此经在杨州译
45	《大般若波罗蜜经》六百卷	贞观末年（644～649）	长安	玄奘	见《开元释教录》、《佛祖统纪》。
46	《能断金刚般若经》一卷	永徽年间（650～655）	长安	玄奘	见《大周刊定众经目录》

续表

序号	经　　名	翻译时间	翻译地点	主要翻译人员	出处/备注
47	《实相般若经》一卷	长寿二年（693）	神都	菩提留支	见《大周刊定众经目录》
48	《般若波罗蜜神咒经》一卷	不详	不详	不详	见《大周刊定众经目录》。静泰《众经目录》云，出《大品经》
49	《总摄无尽义经》二卷	不详	不详	不详	见《大周刊定众经目录》。静泰《众经目录》云，出《大品经》
50	《智度无极譬经》三卷	不详	不详	不详	静泰《众经目录》云，出《大品经》
51	《佛母出生三法藏般若波罗密多经》	太平兴国年间（976～984）	汴梁	施护	见《佛祖统纪》
52	《佛母宝德藏般若波罗密经》	咸平年间（998～1003）	汴梁	法贤	见《阅藏经津》

根据上表所录，笔者按照时间顺序对历代所译般若类经作出排序，得到如下结论：

第一，最早正式译出的般若类经为《道行般若经》。

现存历代佛教经录中最早关于般若经的记录是《大周刊定众经目录》所引《历代三宝记》所录东汉建初年（约76～84）支楼迦谶译《古品曰遗日说般若经》十卷，但查《历代三宝记》，则无建初年的记录。再考《出三藏记集》，则有光和二年（179），支楼迦谶于洛阳译《古品遗日说般若经》之条。结合支楼迦谶于桓帝末年至中国的时间综合分析，笔者认为，或是《大周刊定众经目录》对出经年传抄的误写，译经时间为光和二年更为确切；或是此《古品遗日说般若经》为唐前所译《大宝积经》的同本异译①。

那么，第一部译出的般若类经是哪一部呢？笔者试从以下几条线索分析：1.按上表统计，从时间上看，竺朔佛译《道行经》一卷为般若类经典的首

---

① 笔者按：《大周刊定众经目录》引出《历代三宝记》，云晋代译有《摩诃衍宝严经》一卷；《大周刊定众经目录》有《大宝积经》一卷，此经一名《大宝经》、一名《宝经》、一名《摩尼宝经》、二十纸，《内典录》云，与支谶《佛遗日宝》及《摩诃衍宝严经》同本异译。

译。2.佐证《高僧传·支谶传》，《道行经》为汉灵帝时期（熹平至光和年间），竺朔佛带至洛阳，即"转梵为汉"，译为汉文。3.从译者译经的年代看，支楼迦谶于桓帝末年已至中国，于光和年间开始译经。竺朔佛与支楼迦谶的合作开始于光和二年。4.从光和二年竺朔佛、支楼迦谶合作翻译的经典来看，按《出三藏记集》，其年十月八日同一天译有《般若道行品经》十卷和《般舟三昧经》一卷；按《开元释教录》，则《般舟三昧经》一卷为七月八日出。根据以上线索，笔者推论，第一部正式译出的般若类经为支楼迦谶与竺朔佛于光和二年合作译出的《般若道行品经》十卷，在传抄与传播过程当中，此经又名为《摩诃般若波罗蜜经》、《道行般若波罗蜜经》或《道行般若经》。

第二，同经异名与简称并行。

根据上表统计显示，同一经典在流传过程中使用过多种名称。如：

支楼迦谶译《道行般若经》又名《般若道行品经》、《摩诃般若波罗蜜经》、《道行般若波罗蜜经》、《道行经》，简称《道行》。

支谦译《大明度无极经》又名《明度经》，简称《明度》。

康僧会译《吴品经》又名《大智度无极经》。

无罗叉译《放光般若经》又名《旧小品》、《放光般若波罗蜜经》，简称《放光》。

竺法护译《光赞般若经》又名《新小品》、《光赞般若波罗蜜经》、《光赞摩诃般若经》，简称《光赞》。

昙摩蜱译《摩诃般若波罗蜜钞经》又名《摩诃般若波罗蜜经》、《须菩提品》、《长安品》、《长安品经》、《摩诃般若经》、《摩诃钵罗若波罗蜜抄经》，简称《钞经》。

鸠摩罗什译《小品般若波罗蜜经》又名《小品经》。

鸠摩罗什译《摩诃般若波罗蜜经》又名《新大品》、《大品经》。

第三，大、小品般若的区分自鸠摩罗什开始。

根据上表统计，按时间顺序，般若类经译为中文的主要有《道行般若经》—《大明度无极经》—《吴品经》—《大智度无极经》—《大智度经》—

《放光般若经》—《光赞般若经》—《小品经》—《新道行经》—《仁王般若经》—《摩诃般若波罗蜜抄经》—《摩诃般若波罗蜜经》—《金刚般若波罗蜜经》—《文殊波若经》—《大般若经》—《佛母出生三法藏般若波罗密多经》。其中，鸠摩罗什同时翻译了《小品般若经》和《摩诃般若波罗蜜经》，对般若类经的大、小品进行了区分。

如按大、小品对般若类经时行分类，以《道行般若经》为第一译的小品类般若类经，在佛教历代经录中的重译统计如下表所示：

表2 小品般若类经重译目次一览表

重译目次	《出三藏记集》	《开元释教录》	《大唐内典录》	《贞元新定释教目录》	《历代三宝记》
第一译	支楼迦谶《般若道行品经》	支楼迦谶《道行般若波罗蜜经》	支楼迦谶《道行般若波罗蜜经》	支楼迦谶《道行般若波罗蜜经》	支楼迦谶《道行般若波罗蜜经》
第二译	竺佛朔《道行经》	康僧会《吴品经》	支谦《大明度经》	支谦《大明度无极经》	支谦《大明度无极经》
第三译	朱士行《放光经》	支谦《大明度无极经》	无罗叉《放光般若波罗蜜经》	康僧会《吴品经》	竺法护《新道行经》
第四译	竺法护《小品经》	竺法护《新道行经》	竺法护《新小品经》	竺法护《新道行经》	《须菩提品经》
第五译	卫士度《摩诃般若波罗蜜道行经》	祇多蜜《大智度经》	竺法护《光赞般若波罗蜜经》	祇多蜜《大智度经》	罗什《新小品经》
第六译	昙摩蜱《摩诃钵罗若波罗蜜经》	昙摩蜱《摩诃般若波罗蜜钞经》	昙摩蜱《摩诃般若波罗蜜经》	昙摩蜱《摩诃般若波罗蜜钞经》	昙摩蜱《摩诃钵罗若波罗蜜经抄》
第七译	鸠摩罗什《新大品》	鸠摩罗什《小品般若波罗蜜经》	鸠摩罗什《新小品》	鸠摩罗什《小品般若波罗蜜经》	
第八译		玄奘《大般若经》第四会	鸠摩罗什《摩诃般若波罗蜜经》	玄奘《大般若经》第四会	
第九译			《大智度无极经》		

由上表统计可知，南朝萧梁《出三藏记集》与唐朝《大唐内典录》并未按现行大、小品经的分类对《道行般若经》的异译作出严格区分，而是将《光赞经》与《放光经》等大品类般若类经归为《道行经》的同经异出。隋代费长房编《历代三宝记》时，大、小品区分出现，至唐代释智升《开元释教录》的编撰完成，对大、小品的区分才变得系统和规范，并为后代所认同。笔者认为，梁启超所认为"两晋间，治般若者，有大、小品之目"的分别，是以近代学者接受大、小品分类的视角，回溯两晋时期的般若类经流传状况，有据可查的正式分类记录，应延至隋唐以后。在《开元释教录》的基础上，宋代译《佛母出生三法藏般若波罗蜜多经》为《道行般若经》的同经异译本。综之，以《道行般若经》为第一译的小品般若类经共有9种译本。

三、般若类经的分类标准及主要译本的品目比较

不同时期传入中国的般若类经典，在南朝萧梁时期已较为完备，梁武帝在《注解大品序》中谈到：

> 讲般若经者多说五时，一往听受，似有条理，重更研求，多不相符。唯《仁王般若》具书名部，世既以为疑经，今则置而不论。①

由上可知，南朝讲般若类经时，通常以"五时"为标准，对其进行划分，但梁武帝认为这样的分类其标准仔细推究起来并不严密，特别是这一分类标准主要参考其时疑为伪经的《仁王般若经》，故其合理性需要进一步论证。此"五时般若"的分类标准，按《发般若经题》：

> 古旧相传有五时般若，穷检经论未见其说，唯有《仁王般若》题列卷后，具有其文。第一，佛在王舍城说《大品般若》；第二，佛在舍卫国祇

---

① （梁）梁武帝：《注解大品序》，《出三藏记集》卷八，《大正藏》第55册，第54页中。

洹林中说《金刚般若》；第三，佛在舍卫国祇洹林说《天王般若》；第四，佛在王舍城说《光赞般若》；第五，佛在王舍城说《仁王般若》。其云《金刚般若》有八卷，淮南唯有《校量功德》一品，即其本名。《金刚般若》卷后题云：佛五时说"般若"。此是初时说，此土未有。第二时说两记相反难得，承用《大智论》言般若部党有多有少，止云《光赞》、《放光》、《道行》举此三经，不列五时。此土有《光赞》、《放光》、《道行》三经，《放光》即是大品，《光赞》、《道行》与《放光》无殊，正以详略为异，《光赞》起《序品》至《散华品》凡二十七品，大本至《散华》有二十九品，《光赞》阙无二品。《道行》初起《三假》，尽后《嘱累》，凡有三十品。依大本除前六品犹应有八十四品，道行阙无五十四品。《光赞》、《道行》与《大品》事义无异，为是出经者，辞有文质。是为在天竺时，已分为三部，前注《大品》，亦开为五，别随文析，理非为异处。[1]

法彪认为，"五时般若"的划分依据，主要以佛陀说般若经的时间和地点为参考和标准，记载于《仁王般若经》和《金刚般若经·校量功德品》题列卷后。此五时般若包括《大品般若经》、《金刚般若经》、《天王般若经》、《光赞般若经》和《仁王般若经》等5部，依据讲法的时间不同而分为"五时"，是佛分别在"王舍城"和"舍卫国"为信众讲说的经典。其时已传入中国，并已翻译成中文的般若类经有《光赞般若经》、《放光般若经》与《道行般若经》，此三经的区别在于详略不同，《放光》最详，也最长；《光赞》少《放光》两品；《道行》最短，只有30品。尽管般若类经的宗旨、道理为一，但这些经在传入中国前已经分为3种，再加上翻译风格的不同，行文出现差别。

对般若类经的分类，"五时般若"之外，尚有"四种般若"。梁武帝在与"五时般若"对比后，对"四种般若"作出说明：

---

[1] （梁）法彪：《发般若经题》，《广弘明集》卷十九，《大正藏》第52册，第238页上。

僧叡《小品序》云："斯经正文凡有四种，是佛异时适化之说，多有十万偈，少者六百偈。"略出四种，而不列名。《释论》言："般若部党有多有少，《光赞》、《放光》、《道行》。"止举三名，复不满四。此土别有一卷，谓为《金刚般若》，欲以配数，可得为五。既不具得经名，复不悉时之前后，若以此臆断，易致讥嫌。①

此"四种波若"的分类，见于僧叡《小品序》。弘始十年 (408)，僧叡为鸠摩罗什翻译之《小品般若波罗蜜经》作序时谈到：

有秦太子者，寓迹储宫，拟韵区外，习味斯经，梦想增至，准悟《大品》，深知译者之失会。闻究 (鸠) 摩罗法师，神授其文，真本犹存，以弘始十年二月六日，请令出之。至四月三十日校正都讫。考之旧译，真若荒田之稼，芸过其半，未讵多也。斯经正文，凡有四种，是佛异时适化，广略之说也。其多者云有十万偈，少者六百偈。此之"大品"，乃是天竺之"中品"也，随宜之言，复何必计其多少，议其烦简耶！梵文雅质，案本译之于丽巧不足，朴正有余矣。幸冀文悟之贤，略其华而几其实也。②

僧叡认为，佛陀所讲的般若类经大致有4种版本，乃基于说法地点、时间的不同，记录异时、异地说法广、略不同的分别上进行分类，少的一种只有约六百偈，多的可达十万偈。这四种般若并未全传至中国，比如说，中国流传的"大品"般若，只相当于印度"中品"般若的体量。其后，法彪在进一

---

① 梁武帝：《注解大品序》，《出三藏记集》卷八，《大正藏》第55册，第54页中。
② （东晋）僧叡：《小品序》，《大正藏》第8册，第537页上。

步指出：

> 僧叡《小品序》云：斯经正文，凡有四种，是佛异时适化广略之说，其文多者十万偈，少者六百偈。此之"大品"乃是天竺"中品"。但言四种，不说五时。前谓僧叡《小品序》，即是七卷般若，随从旧闻，致成差漏，不远而复，庶无祇悔。僧叡所言《小品》即是《道行般若》，何以知？然以三事验，故知其然。一，《道行般若》尾末亦自题为《小品》二七卷，有二十九品。二，《道行》文有三十品，僧叡序三十品者，不序二十九品者。三，《僧叡序》止赞"道行"二字，其文言云：章虽三十，冠之者道，言虽十万，倍之者行。行凝然后无生，道足然后补处。以是义故，知《道行经》即是《小品》。《大品》之名，是道安法师出经后事。道安云，昔在汉阴，十有五载，讲《放光经》，岁常再过。尔时犹未名为《大品》，前来《小品》，后至《小品》有三十章，《大品》有九十章，多少不同，以相形待，小、大之名所以得生。①

法彪认为，僧叡的《小品序》列于《道行般若经》前，而没有序在《小品般若波罗蜜经》前，说明了《道行般若经》与《小品般若波罗蜜经》是同经异译。僧叡只提出了"四种般若"的分类标准，而没有出现关于"五时般若"的言辞。如按"四种般若"标准分类中国已译出的般若类经典，《道行般若经》属于小品般若。中国对般若类经大、小品的区分，主要以其体量不

---

① 《发般若经题》，《广弘明集》卷十九，《大正藏》第52册，第238页上—中。另：《广弘明集》卷十九，《大正藏》第52册，第238页中："《大智论》言：'般若'部党，有多有少。止云：《光赞》、《放光》、《道行》，举此三经不列五时。此土有《光赞》、《放光》、《道行》三经，《放光》即是《大品》，《光赞》、《道行》与《放光》无殊，正以详略为异。《光赞》起《序品》讫《散华品》，凡二十七品；大本至《散华》有二十九品；《光赞》阙无二品；《道行》初起《三假》，尽后《嘱累》，凡有三十品。依大（品）《本际》前六品犹应有八十四品，《道行》阙无五十四品，《光赞》、《道行》与《大品》事义无异，为是出经者辞有文质。"

同，章节多少为标准。

对于般若类经典的分类，历史上进行了多次探讨，隋·吉藏在《大品经游义》中总结：

> 复有三种波若：一者上，二中，三下。上者《光赞波若》是也，若具翻者，应是五十卷，而存长时遗少，唯翻十卷，即竺法护所翻也。中者是"大品"也，而卷数不定，或二十七卷，并什法师翻也；《放光波若》是二十卷，是朱士行取于于阗国，即是"大品"也。下者"小品"是也，有七卷，则是随行也。复有四种般若：谓上、中、下与金刚波若也；一云：上、中、下与不共波若也。复有五种波若：谓《摩诃波若》、《天王问波若》、《光赞波若》、《仁王波若》也。从《天王问波若》，出五般若：一者《须真天子问波若》，有七卷；二者《法文天子问波若》，有三卷；三者《四天王问波若》，有一卷；四者《文殊师利问波若》；五者《思益梵志问波若》也。从《光赞波若》，出二波若：一者《成具波若》；二者《光净般若》也，或云金刚波若，其本有一卷。此是《校量功德》一品，而抄为别经也。①

吉藏以"上、中、下"为标准区分《光赞般若经》、《放光般若经》和《小品般若经》，将"大、中、小"转化为"上、中、下"，从强调"体量"转向为强调"分量"，使不同的般若类经典出现了价值的判断。吉藏认为，竺法护所译《光赞般若经》属于上品，原本有50卷，只翻译了10卷；鸠摩罗什所译《摩诃般若波罗蜜经》、无罗叉译《放光般若经》属于中品；《小品般若经》属于下品。在分类为"三种般若"之外，也可分为"四种般若"、"五种般若"和"二种般若"，各种般若的区分具有相对性：

---

① 《大品经游义》卷一，《大正藏》第33册，第67页下—68页上。

三种者，《释论》第六十七卷云：般若部，云般若部傥有多有少，有上、中、下，谓《光赞》、《放光》、《道行》也。旧云：《光赞》有五百卷，此土零落唯有十卷，或分为十二卷，有三十七品，即是上品；次《放光》为中品；《道行》为下品也。《放光》有二十卷，是古《大品》。道安法师所讲者，今新定本有二十七卷，或为二十四卷，对"小品"为"大品"，于前三部实应是"中品"也。《道行》即是小品，有十卷，即有新定本，有七卷。《释论》七十九卷云：般若义乃无边，卷数有限。谓《小品》、《放光》、《光赞》既前列，余二同前，而以《小品》名代《道行》也，故知《道行》即是小品也。

吉藏再次指出，在三种般若的分类方法中，上品指《光赞般若经》，中品指《放光般若经》，下品指《道行般若经》。大小的区分具有相对性，如中品对小品而言称大品；对大品而言则是小品。再来看吉藏谈到的"四种般若"：

四种般若者，长安叡法师《小品序》云：斯经正文凡有四种，多则十万偈，少则六百偈。此之"大品"犹是外国"中品"耳，随宜之言复何足计其多少，虽习四名而不列数。有人云：当以《金刚》足前三部，以为四也。然《金刚》止有三百许偈。叡公云：少则六百偈。故知未必用《金刚》足之。

吉藏认同"四种般若"以僧叡《小品序》中所说为标准，但对时人以为《金刚般若》为四种之一则持不同意见，理由是其不足600偈。

针对"五时般若"，吉藏认为：

五时般若者，出《仁王经》。初云释迦入大寂定，众相谓言："大觉世尊，前已为我等大众二十九年说《摩诃般若波罗蜜》、《金刚般若》、《天王问波若》、《光赞波若》，今复放光斯作何事？"既列四种于前，第五最后说《仁王护国般若》。又《大悲比丘尼本愿经》末记，或在《仁王末记》云：五时波若者，是佛三十年中通化三乘人也。第一，佛在王舍城说《大品般若》，小品从中出；第二，佛在舍卫祇洹精舍说《金刚波若》，本有八卷，淮南零落唯有《格量功德》一品，别为一卷，存其本名，亦云《金刚》；第三，佛在祇洹说《天王问波若》，大本不来汉地，此土唯有《须真天子问波若》七卷、《法才王子问波若》三卷、《四天王问波若》一卷，并出其中；第四，佛在王舍城说《光赞般若》，《成具》、《道行》、《广净》，此三部从《光赞》中出；第五，佛在王舍城说《护国波若》。

吉藏认为，"五时般若"之名出于《仁王经》末记，也见于《大悲比丘尼本愿经》末记，指佛在三十年讲法期间于不同场合说的般若经。其中，《大品般若经》为王舍城讲法时所说；《小品般若经》为节选；《金刚般若经》为舍卫祇洹精舍讲法时所说，中国只流传其中《格量功德》一品；《天王问波若》为在祇洹讲法时说；中国流传的《须真天子问波若》、《法才王子问波若》、《四天王问波若》内容相近；《光赞般若经》和《护国波若经》均为佛在王舍城讲法时所说。

另，在般若类经的分类上，北魏·菩提流支认为可分为8种：

流支三藏云，波若应有八部，第一部有十万偈，第二部有二万五千偈，此之二部犹在外国。第三部有二万二千偈，即是《大品》；第四部有八千偈，即是《小品》；第五部有四千偈；第六部有二千五百偈；此之二部亦未传汉地。第七部有六百偈；即是《文殊师利波若》；第八部三百偈，即是此《金刚波若》。又言：有《光赞》、《大空》、《道行》等，流支三藏云：此皆十万偈波若中一品，非是别部。今以《释论》验之，不同流支所说。[1]

---

① 吉藏：《金刚般若疏》卷一，《大正藏》第33册，第86页上—下。

菩提流支认为，在印度流传的8种般若类经，其中有4种未传到中国；《光赞》、《大空》和《道行》是第一部"十万偈"的节选，并非独立的一种般若类经典。菩提流支的观点，吉藏并不完全赞同，因为如以《释大乘论》检验，这种分类经不起分析。

关于般若类经的分类，隋·智顗认为：

> 修多罗，翻"契经"。经字训法训，常由圣人心口也。次部轴者，第一部十万偈，第二部二万偈，并不来此土。第三部一万八千偈，即《大品》，亦名《放光》；第四部八千偈，即《小品》，亦名《道行》；第五部四千偈，即《光赞》；第六部二千五百偈，即《天王问》；第七部六百偈，即《文殊问般若》；第八部三百偈，即此《金刚般若》。叡师云：并是如来随机之说，般若非称量过诸数量，岂是一多四五之可说。次简前后。言《金刚》前后者。肇师注云：五种般若，此说最初。又千二百五十人后说《大品》，大数五千人受化转多，故《摩诃》在后。若《金刚》在后者，《仁王经》云：初《摩诃》，次《金刚》。又护念付嘱及得慧眼，未闻此经似宜在后，俱有证据，由人用耳，对机设教广略不同。[①]

智顗对分类般若类经的判断标准与菩提流支相近，他认为，般若类经在印度共有8部，其中，以《放光经》为代表的般若类经为第3部，以《道行般若经》为代表的小品类经为第4部，以《光赞经》为代表的般若类经为第5部。虽然印度存在以"五时"、"四种"分类般若类经的方法，也排列出不同的讲经次序，但是所有的分类只是善权方便，般若类经所想要且已经表达的，已经超越了文字与数量。

近代学者在总结前人判断的基础上，也以传入时间与经典所包含品目的

---

① （隋）智顗：《金刚般若经疏》卷一，《大正藏》第33册，第75页下—76页上。

数量来划分大、小品般若类经:

> 此经输入之第一期则《小品》也,其第二期则《大品》也。此两品
> 卷帙虽少,然与我国大乘宗派之关系则甚深。因《小品》而求《大品》,
> 因《大品》而求全帙,阅数百年,卒乃大成。朱士行尝于洛阳讲《道行
> 经》,觉文意隐质诸未尽善,每日叹:"此大乘之要,而译理不尽。"誓志
> 捐身,远求大本,以魏甘露五年入西域从于阗得梵书本正九十章,遣弟
> 子弗如檀携还洛阳。罗叉叔兰译《放光般若》即此本也。(见《高僧传》卷四)
> 我国人最西行求法之动机即起于此。[1]

梁启超认为,小品般若类经最早传入中国,以《道行般若经》为代表,
但是小品经的"译理不尽",无法满足其时中国僧人对于佛教大乘义理的探求
和体认,因而引起了中国僧人往印度求取《大品般若经》的行动,由此拉开
西行求法的序幕。

上文所提及的"三种般若"、"四种般若"与"五时般若"的分类,主要基
于印度流传的般若类经典而言,对于传入中国的般若类经的各种译本来说,
其关系与联系尚需进一步分析。东晋支道林《大小品对比要抄》录:

> 尝闻先学共传云:"佛去世后,从大品之中抄出小品。"……而物未
> 悟二本之不异,统致同乎宗,便以言数为大小,源流为精麁。文约谓之
> 小,文殷谓之大,慎常之为通,因变之为无,守数之为得,领统之为
> 失,而彼揩文之徒羁见束教。……是以至人于物遂通而已,明乎小大之
> 不异,畅玄标之有寄,因顺物宜不拘小介。或以《大品》辞茂事广,喻
> 引宏奥,虽穷理有外,终于玄同。然其明宗,统一会致不异。……惟昔

---

[1] 梁启超:《佛典之翻译》,《佛学研究十八篇》,第231页。

闻之曰："夫大、小品者出于本品，本品之文有六十万言。"今游天竺未适于晋，今此二抄亦兴于大本，出者不同也。而《小品》出之在先，然斯二经虽同出于本品，而时往有不同者，或《小品》之所具，《大品》所不载；《大品》之所备，《小品》之所阙。所以然者，或以二者之事同，互相以为赖，明其本一，故不并矣。而《小品》至略玄总，事要举宗；《大品》虽辞致婉巧，而不丧本归。"①

支道林认为，无论是《大品般若经》还是《小品般若经》，其所表达的佛理是一致的。如果没有体悟佛理，而进行大小、精粗之分，受制约于文字，分出得、失之解并不妥当。在一定程度上，或可说，《大品》与《小品》既出于同本，又言殊而义同，内容互补。如以在中国的出经时间来看，《小品》先于《大品》。

对于东晋翻译的般若类经的关系，道安在《道行经序》中提出：

佛泥日后，外国高士抄九十章为《道行品》，桓灵之世，朔佛赍诣京师，译为汉文。因本顺旨，转音如已，敬顺圣言，了不加饰也。然经既抄撮，合成章指，音殊俗异，译人口传，自非三达，胡能一一得本缘故乎。由是《道行》颇有首尾隐者，古贤论之，往往有滞，仕行（朱士行）耻此，寻求其本，到于阗乃得。送诣仓垣，出为《放光品》。斥重省删，务令婉便，若其悉文，将过三倍，善出无生，论空特巧，传译如是，难为继矣。二家所出，足令大智焕尔阐幽。支谶全本，其亦应然。何者？抄经删削，所害必多，委本从圣，乃佛之至戒也。安不量未学，庶几斯心，载咏载玩，未坠于地，捡其所出，事本终始，犹令析伤玷缺，厌然无际。假无《放光》何由解斯经乎！永谢先哲，所蒙多矣。今集所见，

---

① （东晋）支道林：《大小品对比要抄》，《出三藏记集》卷八，《大正藏》第55册，第55页中—56页下。

为解句下，始况现首，终隐现尾，出经见异，铨其得否，举本证抄，敢增损也。幸我同好，饰其瑕谪也。①

道安认为，东汉末年由竺朔佛带入中国《道行般若经》是90章《般若经》的抄经，并非全本。更由于其时翻译水平的限制，此部经大约只是"转音而已"，并未充分结合中国语言文字的特点，在所用字、词、句以及篇章结构上过多考虑，由此而造成对语音和语义理解困难，特别是其时讲解者对教理的解释并不能做到详尽解释、通畅无滞，学人不能了达般若正理而产生困惑。在这种情况下，出于对佛理的追求，朱士行等人感到《道行般若经》义理未尽，并发心至于阗求取全本《般若经》②，后人将此本《般若经》送回中国后译为《放光般若经》，篇幅约为《道行般若经》的3倍。

综上所述，笔者认为，对般若类的分类虽然重要，但仅为"权"法，正如道安在研习、讲解《放光般若经》时所说：

般若波罗蜜者，无上正真道之根也。正者，等也，不二入也。等（真）道有三义焉：法身也，如也，真际也。故其为经也，以如为始，以法身为宗也。如者尔也，本末等尔，无能令不尔也。佛之兴灭，绵绵常存，悠然无寄，故曰如也。法身者，一也，常净也，有无均净，未始有名，故于戒，则无戒无犯；在定，则无定无乱；处智，则无智无愚。泯尔都忘，二三尽息，皎然不缁，故曰净也，常道也。真际者，无所著也，泊然不动，湛尔玄齐，无为也，无不为也，万法有为，而此法渊默。故曰：无所有者，是法之真也。由是其经，万行两废，触章辄无

---

① （东晋）释道安：《道行经序》，《出三藏记集》卷七，《大正藏》第55册，第47页上一中。

② 《开元释教录》卷十，《大正藏》第55册，第572页下："右曹魏时颖川沙门朱士行，于洛阳讲《道行经》，因著其录（朱士行《汉录》）。后往西域求经，于彼而卒。"

也。何者？痴则无往而非徼，终日言尽物也，故为八万四千尘垢门也；慧则无往而非妙，终日言尽道也，故为八万四千度无极也。所谓执大净，而万行正，正而不害，妙乎大也。凡论"般若"，推诸病之疆服者，理彻者也；寻众药之封域者，断迹者也。高谈其彻迹者，失其所以指南也。其所以指南者，若《假号章》之不住，《五通品》之不贡高，是其涉百辟而不失午者也。宜精理其彻迹，又思存其所指，则始可与言智已矣。何者？诸五阴至萨云若，则是菩萨来往所现法慧，可道之道也。诸一相无相，则是菩萨来往所现真慧，明乎常道也。可道故后章，或曰世俗，或曰说已也。常道则或曰无为，或曰复说也。此两者同谓之智，而不可相无也。斯乃转法轮之目要，般若波罗蜜之常例也。[①]

　　道安分类般若类经的原则，与"五时般若"将《放光般若经》与《光赞般若经》定位为《大品经》与《光赞般若经》的划分标准不同，他认为此二经为同一部经典，差别只在于译人翻译的不同。此即是说，般若经的旨趣一致，但由于翻译的特点和中国特定时期文化语境的不同，产生了言语、文字上的分别。

　　上文已分析，隋朝之前并未对大、小品般若类经进行严格区分，此或说明，所译般若类经大部分内容相似。在本节中，笔者就主要般若类经的品目进行统计和比较，如下表所示：

---

①　《合放光光赞略解序》，《出三藏记集》卷七，《大正藏》第55册，第48页上一中。

表3　主要般若经品目比较表（一）

品数	《道行般若经》10卷本	《大明度无极经》6卷本	《摩诃般若抄经》5卷本	《小品般若波罗蜜经》10卷本	《光赞经》10卷本
1	道行品	行品	道行品	初品	光赞品
2	难问品	天帝释问品	问品	释提桓因品	顺空品
3	功德品	持品	功德品	塔品	行空品
4	泅恕拘舍罗劝助品	功德品	善权品	明咒品	叹等品
5	泥犁品	变谋明慧品	地狱品	舍利品	授决品
6	清净品	地狱品	清净品	佐助品	分别空品
7	叹品	清净品	本无品	回向品	了空品
8	持品	悉持品	阿惟越致品	泥犁品	假号品
9	觉品	觉邪品	架调优婆夷品	叹净品	行品
10	照明品	照明十方品	守空品	不可思议品	幻品
11	不可计品	不可计品	远离品	魔事品	摩诃萨品
12	譬喻品	譬喻品	善知识品	小如品	等无等品
13	分别品	分别品	释提桓因品	相无相品	大乘品
14	本无品	本无品		船喻品	乘大乘品
15	阿惟越致品	不退转品		大如品	无缚品
16	怛竭优婆夷品	竭清信女品		阿惟越致相品	三昧品
17	守空品	守空品		深功德品	观品
18	远离品	远离品		伽提婆品	蜜十住品
19	善知识品	善友品		阿毗跋致觉魔品	所因出衍品
20	释提桓因品	天帝释品		深心求菩提品	无去来品
21	贡高品	贡高品		恭敬菩萨品	衍与空等品
22	学品	学品		无悭烦恼品	分曼陀尼弗品
23	守行品	守行品		称扬菩萨品	等三世品
24	强弱品	强弱品		嘱累品	观行品
25	累教品	累教品		见阿閦佛品	问品
26	不可尽品	不尽品		随知品	法师如幻品
27	随品	随品		萨陀波仑品	雨法宝品
28	萨陀波仑菩萨品	普慈开士品		昙无竭品	
29	昙无竭菩萨品	法来开士品		嘱累品	
30	嘱累品	嘱累阿难品			

表4　主要般若经品目比较表（二）

品数	《放光般若经》20卷本	《摩诃般若波罗蜜经》27卷本	《大般若波罗蜜多经》400卷本（第538～565卷）	《大智度论》100卷本	《大品经义疏》9卷本
1	放光品	序品	初会序	序品	序品
2	无见品	奉钵品	缘起品	报应品	奉钵品
3	假号品	习应品	学观品	习相应品	习应品
4	学五眼品	往生品	转生品	往生品	往生品
5	度五神通品	叹度品	赞圣德品	叹度品	叹度品
6	授决品	舌相品	现舌相品	舌相品	舌相品
7	妙度品	三假品	教诫教授品	三假品	三假品
8	舌相光品	劝学品	劝学品	劝学品	劝学品
9	行品	集散品	无住品	集散品	集散品
10	学品	相行品	般若行相品	行相品	相行品
11	本无品	幻学品	譬喻品	幻人无作品	幻学品
12	空行品	句义品	菩萨品	句义品	名义品
13	问幻品	金刚品	摩诃萨品	摩诃萨品	金刚品
14	了本品	乐说品	大乘铠品	断见品	乐说品
15	摩诃萨品	辩才品	辩大乘品	大庄严品	辩才品
16	问僧那品	乘乘品	赞大乘品	乘乘品	乘乘品
17	摩诃衍品	庄严品	随顺品	无缚无脱品	庄严品
18	僧那僧涅品	问乘品	无所得品	摩诃衍品	问乘品
19	问摩诃衍品	广乘品	观行品	四念处品	广乘品
20	陀隣尼品	发趣品	无生品	发趣品	发趣品
21	治地品	出到品	净道品	出到品	出到品
22	问出衍品	胜出品	天帝品	胜出品	胜出品
23	叹衍品	等空品	诸天子品	含受品	等空品
24	衍与空等品	会宗品	受教品	会宗品	会宗品
25	合聚品	十无品	散花品	十无品	十无品
26	不可得三际品	无生品	学般若品	无生品	无生品
27	问观品	问住品	求般若品	天主品	问住品
28	无住品	幻听品	叹众德品	幻人听法品	幻人听品
29	如幻品	散花品	摄受品	散华品	散华品
30	雨法雨品	三叹品	校量功德品	顾视品	三叹品

续表

品数	《放光般若经》20卷本	《摩诃般若波罗蜜经》27卷本	《大般若波罗蜜多经》400卷本（第538~565卷）	《大智度论》100卷本	《大品经义疏》9卷本
31	叹品	灭净品	随喜回向品	灭净乱品	灭净品
32	降众生品	大明品	赞般若品	宝塔校量品	大明品
33	守行品	述成品	谤般若品	述诚品	述成品
34	供养品	劝持品	难信解品	劝受持品	劝持品
35	持品	遣异品	赞清净品	梵志品	遣异品
36	遣异道士品	尊导品	著不著相品	阿难称誉品	尊导品
37	无二品	法称品	说般若相品	校量舍利品	法称品
38	舍利品	法施品	波罗蜜多品	校量法施品	法施品
39	功德品	随喜品	难闻功德品	随喜回向品	随喜品
40	劝助品	照明品	魔事品	照明品	照明品
41	照明品	信毁品	佛母品	信谤品	信毁品
42	泥犁品	叹净品	不思议品	叹净品	叹净品
43	明净品	无作品	办事品	无作实相品	无作品
44	无作品	遍叹品	众喻品	诸波罗蜜品	遍叹品
45	等品	闻持品	真善友品	叹信行品	闻持品
46	真知识品	魔事品	趣智品	魔事品	魔事品
47	觉魔品	两过品	真如品	两不和合品	两过品
48	不和合品	佛母品	菩萨住品	佛母品	佛母品
49	大明品	问相品	不退转品	问相品	问相品
50	问相品	成办品	巧方便品	大事起品	成办品
51	大事兴品	譬喻品	愿行品	譬喻品	譬喻品
52	譬喻品	知识品	伽天品	善知识品	知识品
53	随真知识品	趣智品	善学品	趣一切智品	趣智品
54	解深品	大如品	断分别品	大如品	大如品
55	叹深品	不退品	巧便学品	阿毗跋致品	不退品
56	阿惟越致品	坚固品	愿喻品	转不转品	坚固品
57	坚固品	深奥品	坚等赞品	灯炷品	深奥品
58	深品	梦行品	嘱累品	梦中入三昧品	梦行品
59	梦中行品	河天品	无尽品	恒伽提婆品	河天品
60	加调品	不证品	相引摄品	学空不证品	不证品
61	问相行愿品	梦誓品	多问不二品	梦中不证品	梦誓品
62	阿惟越致相品	魔愁品	实说品	同学品	魔愁品

续表

品数	《放光般若经》20卷本	《摩诃般若波罗蜜经》27卷本	《大般若波罗蜜多经》400卷本（第538~565卷）	《大智度论》100卷本	《大品经义疏》9卷本
63	释提桓因品	等学品	巧便行品	等学品	等学品
64	问等学品	净愿品	遍学道品	愿乐品	净愿品
65	亲近品	度空品	三渐次品	称扬品	度空品
66	牢固品	累教品	无相无得品	嘱累品	累教品
67	嘱累品	无尽品	无杂法义品	无尽方便品	无尽品
68	无尽品	摄五品	诸功德相品	六度相摄品	摄五品
69	六度相摄品	方便品	诸法平等品	大方便品	方便品
70	沤品	三慧品	不可动品	三惠品	三慧品
71	种树品	道树品	成熟有情品	道树品	道树品
72	菩萨行品	道行品	严净佛土品	菩萨行品	道行品
73	当得真知识品	三善品	净土方便品	种善根品	三善品
74	教化众生品	遍学品	无性自性品	遍学品	遍学品
75	无坚要品	三次品	胜义瑜伽品	次弟学品	三次品
76	无倚相品	一念品	无动法性品	一心具万行品	一念品
77	有相品	六喻品	常啼菩萨品	六喻品	六喻品
78	住二空品	四摄品	法涌菩萨品	四摄品	四摄品
79	超越法相品	善达品	结劝品	善达品	善达品
80	信本际品	实际品		实际品	实际品
81	无形品	具足品		照明品	具足品
82	建立品	净土品		净佛国土品	净土品
83	毕竟品	毕定品		毕定品	毕定品
84	分别品	差别品		四谛品	差别品
85	有无品	七譬品		七喻品	七譬品
86	诸法等品	平等品		平等品	平等品
87	诸法妙化品	如化品		涅槃如化品	如化品
88	萨陀波伦品	常啼品		萨陀波仑品	常啼品
89	法上品	法尚品		昙无竭品	法尚品
90	嘱累品	嘱累品		嘱累品	嘱累品

根据上表的统计可知：

第一，以《道行般若经》为最初译本，与之内容、品目相似度高的早期般若类经典有《大明度无极经》、《小品般若波罗蜜经》与《摩诃般若抄经》。《放光般若经》、《光赞经》、《摩诃般若波罗蜜经》、《大般若经》等所包含内容有所扩展，增加了《放光品》、《假号品》、《观品》、《平等品》、《句义品》、《金刚品》、《会宗品》、《灭净品》、《遣异品》、《尊导品》、《成办品》等内容。

第二，在不同译本中，不仅内容相似品目的名称因翻译风格不同，所用词语有所区别，而且不同译本品目排列次序、每品翻译的名称有所不同。如：1.《道行般若经》第1品为《道行品》，《大明度无极经》第1品为《行品》，《摩诃般若抄经》第1品为《道行品》，《小品般若波罗蜜经》第1品为《初品》，《光赞经》第9品为《行品》。其中，《道行品》与《初品》内容相同，名称不同。

2.《道行般若经》第2品为《难问品》，《大明度无极经》第2品为《天帝释问品》，《摩诃般若抄经》第2品为《问品》，《小品般若波罗蜜经》第2品为《释提桓因品》，《光赞经》第25品为《问品》。其中，4种经典的第2品《难问品》、《天帝释问品》、《问品》、《释提桓因品》内容相同，品目翻译选词各不相同，"释提桓因"即"天帝释"之名，该品因此"天帝释"与四万天子在座而得名。

3.《道行般若经》第3品为《功德品》，《大明度无极经》第4品为《功德品》，《摩诃般若抄经》第3品为《功德品》，《小品般若波罗蜜经》第17品为《深功德品》，《放光般若经》第39品为《功德品》，《大般若经》为《校量功德品》。其中，《功德品》与《深功德品》内容相同，品名略有差别。

4.《道行般若经》第5品为《泥犁品》，《大明度无极经》第6品为《地狱品》，《摩诃般若抄经》第5品为《地狱品》，《小品般若波罗蜜经》第8品为《泥犁品》。其中，"地狱"为意译，"泥犁"为音译。

5.《道行般若经》第15品为《阿惟越致品》，《大明度无极经》第15品为

《不退转品》，《摩诃般若抄经》第8品为《阿惟越致品》，《小品般若波罗蜜经》第16品为《阿惟越致相品》，《放光般若经》第56品为《阿惟越致品》，《摩诃般若波罗蜜经》第55品为《不退品》，《大般若经》为《不退转品》，《大智度论》为《阿毗跋致品》。以上"阿惟越致"、"阿毗跋致"为音译，"不退"、"不退转"为意译。

第三，从结构上来看，所有的般若类经典中结构相同，《道行般若经》最后三品《萨陀波仑菩萨品》、《昙无竭菩萨品》、《嘱累品》为重要之品目，此即《大明度无极经》之《普慈开士品》、《法来开士品》、《嘱累阿难品》，《小品般若波罗蜜经》之《萨陀波仑品》、《昙无竭品》、《嘱累品》，《放光般若经》之《萨陀波伦品》、《法上品》、《嘱累品》，《摩诃般若波罗蜜经》之《常啼品》、《法尚品》、《嘱累品》，《大般若经》之《常啼菩萨品》、《法涌菩萨品》、《劝结品》。其中，"萨陀波仑菩萨"、"普慈开士"、"萨陀波仑"、"常啼"、"常啼菩萨"指同一菩萨，因翻译选词不同而呈现文字差异；同样"昙无竭菩萨"、"法来开士"、"法上"、"法尚"、"法涌"也为同一菩萨名，各主译人选择了不同译法。

第四，从内容上看，以《道行般若经》为代表的小品般若类经典品目安排突出了般若兼具"本无"、"守空"、"清净"、"觉"、"照明"、"不可计"、"譬喻"、"远离"、"不可尽"的特点，以及修"功德"、学佛"道行"，积极践行的观念。而以《摩诃般若经》为代表的大品般若类经典对佛教名相、事数的解释也更为细致，细分并新增《一念品》、《三慧品》、《摄五品》、《三善品》、《三次品》、《六喻品》、《七譬品》等内容。

因为各般若类经的异译本均在《道行般若经》的基础上有所增加，故本文将现存另8种般若类经典：《大明度无极经》、《摩诃般若抄经》、《光赞般若经》、《放光般若经》、《小品般若经》、《摩诃般若经》、《大般若经》与《佛母出生三法藏般若波罗蜜多经》视作《道行般若经》的异译本，在综合比较此9种译本的基础上，分析《道行般若经》的"格义"问题。

第二节 《道行般若经》同经异译词辨析

一、般若类经9种译本主要同经异译词统计

现存历代所译般若类经典中，同一人名或物名历代所译存在差别，这些差别体现了不同时期翻译时中文与梵文/胡文的对应，中国思想对印度思想的理解，中国僧俗对佛理义理的体会过程。

本节着重对现存般若类经的9种译本：《道行般若经》、《大明度无极经》、《摩诃般若抄经》、《光赞经》、《放光般若经》、《小品般若经》、《摩诃般若波罗蜜经》、《大般若经》、《佛母出生三法藏般若波罗蜜多经》中出现的同经异译词进行综合比较，在全面对比主要名词的基础上，选择了24组名词相进行具体分析，考察这些同经异译词的变化，结合《一切经音义》、《翻译名义集》等佛经音义书以及相关文献，分析词语变化所体现的深层文化原因。

1.主要人、物名词译本差别统计

以下12组名词，包括地名、称谓、佛学果位专用名词，在般若经类经典中的翻译情况，如下表5、表6所示：

表5 《道行般若经》同经异译名词统计表（一）

经典	1	2	3	4
《道行般若经》	罗阅祇耆阇崛山	摩诃比丘僧	阿惟越致	菩萨
《大明度无极经》	王舍国其鸡山	大比丘	不退转	菩萨/闓士
《放光般若经》	罗阅祇耆阇崛山	大比丘	阿惟越致	菩萨
《光赞经》	罗阅祇耆阇崛山	摩诃比丘僧/比丘圣众	阿惟越致	开士大士
《摩诃般若抄经》	罗阅祇耆阇崛山	比丘	阿惟越致	菩萨
《小品般若经》	王舍城耆阇崛山	大比丘僧	不退转地/阿毗跋致/阿惟越致	菩萨
《摩诃般若波罗蜜经》	王舍城耆阇崛山	摩诃比丘僧	阿惟越致	菩萨
《大般若经》	王舍城鹫峰山	大苾刍众	不退转菩萨摩诃萨	菩萨
《佛母出生三法藏般若波罗蜜多经》	王舍城鹫峰山	大苾刍	不退转住菩萨地	菩萨

续表

经典	1	2	3	4
《一切经音义》/《翻译名义集》	罗阅，以拙反。案《阿阇世王经》云："罗阅祇"，晋言王舍城，此应讹也，正言罗阅揭梨酰。罗阅义是断理，以王代之谓能断理人民也；揭梨酰此云舍，中总名王舍城，在摩伽陀国中城名。（玄应《一切经音义》释《放光般若经》）	苾刍，上毗逸反，下测虞。梵语草名也。僧肇法师义，苾刍有四胜德：一名净乞食，二名破烦恼，三名能持戒，四名能怖魔。梵文巧妙一言具含四义，故存梵言也。（慧琳《一切经音义》释《大品般若经》）	阿鞞，《字书》：陛奚反。此译云不退住。《十住经》云：第七住也。（玄应《一切经音义》释《放光般若经》）	开士，谓以法开道之士也，梵云扶萨，又作扶萨，或言菩萨是也。肇曰："正音云菩提萨埵。"菩提，佛道名也，萨埵，秦言大心众生。有大心入佛道，名菩提萨埵。无正名译也。安师云："开士始士。"荆溪释云："心初开故，始发心故。"《净名疏》云："古本翻为高士，既异翻不定，须留梵音。"但诸师翻译不同，今依大论释，菩提名佛道，萨埵名成众生。天台解云："用诸佛道，成就众生故，名菩提萨埵。"又菩提是自行，萨埵是化他，自修佛道，又化他故。贤首云："菩提此谓之觉，萨埵此曰众生。以智上求菩提，用悲下救众生。"（《翻译名义集》）
梵文现词	Rājagrba	Mahābhiksu–sangha	Avinivarta	Bodhisattva
英文翻译	Name of the ancient capital city of Magadha	the great monks	Non～retrogressing, concerning the state of bodhisattvas who are firmly set on the path to enlightenment, not liable to go back to a lower stage. An irreversible bodhisattva	A great bodhisattva

现就表5所录四组同经异译词略作解释：

第一，地名"羅閱祇耆闍崛山"为讲经的地点，按经典翻译的时间顺序，译词发生了音译——意译音译联用——意译的过程。其中，"闍崛"与"其鶏"音近，又译为"揭梨醯"。按梵文现词Rājagṛba的发音分析，此一词中古时期与现代发音不同。

第二，专有名词"摩訶比丘僧"发生了从音译——意译、音译联用的过程，9种译本均选择用"bhikṣu"的音译，这些同词音译之间，存在细微的差别。唐朝玄奘根据唐朝长安音和梵文发音将"比丘"修正为"苾芻"。"比丘"除了般若类经的音译外，案玄应《一切经音义》释《大明度无极经》中所录，又作"除馑"：

> （除馑）渠镇反。旧经中或作除士、除女，或熏士、熏女，今言比丘、比丘尼是也。案《分别功德论》云："世人饥馑于色欲，比丘除此受馑之饥想，故名除馑。"又案梵言比丘，此云乞士，即与除饥馑义同。又康僧会注《法镜经》云："凡夫贪染六尘，犹饿夫梦饭，不知猒足；圣人断去贪染，除六情饥，故号出家者为除馑。"①

此即是说，从所蕴含的意义方面分析，"比丘"曾译作除士、熏士、除馑，表达了佛教僧众出家的意义与修行目的，但是，因为中国传统语境中并无之相对应的概念，较难且并不能全面理解意译后的意义，因此，使用音译来表达梵语比丘的含义，在音译后，又加以说明："比丘梵语此含三义，故存梵不译：一怖魔，二乞士，三净戒。"②

第三，专有名词"阿惟越致"，梵文现词为"Avinivarta"，指佛教中的不退

---

① 玄应：《一切经音义》卷十，《大正藏》第54册，第364页中。
② 《金刚般若经疏论纂要》卷一，《大正藏》第33册，第156页上—中。

转菩萨，译为不退转、不退毗地、阿毗跋致、不退转菩萨摩诃萨、不退转住菩萨地，翻译轨迹从音译到意译发展。其中，《小品般若经》出现了三种译法共存的现象，笔者认为，或是姚秦时期对翻译进行取舍而未决状况的显现。

第四，专有名词"菩萨"，梵文现词为"Bodhisattva"，意译译为开士闿士、开士大士，指菩萨的特点在于以法开道之士，也曾按音译为扶萨、菩提萨埵、高士。东晋道安因为菩萨翻译名称较多，特按梵文发音定为"菩萨"，后成为通行的译法。

表6 《道行般若经》同经异译名词统计表（二）

经 典	5	6	7	8
《道行般若经》	阿罗汉	邠祁文陀弗	极大祝/人中之猛祝	摩诃僧那僧涅
《大明度无极经》	弟子地/应仪	贤者满慈子/满祝子	诸佛神咒/咒中之王	弘誓之铠
《放光般若经》	阿罗汉/声闻	邠耨文陀尼子		大功德所缠络/僧那僧涅/被大乘之铠
《光赞经》	罗汉/声闻/无着果	分耨文陀尼弗/分曼陀尼弗	大咒术/无上咒术	摩诃僧那僧涅/被大德铠
《摩诃般若抄经》	声闻/罗汉	分耨文陀尼弗	极大咒/持尊之咒极尊咒/无有辈咒	摩诃僧那僧涅
《小品般若经》	声闻/阿罗汉			庄严菩萨摩诃萨善知识/菩萨发大庄严
《摩诃般若波罗蜜经》	声闻	富楼那弥多罗尼子	大明咒	
《大般若经》	声闻/阿罗汉	满慈子	大神咒/大明咒/无上咒/无等等咒/诸咒王	饶益一切有情被大功德铠
《佛母出生三法藏般若波罗蜜多经》	声闻弟子/阿罗汉	满慈子	无量明/无上明/最胜明/无等明/无等等明	摩诃萨被大乘铠

续表

经典	5	6	7	8
《一切经音义》《翻译名义集》	应仪道，又云应真，或言真人，旧云无着果，亦云阿罗诃，今言阿罗汉皆是一人也。（慧琳《一切经音义》释《大明度经》）	邠祁文陀弗，彼贫反，下巨梨反。或言富楼那弥多尼子是也。（慧琳《一切经音义》释《道行般若经》）邠耨文陀尼子，邠，笔贫反，又作分耨，或作邠耨文陀弗，应云富那曼陀弗多罗，此译云满严饰女子也。《明度经》云"满见子"也。（玄应《一切经音义》释《放光经》）满祝子，脂育、脂救二反。即富楼那是也。（玄应《一切经音义》释《明度无极经》）		僧那僧涅，应云摩诃僧那僧涅陀，旧译云摩诃言大，僧那言铠，僧涅言著，亦云庄饰，故名著大铠。《大品经》云"大誓庄严"是也。一云僧那大誓，僧涅自誓，此皆讹也。正言月册那诃，此云甲，月册捺陀，或云被，或云衣，言被甲衣甲也。衣音于既反。（玄应《一切经音义》释《放光经》）僧那，此云弘誓。僧涅，一云僧那大誓，僧涅自誓；一云僧那言铠，僧涅言著名着大铠，亦云庄严，故《大品》云大誓庄严。（《翻译名义集》）
梵文现词	Arhan	Maitrāyaṇī ~ putra	Mahāvidyā	Mahasamnaha ~ saṃnaddha, Saṃnāha
英文翻译	Asaint	Name of a disciple of the Buddha	An extremely great incantation	Armed with the great amour

现就表6所录四组同经异译词略作解释：

第一，"阿罗汉"，梵文现词为"Arhan"，指小乘佛教的最高果位，曾译为弟子地、应仪、声闻、无着果、罗汉、声闻弟子等，音译与意译均有。在般若类经不同的译本当中，《大明度无极经》、《放光般若经》、《摩诃般若抄经》、《小品般若经》、《大般若经》、《佛母出生三法藏般若波罗蜜多经》同文出现两种译法，《光赞经》同文同现三种译法，反映了对"Arhan"翻译选择、取舍的过程。

第二，"邠祁文陀弗"，梵文现词为"Maitrāyaṇī～putra"或"Pūrṇa Maitrāyanīputra"，即富楼那弥多罗尼子、满慈子。玄应《一切经音义》释《摩诃般若波罗蜜经》中"弥窒"一词时录：

> (弥窒)丁结反。弥窒耶尼子，或作富楼那弥多罗尼子，正言富啰拏梅低梨夜富多罗。富啰拏，此云满，是其名也；梅低梨夜，此云慈，是其母姓也。富多罗者子也，兼从母姓为名，故此云满慈子，或译云满愿子，皆一义也。①

《一切经音义》释《大明度无极经》时录：

> 满祝子(脂育、脂救二反)，即富楼那是也。②

再看唐朝窥基撰、慧琳校定之《一切经音义》释《妙法莲花经》中的"富楼那弥多罗尼子"：

> (富楼那弥多罗尼子)补剌拏梅怛利曳尼弗怛罗，此云满慈子。补剌拏，满也；梅怛利曳尼，女声中呼慈也；弗怛罗，子也。慈是母，满是自，名此满尊者是慈女之子，或满及慈俱是母号，云满慈子也。更有他释，皆不正也。③

综之，音译"邠祁文陀弗"、"弥窒耶尼子"、"富楼那弥多罗尼子"、"富啰拏梅低梨夜富多罗"、"补剌拏梅怛利曳尼弗怛罗"、"富楼那"与意译"满

---

① 玄应：《一切经音义》卷九，《大正藏》第54册，第360页下。
② 玄应：《一切经音义》卷十，《大正藏》第54册，第364页中。
③ 玄应：《一切经音义》卷二十七，《大正藏》第54册，第482页中。

慈子"、"满祝子"为同一词。考虑到同词各音译间差别较大的状况，笔者认为，或因译本来源语言不同，侧面显示了佛教的传播路线与时间。

第三，《道行般若经》中"极大祝"，梵文现词为"Mahāvidyā"，在般若类经典中异译为"人中之猛祝"、"诸佛神呪"、"呪中之王"、"大呪术"、"无上呪术"、"极大呪"、"持尊之呪"、"极尊呪"、"无有辈呪"、"大明呪"、"大神呪"、"无上呪"、"无等等呪"、"诸呪王"、"无量明"、"无上明"、"最胜明"、"无等明"与"无等等明"，表达了无上的神圣观念。其中，"祝"又译作"呪"、"咒"，或以"明"代之。参考王力：《同源字典》：

> tjiuk 祝：tjiuk 呪（迭韵）……祝、呪本同一词。祝愿和诅呪是一件事的两面。《释名·释言语》："祝，属也，以善恶之词相属着也。"善恶之词即兼祝愿和诅呪两面。

"祝"与"呪"意义相反而指同一件事，是为反训。再看文献中出现的"祝"与"咒"：

《战国策·齐策二》："为仪千秋之祝。"注："祝，祈也。"

《吕氏春秋·乐成》："王为群臣祝。"注："祝，愿也。"

《淮南子·说山》："尸祝齐戒。"注："祝，祈福祥之辞。"字亦作"呪"。

《礼记·郊特牲》："诏祝于室。"疏："祝，呪也。"

《后汉书·谅辅传》："时夏大旱……辅乃自暴庭中，慷慨呪曰。"

《书·无逸》："否则厥口诅祝。"疏："以言告神谓之祝。"释文："祝，之又反。"

《后汉书·贾逵传》："乡人有所计争，辄令祝少宾。"注："祝，诅也。"这个意义后来写作"呪"，读去声。

《广韵》："呪，呪诅。职救切。"

《说文》："詶，诲也。"

《说文解字注》：《玉篇》云："《说文》职又切，诅也。"《玄应》六引曰："祝，今作呪，《说文》作詶，诅也，之授切。今各本作'诲也'乃因俗用'詶'为酬应字，市流切，不欲释以诅，遂改之耳。"徐灏曰："'詶'当为'诪'之或体，其本义为诪张，而'詶'为祝诅之'祝'，当与'诅'互训。"

综之，祝、呪、诅、詶、诪、詶递训。

在现存般若类经典中，"祝"的用法，仅见于《道行般若经》。比较《道行般若经》与《小品般若经》中两段同经译文：

《道行般若经》：

> 是般若波罗蜜者，极大祝，人中之猛祝。学是祝者，是善男子、善女人不自念恶，亦不念他人恶，都无所念，善为人中之雄，自致作佛，为护人民蜎飞蠕动，学是祝者疾成佛道也。[1]

《小品般若经》：

> 般若波罗蜜是大呪术、无上呪术。善男子、善女人，学此呪术，不自念恶，不念他恶，不两念恶；学是呪术，得阿耨多罗三藐三菩提，得萨婆若智，能观一切众生心。[2]

通过两段的对比可知，东汉支谶译经与姚秦鸠摩罗什译经风格大不相同，东汉"是"在句前，姚秦"是"在句中；东汉用"祝"，姚秦用"呪术"。

在《道行般若经》中，"祝"与"巫"连用成为"巫祝"：

> (般若波罗蜜者)亦入于佛经、亦入于世间经、亦入于巫祝、亦入于不巫祝，亦入于宿命，亦入于所行，亦入于展转生死中，亦入于勤苦、亦入

---

[1] 《道行般若经》卷二，《大正藏》第8册，第431页下。
[2] 《小品般若经》卷二，《大正藏》第8册，第542页中。

于不勤苦······①

对于"巫祝"的意义，玄应《一切经音义》释：

> 下之育反②。无形也，谓事鬼神曰巫，祭主赞辞曰祝也。《说文》：在女曰巫，在男曰觋。③

《新集藏经音义随函录》释"巫祝"：

> 上音无，下之六反④。女仕鬼者曰巫也，祝者辞也，祭也，谓祷祝祭祀鬼神，祈福祥、求永贞也。下又音呪。⑤

"巫祝"即"巫觋"，通常指具有超能力，能与神灵交通者，在时人的认知中，"如世有童子师及巫祝之类，皆为神道传送凶吉祸福之言"⑥。佛教传入中国的汉末魏晋南北朝时期，中国特别是南方巫文化发达：

> 西晋愍帝建兴元年，有二石像浮于吴松江，渔者疑为海神，延巫祝以迎之，风涛更盛。奉黄老者谓是天师，复往迎接，风浪如初。奉佛居士朱膺者吴县人，素有诚信，共东灵寺帛尼并信者数人，至沪渎口延之，风潮忽静。遥见二人至乃石像立，高七尺波中捧，上置通玄寺。铭其背

---

① 《道行般若经》卷十，《大正藏》第8册，第475页下。
② 《一切经音义》卷五十八录：粥，之育反。
③ 《一切经音义》卷九，《大正藏》第54册，第362页中。
④ 《一切经音义》卷五十四录：鬻，也作粥，之六反。
⑤ 《新集藏经音义随函录》卷二。
⑥ 《首楞严义疏注》卷八，《大正藏》第39册，第939页中。

一名惟卫，二名迦叶。①

　　无独有偶，刘宋时期昙摩蜜多到达建康时，"東境旧俗多趣巫祝"（《高僧传·昙摩蜜多》）。此外，早期佛教僧尼也或被看作是"巫"的一种，以"术者"②载入史册。

　　第四，"摩诃僧那僧涅"，梵文现词为"Mahasamnaha～saṃnaddha"或"Saṁnāha"，又译作"弘誓之铠"、"大功德所缠络"、"被大乘之铠"、"被大德铠"、"庄严菩萨摩诃萨善知识"、"菩萨发大庄严"、"饶益一切有情被大功德铠"、"摩诃萨被大乘铠"等等，呈现出从音译到意译的过程。《大明度无极经》注"弘誓之鎧善友者也"：

　　　　弘誓者，菩萨自誓，忍世众苦，必于得佛，极济众生，灭十二因缘，还乎本无。铠者，德其行高，见罪常由，壮士以铠障身全命，势成胜敌终始无畏。菩萨内净视明，以八直之行与邪意战，破坏五贼，高愿取佛，不能沮，遂成世尊，故曰法铠也。③

　　此段所录，弘誓指菩萨之誓，指上求佛道，下化众生，灭十二因缘，归于本无。此以铠为名，指与邪义战斗，保护道心的坚固之铠。披上此铠，于大乘佛教中，以大乘法而自庄严，故名摩诃僧那僧涅。

　　值得注意的是，《放光般若经》中，三种译法同时出现，音译与意译并存，说明在西晋时期或者时人对此词理解较难，或者此词需要着重强调。

　　2.主要哲学名相译本差别统计

　　以下8组名词，主要为佛教哲学名相，其历代翻译差异情况，如下表7、表8所示：

---

　　① 《释迦方志》卷二，《大正藏》第51册，第971页中。

　　② 笔者按：如正史记录佛图澄为"术者"。

　　③ 《大明度无极经》卷一，《大正藏》第8册，第480页中。

表7 道行般若经同经异译哲学名相统计表（一）

经 典	1	2	3	4
《道行般若经》	般若波罗蜜	泥洹/般泥洹	摩诃衍三拔致	本际
《大明度无极经》	明度无极	地道/灭度/灭讫/得泥洹	升于大乘	本际
《放光般若经》	般若波罗蜜	泥洹/般泥洹	乘于大乘	本际
《光赞经》	智慧度无极	泥洹/灭度/般泥曰/般泥洹	摩诃衍/乘大乘/摩诃衍三拔致	本际
《摩诃般若抄经》	般若波罗蜜	泥洹/般泥洹	摩诃衍三拔谛/等住	本际
《小品般若经》	般若波罗蜜	涅槃/灭度/般涅槃	发大乘心/乘于大乘	实际
《摩诃般若经》	般若波罗蜜	涅槃/得无余涅槃		本际/实际
《大般若经》	般若波罗蜜多	涅槃/般涅槃/趣入如是涅槃	发趣大乘/乘大乘	实际
《佛母出生三法藏般若波罗蜜多经》	般若波罗蜜多	涅盘/取证涅槃	大乘庄严/安住大乘	实际
《一切经音义》《翻梵语》	度无极，或言到彼岸，皆一义也，梵言波罗蜜多是也。（玄应《一切经音义》释《光赞经》）	般涅盘，上音补末反，梵语也。旧云泥洹，并讹略也。正云摩诃波利儞嚩喃，此云大圆寂也，谓三点圆伊、四德圆果等是也。（希麟《续一切经音义》释《新花严经》）般泥洹，应云般梨涅般。译曰般利者，大亦云真也。涅盘者如上说。（《翻梵语》释《华严经》）	三跋致，又作拔，同蒲沫反。晋言发趣是。（玄应《一切经音义》释《光赞经》）	
梵文现词	Prajñāpā-ramitā	Parinibbāna	Mahāyāna~samprastbita	Koṭi
英文翻译	Perfection of wisdom	Enters complete extinction; brings to complete extinction	One who has set out for the Great Vehicle	The ultimate end End, limit, top, edge, point; the highest piont

现就表7所录四组同经异译词略作解释：

第一，《道行般若经》中的"般若波罗蜜"，梵文现词为"Prajñāpāramitā"，在其他般若类经典中又译为"明度无极"、"智慧度无极"、"般若波罗蜜多"等。

第二，"般泥洹"，梵文现词为"Parinibbāṇa"，在般若类经中又译为"得泥洹"、"灭讫"、"般泥曰"、"般涅槃"、"得无余涅槃"、"趣入如是涅槃"、"取证涅槃"，在其他佛教经典中，也译为"般涅槃"、"般梨涅般"、"波利你嚩喃"、"大圆寂"。意译为灭讫、大圆寂。其中，得、般、趣入、取证表示相同的意义，泥洹、泥曰、涅槃、涅槃音近。

第三，"摩诃衍三拔致"，梵文现词为"Mahāyāna～samprastbita"，又译为"升于大乘"、"乘于大乘"、"摩诃衍"、"乘大乘"、"摩诃衍三拔谛"、"等住"、"发大乘心"、"发趣大乘"、"大乘庄严"、"安住大乘"。其中，"摩诃衍"为音译，也即意译之"大乘"；"三拔致"为音译，也即意译之"发趣"，具有"安住"、"庄严"等义。

第四，"本际"，梵文现词为"Koṭi"，也译为"实际"。中文异译的区别在对于"本"和"实"的认知，从上表所译般若类翻译的时间来看，东晋以前多用"本"，东晋以降多用"实"。

表8 《道行般若经》同经异译哲学名相统计表（二）

经 典	5	6	7	8
《道行般若经》	萨芸若	三昧	十诫功德/十戒	四禅
《大明度无极经》	一切知	定	十诫功德/十戒	四弃
《放光般若经》	萨云若	三昧	十善	四禅
《光赞经》	萨芸若慧	三昧	十善	四禅
《摩诃般若抄经》	萨芸若	三昧	十善功德	四禅
《小品般若经》	萨婆若/萨婆若智	三昧	十善道	四禅

续表

经　典	5	6	7	8
《摩诃般若波罗蜜经》	萨婆若/萨婆若智慧	三昧	十善道/十善业道	四禅
《大般若经》	一切智智	定	十善业道	四静虑
《佛母出生三法藏般若波罗蜜多经》	一切智	三摩地/三昧	十善法	四禅定分
《一切经音义》	萨婆若，梵语讹也正，梵音萨嚩吉娘二合，唐言一切智智，即般若波罗蜜之异名也。（慧琳《一切经音义》释《大般若经》）	三昧，莫盖反。或此言三摩提，或云三摩帝，皆讹也，正云三摩地，此译云等持等者正也。正持心也，谓持诸功德也，或云正定，谓任缘一境离诸邪乱也。（玄应《一切经音义》释《摩诃般若经》）		
梵文现词	sarvajñā	samādhi	daŚakuŚalāh karmapathā	cattāri~jhānāni
英文翻译	Wisdom	Meditation and practices	Merits of the ten precepts	

现就表5所录四组同经异译词略作解释：

第一，《道行般若经》中的"萨芸若"，梵文现词为"sarvajñā"，在其他般若类经典中又译为"一切知"、"萨云若"、"萨芸若慧"、"萨婆若智"、"萨婆若智慧"、"一切智智"、"一切智"、"萨嚩吉娘"等，《一切经音义》认为此即"般若波罗蜜"之异名。

第二，"四禅"，梵文现词为"cattāri~jhānāni"，又译作"四弃"、"四静虑"、"四禅定分"等，弃、禅、静虑与禅定同义。

第三，"三昧"，梵文现词为"samādhi"，又音译为"三摩地"、"三摩提"、"三摩帝"，意译为"定"、"等持"、"正持心"等。

第四，"十戒"，梵文现词为"Daśakuśalāh karmapathā"，又译作"十诚"、"十善"、"十善功德"、"十善道"、"十善业道"、"十善法"等，表达了佛教对于"戒"的看法，类似于"善"、"诚"、"法"、"道"与"功德"。

对于"十戒"的条目，《道行般若经》释为：

> 不杀生、强盗、淫泆、两舌、嗜酒、恶口、妄言、绮语，不嫉妒、瞋恚、骂詈。①

《大明度无极经》录：

> 又不退转大士持戒，身自不杀、教人不杀，身自不盗、教人不盗，身自不淫、教人不淫，身自不两舌、恶口、妄言、绮语，嫉妒、恚、痴。是十戒皆自持，复教彼守行，梦中自护十戒，面见如是，用是比相行具足知。②

相较于《道行般若经》，《大明度无极经》所列"十戒"稍有不同，其中，"嗜酒"一条在《大明度无极经》中已取消，或与其时东吴的文化氛围有关。再者，对"不杀生"一条，《大明度无极经》进行了更详细的解释，指出不杀包括（1）自身不杀；（2）教人不杀。同样，"不盗"包括（1）自身不盗；（2）教人不盗。

再看《小品般若经》释"十善道"：

> 复次，须菩提！阿惟越致菩萨自不杀生，亦不教他杀生，自不偷劫、不邪淫、不妄语、不两舌、不恶口、不无益语、不贪嫉、不瞋恼、不邪见、亦不教他令行邪见，是十善道。③

---

① 《道行般若经》卷六，《大正藏》第8册，第454页下。
② 《大明度无极经》卷四，《大正藏》第8册，第494页下。
③ 《小品般若波罗蜜经》卷六，《大正藏》第8册，第564页上。

又：

> 须菩提！菩萨如是学者，不夺他命、不盗他物、不邪淫、不妄语、不两舌、不恶口、不无益语、不贪嫉、不瞋恼、不邪见、不邪命活、不畜邪见眷属、不畜破戒眷属。[①]

《小品般若经》将"不盗"改译为"不偷劫"与"不盗他物"，将"妄言"译为"妄语"，将"绮语"改为"无益语"，将"嫉妒"改为"贪嫉"，将"恚"改为"瞋恼"，将"痴"改为"邪见"。在对"邪见"进一步解释，即为"不邪命活、不畜邪见眷属、不畜破戒眷属"。再看《佛母出生三法藏般若波罗蜜多经》释"十善道"：

> 是菩萨于一切时，常行十善道：所谓自不杀生，复教他人持不杀生；自不偷盗，复教他人持不偷盗；自不邪染，复教他人持不邪染；自不妄言，复教他人持不妄言；自不两舌，复教他人持不两舌；自不恶口，复教他人持不恶口；自不无义语，复教他人持不无义语；自不贪爱，复教他人持不贪爱；自不瞋恚，复教他人持不瞋恚；自不邪见，复教他人不起邪见，如是不退转菩萨摩诃萨自行十善道。[②]

与《小品般若经》相较，《佛母出生三法藏般若波罗蜜多经》中用"贪爱"取代"贪嫉"；用"邪染"取代"邪淫"，突出了"邪"具有"染"的特点。

佛教传入中国初期，时人根据中国传统文化，解释"十戒"。东晋·郗超

[①] 《小品般若波罗蜜经》卷八，《大正藏》第8册，第574页中。
[②] 《佛母出生三法藏般若波罗蜜多经》，《大正藏》第8册，第641页中。

认为：

> 十善者，身不犯杀盗淫，意不嫉恚痴，口不妄言、绮语、两舌、恶
> 口。何谓不杀？常当矜愍一切蠕动之类，虽在困急终不害彼，凡众生厄
> 难皆当尽心营救，随其水陆各令得所，疑有为己杀者皆不当受。何谓为
> 盗？凡取非己有，不问小大，及莅官不清，皆谓之盗。何谓为淫？一切
> 诸著普谓之淫，施之色欲非正匹偶，皆不得犯。又私窃不公，亦兼盗
> 罪。所谓嫉者，谓妒忌也。见人之善，见人有得，皆当代之欢喜，不得
> 有争竞、憎嫉之心。所谓恚者？心怀忿恨，藏结于内。所谓痴者？不信
> 大法，疑昧经道。何谓妄言？以无为有，虚造无端。何谓绮语？文饰巧
> 言，华而不实。何谓两舌？背向异辞，对此说彼。何谓恶口？谓骂詈
> 也。或云口说不善之事，令人承以为罪，亦为恶口。凡此十事，皆不得
> 暂起心念，是为十善，亦谓十戒。五戒检形，十善防心，事有疏密，故
> 报有轻重。[①]

郗超认为，佛教提出的"十善"包括对身、口、意三方面的限制和规
定。其中，与身相关的有杀、盗、淫三条，与口相关的有妄言、绮语、两
舌、恶口四条，与意相关的有嫉、恚、痴三条。结合当时郗超的地位与他所
处的社会环境，他认为当官贪墨即为"盗"，非偶而色即为"淫"。

"十戒"在一定程度上是为人的标准与基础。《天台四教仪》在解释"人
道"时谈到：

> 五、人道。四洲不同，谓东弗婆提（寿二百五十岁）、南阎浮提（寿一百岁）、
> 西瞿耶尼（寿五百岁）、北郁单越（寿一千岁命无中夭，圣人不出其中，即八难之一），皆苦

---

① 《奉法要》，《弘明集》卷十三，《大正藏》第52册，第86页中一下。

> 乐相间。在因之时，行五常、五戒。五常者，仁、义、礼、智、信；五戒
> 者，不杀、不盗、不邪淫、不妄语、不饮酒。行中品十善，感此道身。①

从佛教的宇宙观来看，东弗婆提、南阎浮提、西瞿耶尼、北欝单越等四大洲有人类存在，此间之道即为"人道"。其中的南阎浮提，即是我们所在的世间，也叫娑婆世界。五常、五戒与十善是成就人生的原因和为人的准则。实际上，早期佛教在中国传播时，就与传统文化沟通，将"五常"与"五戒"相比配，说明佛教与儒家的一致性。唐·法琳《破邪论》录：

> 其始修心，则依佛、法、僧受三归也。三归如君子之三畏。又有五
> 戒：断杀、盗、淫、妄语、饮酒，大意与仁、义、礼、智、信同，云奉
> 持之则生人天胜处，离鬼畜诸苦。言善恶之处凡有六道，在其防心，正
> 身、口，断妄语，总谓之十善道也。②

五常与五戒是一致的，仁、义、理、智、信可以"五戒"条目相对应。在某种意义上，"五常"也是菩萨必备的修养。《新华严经论》：

> 三乘、一乘三藏及仁、义、礼、智、信，并是菩萨善安立故。三藏
> 者，戒、定、慧通一切法藏故。③

将儒家学说吸收、纳入佛教体系，方法这之一是把"五常"看作是佛教世俗善法的一种。唐·善导《观无量佛经疏》：

---

① [高丽]谛观：《天台四教仪》，《大正藏》第46册，第776页中。
② （唐）法琳：《破邪论》，《大正藏》第52册，第479页中。
③ （唐）李通玄：《新华严经论》卷二十八，《大正藏》第36册，第912页中。

今言三福者。第一福，即是世俗善根。曾来未闻佛法，但自行孝养仁义礼智信，故名世俗善也。第二福者，此名戒善。就此戒中即有人、天、声闻、菩萨等戒，其中或有具受、不具受，或有具持、不具持，但能回向尽得往生。第三福者，名为行善。此是发大乘心，凡夫自能行，行兼劝有缘，舍恶持心回生净土。①

佛教关照的范围包括今生与来世，因此《观无量佛经》列出福报的范围也包括得世俗善、得往生和得生净土。此世俗之善就包括了儒家的善。

南北朝时期，佛教支持者以佛教"五戒"、"十善"有利于社会稳定，提高道德水平，并与儒家实现"太平盛世"的治世目标相一致，成为融合儒、道、佛的文化的基础。从理论上说：

百家之乡，十人持五戒，则十人淳谨矣。千室之邑，百人修十善，则百人和厚矣。传此风训，以遍寓内，编户千万，则仁人百万矣，此举戒善之全具者耳。若持一戒一善，悉计为数者，抑将十有二三矣。夫能行一善，则去一恶，一恶既去，则息一刑。一刑息于家，则万刑息于国，四百之狱，何足难措。雅颂之兴，理宜位速，即陛下所谓，坐致太平者也。论理则其如此，征事则臣复言之。前史称西域之俗，皆奉佛敬法，故大国之众数万，小国数百而终不相兼并，内属之后，习俗颇弊，犹甚淳弱，罕行杀伐。又五胡乱华以来，生民涂炭，冤横死亡者，不可胜数。其中设获苏息，必释教是赖。故佛图澄入邺，而石虎杀戮减半。渑池宝塔放光，而符健（苻坚）椎锯用息。②

---

① （唐）善导：《观无量佛经疏》卷四，《大正藏》第37册，第270页中。

② 《何令尚之答宋文皇帝赞扬佛教事》，《弘明集》卷十一，《大正藏》第52册，第69页下。

以提倡"五戒"、"十善"所实现的社会功能，融通了道家治世的"清净无为"，与儒家心目中的构建的社会图景吻合，如果"帝王恒以十善化导天下，故国安宁，五谷丰熟，所以百姓安家复业，出家之人泰然安乐，任其禅诵"①。依此而行，则能实现社会安定、人民幸福、各安其业的大同社会。

二、异译类型分类

本节所考察般若类经的9种译本各有特点，笔者将历代同经异译词的类型分为从意译到音译、从音译到音译、从音译到意译、从意译到意译四种情况：

1.音译—意译—音译

此组词包括人名，传入中国后先以所表达的意义为译名，后改用发音为译名。在9种译本中，从音译到意译再到音译者主要包括人名、物名：

（1）摩诃比丘僧—大比丘—比丘圣众—大苾刍众—大苾刍 (mahā~bhikṣu) ②

（2）舍利弗—秋露子—舍利子 (Śāriputra)

（3）弥勒菩萨—弥勒阇士—慈氏菩萨 (Maitreya)

（4）般若波罗蜜—明度无极—智慧度无极—智慧般若蜜多—般若波罗蜜多 (Prajñāpāramitā)

（5）三昧—定—三摩地 (Samādhi)

（6）般泥洹—灭度—灭讫—得泥洹—般涅槃—般泥曰—得无余涅槃—趣入如是涅槃—取证涅盘—取证涅槃 (parinirvāṇa)

（7）摩舐—神丹—摩祇—摩酰—摩祇药—莫耆—末祇 (māhi)

（8）迦楼罗鬼神—质谅神—迦留罗—迦楼罗 (Garuḍa)

（9）甄陀罗鬼神—似人形神—真陀罗—紧那罗 (Kiṃnara)

（10）乾陀罗鬼神—执乐神—乾闼婆—犍陀罗—捷沓惒—捷闼婆—健达

---

① 《十惭愧文》，《广弘明集》卷二十七，《大正藏》第52册，第312页中。

② 笔者注：括号内为梵文现词，下同。本节按词组所在经典的时间顺序排列。

缚—乾阔婆（Gandhāra）

（11）摩睺勒鬼神—胸臆行神—摩睺勒—摩睺罗—伽摩𠈌勒（Mahoraga）

（12）兜术陀天—兜术天—兜率天—兜率陀天—睹史多天（Tuṣita）

（13）怛竭优婆夷—恒竭清信女—恒伽提婆—恒加调—恒伽提婆姊—天女名㹃伽天

（14）阿须伦—天人—阿修罗—药叉—阿须伦（Asurāṇām）

（15）须陀洹—沟港—流布果—须陀洹果—预流果—须陀洹（Srotāpanna）

（16）斯陀含—频来—往来果—斯陀含果—一来—斯陀含（Sakṛdāgāmin）

（17）阿那含—不还—不还果—阿那含果—阿那含（Anāgāmin）

（18）摩尼珠—明月珠—无价宝珠—摩尼真珠—大宝神珠—摩尼珠宝

（19）萨陀波伦—普慈—萨陀波仑（Sadāprarudita）

以上19组翻译对比中，名词翻译按经典翻译的时间排列，显现出从音译到意译再到音译的选择过程。从发音的角度略作分析：第（1）例中，"比丘"与"苾刍"相近。第（6）例中，"泥洹"、"涅槃"、"泥曰"、"涅盘"为一词，泥、涅音近。第（7）例中，"摩舐"、"摩祇"、"摩酰"、"莫耆"、"末祇"都是神丹的音译，舐、祇、酰、耆在中古有相近的声部与韵部。第（8）例中，"迦留罗"、"迦楼罗"为一词，留、楼发音相近。第（10）例中，"乾陀罗"、"乾阔婆"、"犍陀罗"、"捷沓恕"、"健达缚"均为乾陀罗鬼神的音译，乾、犍、捷、健音近，陀、阔、沓、达音近，罗、婆、恕、缚音近，翻译的规则为韵部相同。第（12）例中，"兜术陀"、"兜术"、"兜率"、"睹史多"所译为一词，兜、睹音似，术、率、史音似。第（13）例中，"怛竭"、"恒竭"、"恒伽"、"恒加"、"㹃伽"均指同一位女性佛教信仰者，怛、㹃或为从梵文发音拟构，恒或为怛在传抄过程中的讹字，竭、伽发音相近。第（14）例中，"阿须伦"、"阿修罗"发音近似。

以上统计之数据，只包括般若类经的9种译本，如将范围进一步扩大，发音相近的选择字就更多。如"阿须伦"。《一切经音义》录：

（阿须伦）又作阿须罗，或作阿修罗，皆讹也，正言阿素洛。素洛云酒；此译云阿者，无也，亦云非，亦云天。名无酒神，亦名非天，经中亦名无善神。[①]

音译阿须伦、阿须罗、阿修罗、要素洛都是翻译过程中的选择，也可意译为无酒神、非天和无善神。

再如"舍利子"，在其他经典中，也译为"身子"、"奢唎补怛罗"。再就"舍利佛"一例深入研究音译规律，得到音译不仅要求发音相似，更在意义上求同的规则。道安作《法句义经序》时谈到：

有秋露子之名，而其经已无载，或已校改之。提婆《般若心经注》释舍利子云："舍利者梵音，鸟名也。此翻诸家各悉不同，或云秋露子，或云眼珠子，或云身子，此皆承虚忘说。然舍利者，鸲鹆鸟者是。舍利弗母，眼似鸲鹆眼，圆而明净，又复聪明多知，于时世人皆识因眼，故号为舍利。既其所生，胜母聪明，世人共识，称为舍利弗。弗者梵音，此翻为子，故言舍利子。聪明第一，投佛出家，得阿罗汉果，佛与对谈，故呼其名。[②]

此段表明，在东晋道安时期，道安所见到的经典已无"秋露子"的译法，仅从前人注解中发现舍利弗曾译为秋露子、眼珠子、身子。舍利弗、舍利子同一人，"弗"与"子"义同。舍利弗的母亲眼睛明亮，显示出聪明之相，舍利弗的相貌继承了母亲的优点，也被看作佛弟子中的聪明第一人。又：

---

① 《一切经音义》卷九，《大正藏》第54册，第356页下。
② 《出三藏记集》卷十，《大正藏》第55册，第70页上。

　　舍利弗，具云奢唎补怛罗，言奢唎者，此云鹙鹭鸟也；补怛罗者，此
云子也。此尊者母眼黑白分明，转动流似鹙鹭眼，故时共号为奢唎也。
其尊者依母得名，故云鹙鹭子。旧翻为身子者，谬也。梵本中呼身为设
利罗，故知悬别。[①]

　　此即是说，舍利弗，也译奢唎补怛罗，含义为鹙鹭鸟之子，因为舍利弗
母亲的眼睛象鹙鹭一样黑白分明，所以用"鹙鹭"来指代母亲血缘一系。由
于"奢唎"与"设利"发音相似，所以也有将舍利弗译为身子的译法。或言
舍利弗母眼似鸟眼，疑其为鸟所生。《翻译名义集》释"舍利弗"：

　　大论云：有婆罗论义师，名婆陀罗王（云云）。妇生一女，眼似舍利鸟
眼，即名此女为舍利（云云）。众人以其舍利所生，皆共名之为舍利弗。
弗，秦言子也。《涅槃》云：如舍利弗母名舍利，因母立字，故名舍利
弗，又翻身子。《文句》云：此女好形身，身之所生，故言身子。亦云鹙
子，母眼明净如鹙鹭眼。[②]

　　根据秦地的发音，"弗"音之义为子，"舍利弗"之义即舍利女的儿子，也
译作"身子"。舍利弗、舍利子、身子、鹙鹭子、鹙子各译词均显示他因从母
得名，表明其继承了母系突出的外部特征。除此之外，舍利弗的译法还有多
种，玄应《一切经音义》在解释《大明度无极经》时，指出：

　　秋露子。梵言舍利弗，旧言舍梨子，或言奢利富多啰，此译云鸲鹆

---

① 慧琳：《一切经音义》卷二十六，《大正藏》第54册，第478页中。
② 《翻译名义集》卷一，《大正藏》第54册，第1063页上一中。

> 子，从母为名，母眼似鸲鹆，或如秋露鸟，眼因以名焉。旧云身子者，谬也。身者舍梨，与此奢利声有长短，故有斯误。或言优波提舍者，从父名之也。

玄应指出，舍利弗译为身子，是没有考虑梵音长短对应关系的错译。舍利弗还译为优波提舍，因其父而得名。

综之，以"舍利弗"的译名变化来看佛教名词音译，历代译为舍利弗、舍利子、舍梨子、奢利富多啰、身子、鹙鹭子、鹙子，最终统一为舍利弗，表现在名词翻译上出音、义兼顾的特点。

最后，就上文提到东晋道安所见经典已无"秋露子"的译法，而"秋露子"译名保存在三国吴支谦译《大明度无极经》中来看，三国两晋的佛经翻译交流、佛教经典传播并不通畅，彼时佛教学者可参考的佛教经论并不完全，有限的经论并不能全面解答学者的疑问，据此，笔者推论，此或众多同词异名存在的重要原因，也是佛教"格义"发展的主要原因之一。

2. 音译—意译

在9种译本中，从音译到意译名词包括人名、专有名词和哲学名词，如：

（1）文殊师利—敬首—妙吉祥（Mañjuśrī）

（2）阿惟越致—不退转—不退转地—阿毗跋致—不退转菩萨摩诃萨—不退转住菩萨地（Avinivarta）

（3）阿罗汉—弟子地—应仪—无着果—声闻弟子（Arhat）

（4）辟支佛—缘觉地—缘觉果—独觉（Pratyeka~buddha）

（5）萨芸若——切知—萨婆若智—萨婆若智慧—萨云若——切智智——切智（Sarvajñā）

（6）四禅—四弃—四禅—四静虑—四禅定分（cattāri~jhānāni）

（7）檀波罗蜜—布施—檀波罗蜜—布施—布施波罗蜜多（Dāna~pāramitā）

（8）尸波罗蜜—重戒—尸罗波罗蜜—净戒—持戒波罗蜜多（Śīla~pāramitā）

（9）羼提波罗蜜—忍辱—羼提波罗蜜—安忍—忍辱波罗蜜多

（Kṣāntivādin～pāramitā）

（10）惟逮波罗蜜—精进—毗梨耶波罗蜜—精进—精进波罗蜜多
（Vīrya～pāramitā）

（11）禅波罗蜜—禅定—静虑—禅定波罗蜜多 （Jhāna～pāramitā）

（12）泥犁—地狱

（13）遮迦越罗—转轮王—转轮圣王—灌顶王 （Cakravarti～rāja）

（14）阿閦佛刹—定光佛所—阿閦佛土—阿閦如来—妙乐佛国—阿閦佛
阿鞞罗提国土——东方不动如来可爱世界 （Akṣobhya～buddha）

（15）提和竭罗佛—提恕竭佛—燃灯佛 （Dīpaṃkara～Tathā～gatā）

（16）弊魔—弊邪—恶魔—魔波旬 （Māra pāpīyas）

（17）须菩提—贤者须—菩提—善业 （Subbūti）

以上17组同词异译词组，呈现出不同译者从音译、音译的不同选择，按般若经不同译本的时间顺序，呈现出从音译到音意的发展。值得注意的是，同词的不同音译与意译也有各自特点，音译并非同一，也有不同选择；音译在用字上的选择更为广泛。如以"辟支佛"为例，在般若经的9种译本中，有辟支佛、缘觉地、缘觉果、独觉等译法，其中，综合梵文现词发音情况来看，"辟支"为音译，缘觉地、缘觉果、独觉为意译。如将考察的经典范围进一步扩大，用字则多于般若类经的选择。玄应《一切经音义》释《大明度经》时提出：

> 缘觉，又云独觉，又云缘觉，旧经云古佛，又言辟支佛，又皆梵言讹转也，此言辟文迦，或云贝支迦，此云独觉是也。①

在翻译过程中，辟支佛曾译为缘觉、独觉、辟文迦、贝支迦等，"辟"、

---

① 《一切经音义》卷二《大正藏》第52册，第364页中。

"贝"音近，"文"、"支"形似，但或在经典校对过程中，逐渐统一了用法，"辟文迦"、"贝支迦"为"缘觉"或"独觉"所取代。

再如"须陀洹"一例，般若类经典中也译为溝港、流布果、预流果，其余佛教经典中也译为"须陁洹"、"沟港"、"道迹"。玄应《一切经音义》：

> 溝港，古项反。《字略》云：港，水分流也。今梵言须陁洹是也。此言至流，或言入流经中，或作道迹，或言分布，今云沟港。溝非取其义也，经文作遘也。①

其中，"陀"与"陁"音近，"溝"为"遘"之通假，"溝港"取其义，也作"遘港"②，意指断三界之见惑，逆生死之流，预入圣道之法流。此外，也译作须陀般那 (鸠摩罗什译《坐禅三昧经》)、须呵洹 (《翻梵语》)、须甄多阿半那 (真谛译《部执异论》)、窣路陀阿钵囊 (《大方广佛花严经》)、濆陁槃耶、窣路多阿半那、预流 (《新集藏经音义随函录》) 等。按此，则陀、呵、多发音相近，洹、钵、半、槃音近。

再以"须菩提"为例。《一切经音义》录：

> 善业，梵言须菩提，或云薮浮帝，或言苏部底，此译云善实，或云善业，或云善吉，皆一义也。言空生者，《杂譬喻经》云：舍卫国有长者名鸠留，产生一子字须菩提，有自然福报，食器皆空，因以名焉。所欲即满，后遂出家，得阿罗汉道是也。

较般若类经典中出现的译法善业、须菩萨、贤者须菩萨为多，历史上曾出现过"薮浮帝"、"苏部底"、"善实"、"善吉"等译名。"善"、"薮"、"苏"

---

① 《一切经音义》卷二《大正藏》第52册，第364页中。
② 《新集藏经音义随函录》：上音搆，下音講。双声、叠韵。

具有相同的声部,"菩"、"浮"、"部"发音相近,"提"、"帝"、"底"区别在于清浊不同。意译选词"善业"、"善实"、"善吉"并突出了此善具有"业"、"实"、"吉"的特点。

综上所述,笔者认为,般若类经典中出现的从音译到意译之词,多为中文所未曾有之词,其意义较丰富,故而在经典翻译过程中,无论是音译还是异译都经过了一个很长的选择过程。如本文中所采集的信息,仅就般若经的9种译本而言,摩尼珠就译为明月珠、无价宝珠、摩尼真珠、大宝神珠、摩尼珠宝,译词在突出此珠的珍贵和不凡的基础上,不同译者选择了不同用词,经过数百年仍未统一。又如萨芸若译为一切知、一切智智、一切智、萨婆若智、萨云若;遮迦越罗译为转轮王、转轮圣王、灌顶王。再如阿閦佛刹译为定光佛所、阿閦佛土、妙乐佛国、阿閦佛阿鞞罗提国土、东方不动如来可爱世界等,此系列译词在突出彼世界美妙、光净、庄严的基础上,显示出因在中国文化中没有对应的词语,故而不同译者选择音译、音译+意译、意译不同组合的现象。

3.意译—意译

在9种译本中,从意译到意译的包括:

(1)有心无心—有意非意—有为无为—是心非非心—心性非心性

(2)清净—寂寞虚无—寂灭—寂静 (Dakṣiṇā)

(3)十诫—十诫—十善功德—十善道—十善业道—十善法 (Śikṣāpada)

(4)受决—受记—莂—受得大菩提记 (vyākaraṇa)

(5)七觉意—七觉—七觉分 (Satta~bojjhaṅgā)

(6)八道—八道行—八由行—贤圣八品道 (āryāṣṭāṅgika~mārga)

(7)庄严—净明—严净

(8)本无—性空—自然—如—真如 (Tathāgata)

(9)余道人—异学先泥—外外小道—先尼梵志—恶师—异道人—异学—外道梵志—邪徒—外道

以上9组概念中,哲学概念有心无心、清净、十诫、七觉意、本无的同词异译,表达了佛教的修证体系和思想观念，因为中国传统文化中没有确切对应的词汇，且其本身包含内容较多，故而选择意译。一般情况下，须配合训释来理解译词。

专有名词"余道人"又译为异学先泥、外外小道、先尼梵志、外道梵志、异道人、异学、外道、恶师、邪徒，译法多种，呈现出的价值判断从中性向否定发展的趋势。这一价值判断发生于《光赞经》翻译时期，主要表现在《光赞经》和《大般若经》中。

三、差别原因分析

佛经同词异译的现象较为普遍，《出三藏记集·前后出经异记》录：

> 旧经众佑，新经世尊；旧经扶萨（亦云开士），新经菩萨；旧经各佛（亦独觉），新经辟支佛（亦缘觉）；……旧经沟港道（亦道迹），新经须陀洹；旧经频来果（亦一往来），新经斯陀洹；旧经不还果，新经阿那含；旧经无著果（亦应真、亦应仪），新经阿罗汉（亦言阿罗诃）。[1]

梁朝僧佑编撰《出三藏记集》时，在综合考察历代佛经译本的基础上，发现佛教中的同一词语在不同时期的同一经典以及不同经典中有过多种翻译，因"前后出经"不同而异。对于前后出经不同的原因，他认为：

> 原夫经出西域，运流东方，提挈万里，翻传胡汉。国音各殊，故文有同异；前后重来，故题有新旧。[2]

佛教从印度传入中国之前，已经过了多个国家，使用了多种传播地语言翻译佛经。从佛教的传播路线和时间来看，传入中国的佛经，或从印度，以

---

① 《出三藏记集》卷一，《大正藏》第55册，第5页上。
② 《出三藏记集·序》，《大正藏》第55册，第1页上。

梵文原本直接传入，或经西域诸国，以当地胡语传入。从异质文化交流来看，不同时期传入了同一底本的不同语种本，并且，由于异质文化间文字、发音的不同，译成中文后，不同语种本也存在差别。对于中文译本来说，即使是同一部经典，由于翻译的时间与译者不同，而出现了不同版本的译本，故多以新、旧名之。

佛经翻译是一项长期而艰巨的事业，在翻译过程中，译者不仅要深刻理解梵文/胡文原典的含义，对中文/汉语的文字、音韵、训诂之法也需熟练掌握。虽然佛教最终的义理超越文字，但如无文字之功，则无理解之机：

> 夫六画相因，悬日月而无改；二字一吐，更天地而靡渝。虽书不尽言，言非书不阐；言不尽意，意非言不称。是以谛听善思，承兹利喜，俯首屈足，恭此受持。[①]

实际上，对佛经及其各种译本的理解，不仅有异质文化交流的理解、曲解、误解、再理解，也存在中国文化传承过程中，自身的发展问题：

> 秦楚之国，笔聿名殊，殷夏之时，文质体别。况其五印度别，千载日遥，时移俗化，言变名迁，遂致梁唐之新传，乃殊秦晋之旧译。苟能晓意，何必封言，设筌虽殊，得鱼安别。[②]

此即表明，即使中国文化本身，也因地域差别或时间变迁而发展，更何况传来中国的佛经已流经各国，其原流传地区文化发展也有不同，因此可以

---

① （梁）王僧孺：《慧印三昧及济方等学二经序赞》，《出三藏记集》卷七，《大正藏》第55册，第50页中—下。

② （宋）法云：《翻译名义集》卷一，《大正藏》第54册，第1056页中。

说，南北朝之前有旧译的佛经，南北朝以降有新译的版本，此均为文化发展中的必然现象，也为文化本身的活力所在。在这一意义上，借由佛经翻译保存的中国文化发展的资料，于对研究中国文化的演变过程也具有重要意义。

在中国训诂学史上，南北朝隋唐时期佛教的论、传、注、疏、记、钞、章、释论、论释、约义、正义、音义、集要、集解等对佛经进行训释的文体丰富了传统训诂的内容，扩大了训诂方法的应用范围。如果要研究中古时期的佛教话语解释体系就不得不对训诂方法加以重视和掌握。历代注疏家对佛教义理的理解，代表了其时对于语言文献的理解，带有时代的特点，丰富了语义表达的内容，形成了中国佛教解释体系。但是，所有注疏者的观点，都是个人思想的特定反映，也随着语境的变化而改变，因此，在研究佛学时要注意区分、理解和超越，这也是现代提倡回到元典，回到佛经的深义所在。佛经重译的深层原因，乃是文明对话与文化传承过程中，语义解构、重组、生成与完善的要求，在语言角度得以体现。重译不仅是翻译标准顺应语境变化和译者对文本尽善的追求，也是文本生命延续与发展的结果。

在佛经翻译史上，一词经由多次音译和意译的现象显示出此种文本的变动：

> 其事数之名与旧不同者，皆是法师以义正之者也。如"阴持入"等，名与义乖，故随义改之。"阴"为"众"，"入"为"处"，"持"为"性"，"解脱"为"背舍"，"除入"为"胜处"，"意止"为"念处"，"意断"为"正勤"，"觉意"为"菩提"，"直行"为"圣道"。诸如此比，改之甚众。义胡音失者，正之以天竺；秦名谬者，定之以字义。不可变者，即而书之。是以异名斌然，胡音殆半，斯实匠者之公谨，笔受之重慎也。幸冀遵实崇本之贤，推而体之，不以文扑见咎，烦异见情也。[①]

---

① 僧叡：《大品经序》，《出三藏记集》卷七，《大正藏》第55册，第53页中。

　　举例来说，就佛教名相"阴持入"而言，"阴"为意译"五阴"的阴，后译为"众"；"持"又译为"性"；"入"又译为"处"。与之相应，《阴持入经》中所译的"三十七品"的名相，也有改动，如，"解脱"改为"背舍"，"除入"改为"胜处"，"四意止"改为"四念处"，"四意断"改为"四正勤"等。以新译改旧译的原因之一，在于对佛经流传过程中使用用语言发音的互校，以及发音与意义对应的重视。比如：

　　　　至于胡音为语，单、复无恒，或一字以摄众理，或数言而成一义。寻《大涅槃经》列字五十，总释众义十有四音，名为字本。观其发语裁音，宛转相资，或舌根唇末，以长短为异，且胡字一音不得成语，必余言足句，然后义成。译人传意，岂不艰哉！又梵书制文，有半字、满字，所以名半字者，义未具足，故字体半偏，犹汉文"月"字，亏其傍也。所以名满字者，理既究竟，故字体圆满，犹汉文"日"字，盈其形也。故半字恶义，以譬烦恼，满字善义，以譬常住。又半字为体，如汉文"言"字；满字为体，如汉文"诸"字，以"者"配"言"方成诸字，"诸"字两合，即满之例也；"言"字单立，即半之类也。半字虽单，为字根本，缘有半字，得成满字。譬凡夫始于无明，得成常住，故因字制义，以譬"涅槃"。梵文义奥，皆此类也。是以宣领梵文，寄在明译。译者释也，交释两国，言谬则理乖矣。自前汉之末，经法始通，译音胥讹，未能明练。故"浮屠"、"桑门"，言谬汉史。音字犹然，况于义乎。①

　　首先，梵语与汉文从书写方式到表义方式存在较大的差别。汉语依六书造字，有偏旁和结构，一字可有多种发音；梵文依发音构词，一词必由几个音节组成，没有梵语与汉文从书写方式到表义方式存在较大的差别。汉语依

---

① 《胡汉译经音义同异记》，《出三藏记集》卷一，《大正藏》第55册，第4页下。

六书造字，有偏旁和结构，一字可有多种发音；梵文依发音构词，一词必由几个音节组成，没有单音节词。如"天"字梵文为"𑖭𑖪(sva)𑖨𑖿𑖐(rga)"，"地"字梵文为"𑖢𑖴(pṛ)𑖞𑖰(thi)𑖥𑖱(bī)"，"日"字梵文为"𑖭𑖳(sū)𑖨𑖿𑖧(rya)"，"月"字梵文为"𑖓(ca)𑖢𑖿𑖟𑖿𑖨(ndra)"，"阴"字梵文为"𑖓𑖿𑖓𑖸(cchā)𑖧𑖯(yā)"，"阳"字梵文为"𑖁(ā)𑖝(ta)𑖢𑖾(paḥ)"①。又，"佛"为"𑖤𑖲(bu)𑖟𑖿𑖠(ddha)"，"僧"为"𑖭𑖽(saṃ)𑖐𑖿𑖮(gha)"②。"眼"字发音为"斫乞刍又泥吒噜又阿鲁者迦"，即梵文之"𑖓(ca)𑖎𑖿𑖬𑖲(kṣu)𑖡𑖸(ne)𑖝𑖿𑖨𑖺(tro)·𑖁(a)𑖨𑖲(ru)𑖓(ca)𑖎(ka)"③。梵语词语具有两种状态，"半字"表示意未具足而有亏，"满字"表示意已具足而圆满。"半字"类似汉字的偏旁，"满字"则为表达完全意义之"字"，或为独体，或为偏旁加部首构成。由于梵语和汉语的不同特点，翻译工作较为艰难，早期佛经译梵/胡为汉的翻译水平较低，所以出现了发音不对，词意不达的现象，较为普遍。

其次，与中文在流传过程中出现用字讹变的情形相似，翻译后的梵语在中国流传过程中也出现用语的演变：

> 案中夏彝典④，诵诗执礼，师资相授，犹有讹乱。《诗》云，"有菟斯首"，"斯"当作"鲜"⑤，齐语音讹，遂变诗文。此"桑门"之例也。《礼记》云，"孔子蚤作"。"蚤"当作"早"而字同，"蚤"、"虱"，此古字同文，即"浮屠"之例也。中国旧经而有"斯"、"蚤"之异，华戎远译何怪于"屠"、"桑"哉。若夫度字传义，则置言由笔，所以新、旧众经大同小异。天竺语称"维摩诘"，旧译解云"无垢称"，关中译云"净名"。"净"即"无垢"，"名"即是"称"，此言殊而义均也。旧经称"众佑"，新经云

---

① （唐）义净撰：《梵语千字文》，《大正藏》第54册，第1190页上。
② 《唐梵两语双对集》，《大正藏》第54册，第1243页下。
③ 《梵语杂名》，《大正藏》第54册，第1223页中。
④ 按《新集藏经音义随函录》：上与脂反。法也，常也。
⑤ 按《新集藏经音义随函录》：仙、尠、線三音。

"世尊"，此立义之异旨也。旧经云"乾沓和"，新经云"乾闼婆"，此国音之不同也。略举三条，余可类推矣。是以义之得失由乎译人，辞之质文系于执笔。或善胡义而不了汉旨，或明汉文而不晓胡意，虽有偏解，终隔圆通。若胡汉两明，意义四畅，然后宣述经奥，于是乎正。前古译人，莫能曲练，所以旧经文意，致有阻碍，岂经碍哉，译之失耳。[①]

如《诗·小雅·瓠叶》"有兔斯首，炮之燔之。君子有酒，酌言献之"中的"斯"字，即是因为齐地发音而对"鲜"字的误写；佛教用语"桑门"原应写作"丧门"，"桑"为"丧"字在某地的方言发音，桑或也与"沙"音近，所以"谓之沙门，或曰桑门，亦声相近也"[②]。此亦如《礼记·檀弓上》"孔子蚤作，负手曳杖，消摇于门"中的"蚤"，应是"早"的假借相似，"浮屠"与"佛图"也有类似的对应关系。

佛经在翻译过程中，如何对应与译言发音相近的本国语，大都基于各译者的选择，这些选择之间就构成了一词多种译法的并列关系。同时，也由于译场所在地区，译人方言不同，使得早期的佛经译本大多并不能成为通行本：

> 前古译人，莫能曲练，所以旧经文意，致有阻碍，岂经碍哉，译之失耳。昔安息世高，聪哲不群，所出众经，质文允正。安玄、严调，既亹亹以条理，支越、竺兰，亦彬彬而雅畅。凡斯数贤，并见美前代。及护公专精，兼习华戎，译文传经，不愆于旧。逮乎罗什法师，俊神金照，秦僧融、肇，慧机水镜，故能表发挥翰，克明经奥，大乘微言，于斯炳焕。至昙谶之传《涅槃》，跋陀之出《华严》，辞理辩畅，明踰日月，观其为义，继轨什公矣。至于杂类细经，多出《四含》，或以汉来，或自

---

① 《胡汉译经音义同异记》，《出三藏记集》卷一，《大正藏》第55册，第4页中—第5页上。
② 《续高僧传》卷二，《大正藏》第52册，第101页中。

晋出，译人无名，莫能详究。然文过则伤艳，质甚则患野，野艳为弊，同失经体。故知明允之匠，难可世遇矣。佑窃寻经言，异论、咒术、言语、文字皆是佛说，然则言本是一，而胡汉分音；义本不二，则质文殊体。虽传译得失，运通随缘，而尊经妙理，湛然常照矣。既仰集始缘，故次述末译，始缘兴于西方，末译行于东国，故原始要终，寓之记末云。"①

翻译的过程，既是"格义"的过程，也是训诂方法在译经方面的体现，首先要清楚被译语言所表达的含义，然后综合运用所译语言的文字、音韵、训诂方法来确定字、词、义选择：

又诸佛兴，皆在天竺，天竺言语与汉异音，云其书为天书，语为天语，名物不同，传实不易。唯昔蓝调安侯世高、都尉弗调，译胡为汉，审得其体，斯以难继。后之传者，虽不能密，犹尚贵其实，粗得大趣。始者维祇难出自天竺，以黄武三年来适武昌，仆从受此五百偈本，请其同道竺将炎为译。将炎虽善天竺语，未备晓汉，其所传言，或得胡语，或以义出音，近于质直。仆初嫌其辞不雅，维祇难曰："佛言，依其义不用饰，取其法不以严。其传经者，当令易晓，勿失厥义，是则为善。"座中咸曰："老子称：美言不信，信言不美。仲尼亦云：书不尽言，言不尽意。明圣人意，深邃无极。"今传胡义，实宜经达，是以自竭受译人口，因循本旨，不加文饰。译所不解，则阙不传，故有脱失，多不出者。然此虽辞朴而旨深，文约而义博，事钩众经，章有本故，句有义说，其在天竺始进业者，不学法句，谓之越敘。②

---

① 《胡汉译经音义同异记》，《出三藏记集》卷一，《大正藏》第55册，第5页上。
② 《法句经序》，《出三藏记集》卷七，《大正藏》第55册，第50页上。

印度语言的发音与中文发音不同，胡语的修辞方式也与中文不同，以《法句经》的翻译为例，前后有安世高、维祇难译本，均以直、朴、达为翻译标准，此时，如果译人未能理解的经义，则不译，因此，出现脱句、章句义理不能贯通的情况，使得《法句经》难以理解，所学之人不多。直朴的翻译有缺憾，过于注重辞藻在翻译中也是问题，如在《思益经》的翻译上，僧叡认为：

> 恭明前译，颇丽其辞，仍迷其旨。是使宏标乖于谬文，至味淡于华体。虽复研究寻弥稽，而幽旨莫启。幸遇鸠摩罗什法师于关右，既得更译梵音，正文言于竹帛，又蒙披释玄旨，晓大归于句下。于时谘之僧二千余人，大斋法集之众，欣豫难遭之庆。近是讲肄之来，未有其比。于时予与道恒谬当传写之任，辄复疏其言，记其事，以贻后来之贤。①

支谦所译《思益经》虽然用语典雅，但是由于汉语表述方式与梵／胡语表述方式的不同，支谦的翻译并未能全整、完善表述原本佛经的旨义。因此，在支谦译《思益经》之后，鸠摩罗什又重译了此经。

在翻译过程中，鸠摩罗什僧团所重译的经典，在义理趣向一致的前提下，所用语言风格不同，有时需要对比方言：

> 秦弘始八年夏，于长安大寺，集四方义学沙门二千余人，更出斯经，与众详究。什自手执胡经，口译秦语，曲从方言，而趣不乖本，即文之益，亦已过半。②

---

① 僧叡：《思益经序》，《出三藏记集》卷八，《大正藏》第55册，第58页上。
② 慧观：《法华宗要序》，《出三藏记集》卷八，《大正藏》第55册，第57页中。

在弘始八年译《法华经》时，鸠摩罗什参考方言的发音和语义，力求原本和所译本在意义上不违。时人评价：

> 沙门慧叡，才识高朗，常随什传写。什每为叡论西方辞体，商略同异，云："天竺国俗，甚重文藻，其宫商体韵，以入弦为善。凡觐国王，必有赞德；见佛之仪，以歌叹为尊。经中偈颂，皆其式也。但改梵为秦，失其藻蔚，虽得大意，殊隔文体，有似嚼饭与人，非徒失味，乃令呕秽也。"①

慧叡发现印度文体较多重复，偈颂常带有称赞、歌叹之韵律，便于上口，如译成秦语，则义虽近同，而韵味无存。此亦为翻译在一定程度上是对文本再诠释的原因之一。

不同文明间的差别，不仅在于发音，也在于书写文字的不同。就梵文/胡文与中文来说：

> 然则西蕃五竺祖尚天言，东夏九州岛聿遵鸟迹，故天书天语，海县之所绝思；八体六文，大夏由来罕觌，致令昔闻重译方见于斯。然夫国史之与礼经，质文互举；佛言之与俗典，词理天分，何以知耶。故佛之布教说导为先，开蒙解朴决疑去滞，不在文华无存卷轴，意在启情理之昏明，达神思之机敏，斯其致也。"谛听，谛听，善思念之，吾当为汝分别解说。"斯圣言也。"善哉，善哉，愿乐欲闻，唯愿世尊分别解说。"斯受法也。言重意得，不虑烦挐，但论正悟，莫叙文对，斯本经也。译从方俗，随俗所传，多陷浮讹，所失多矣。所以道安著论五失易从，彦综属

---

① 《鸠摩罗什传》，《出三藏记集》卷十四，《大正藏》第55册，第101页下。

词八例难及，斯诚证也。①

中文以笔划组成文字，形似鸟迹；梵文以符号模拟发音，形从音得，与中文不同。"以音定义"与"以形定义"的文字与意义之间的关系存在差别，因此在翻译两种文字时或产生意义的变化。

随着中国历代翻译经典的逐渐完善，中国僧人对于佛教义理的理解，形成了基于翻译名称改变的选择是一个长期的过程，词语几乎都经过音译、意译的多重选择。道安总结的方法有"五失本"、"三不易"：

> 译胡为秦，有五失本也：一者胡语尽倒，而使从秦，一失本也；二者胡经尚质，秦人好文，传可众心，非文不合，斯二失本也；三者胡经委悉，至于叹咏，叮咛反覆，或三或四，不嫌其烦，而今裁斥，三失本也；四者胡有义说，正似乱辞，寻说向语，文无以异，或千五百，刈而不存，四失本也；五者事已全成，将更傍及，反腾前辞，已乃后说，而悉除此，五失本也。然《般若经》三达之心，覆面所演，圣必因时，时俗有易，而删雅古，以适今时，一不易也；愚智天隔，圣人巨阶，乃欲以千岁之上微言，传使合百王之下末俗，二不易也；阿难出经，去佛未久，尊者大迦叶，令五百六通，迭察迭书，今离千年，而以近意量裁，彼阿罗汉，乃兢兢若此，此生死人，而平平若此，岂将不知法者勇乎，斯三不易也。涉兹五失经，三不易，译胡为秦，讵可不慎乎。正当以不闻异言，传令知会通耳，何复嫌大匠之得失乎。是乃未所敢知也。②

道安认为，梵语/胡语和汉语/秦语主、谓、宾的语序不同，表达方式不同

---

① 《大唐内典录》卷一，《大正藏》第55册，第219页中—下。

② 释道安：《摩诃波罗若波罗蜜经抄序》，《出三藏记集》卷七，《大正藏》第55册，第52页中—下。

翻译为汉语会因丢失一些本义。"三不易"指不考虑行文时的语境，而以今废古；不理解圣智用语的深义，而用世俗语言代替；佛经结集时的谨慎和现代译经的疏漏，造成了所译经典的缺憾。道安的提法，得到了隋代费长房①的认可。

南陈时期，有部分来前中国的译经僧人汉语仍不熟练，如沙门曼陀罗仙②，他"大赍梵经，远来贡献，以武帝天监二年癸未，届于梁都。勒僧伽婆罗令共翻译，遂出《文殊般若》等经三部，虽事传译，未善梁言，故所出经文多隐质。"③此例表明，即使在译经事业发达与佛教文化得到大力发展的萧梁时期，曼陀罗仙翻初译的《文殊般若》仍有经文不明、晦涩处，或说明了同一时期，在译经中存在的多种翻译并存的状况，也为导致佛经重译的原因之一。

唐·释道宣在编录《续高僧传》时，记录了隋唐僧人彦琮对道安"五失本"、"三不易"观点的看法：

> 然琮久参传译，妙体梵文，此土群师，皆宗鸟迹。至于音字、诂训，

---

① 《历代三宝记》卷八，《大正藏》第49册，第76页下："安每称译梵为秦有'五失本'、'三不易'也：一者胡言尽倒，而使从秦，一失本也；二者胡经尚质，秦人好文，传可众心，非文不合，二失本也；三者胡经委悉，至于叹咏，丁宁反复，或三或四，不嫌文烦，而今裁斥，三失本也；四者胡有义说，正似乱辞，寻说向语，文无以异，或一千或五百，刈而不存，四失本也；五者事以合成，将更傍及，反腾前辞，已乃后说，而悉除此，五失本也。然智经三达之心，覆面所演圣必因时。时俗有易，而删雅古，以适今时，一不易也；愚智天隔，圣人叵阶，乃欲以千载之上微言传使，合百王之下末俗，二不易也。"《历代三宝记》卷八，《大正藏》第49册，第77页上："阿难出经，去佛未久，尊（者）大迦叶，令五百六通迭察迭书，今离千年，而以近意量裁。彼阿罗汉，乃兢兢若此；此生死人，而平平若是。岂将不知法者猛乎，斯'三不易'也。涉兹'五失经'、'三不易'，译胡为秦，讵可不慎乎。正当以不开异言传令，知会通耳，何复嫌于得失乎。是乃未所敢知也。又云：前人出经，唯支谶、世高审得胡本，难继者也。又罗、支越矵凿之巧者也，夫圣贤导达，正可勖励，龟镜以书，诸绅永为鉴诫。但称梵为胡，言小伤本，窃所未承耳。"

② 梁言弱声，亦云弘弱，扶南国人。

③ 《开元释教录》卷六，《大正藏》第55册，第537页中。

罕得相符。乃著《辩正论》，以垂翻译之式。其词曰："弥天释道安每称，译胡为秦，有'五失本'、'三不易'也。一者胡言尽倒，而使从秦，一失本也；二者胡经尚质，秦人好文，传可众心，非文不合，二失本也；三者胡经委悉，至于叹咏，丁宁反复，或三或四，不嫌其繁，而今裁斥，三失本也；四者胡有义说，正似乱词，寻检向语，文无以异，或一千或五百，今并刈而不存，四失本也。五者事以合成，将更旁及，反腾前词，已乃后说，而悉除此，五失本也。然智经三达之心，覆面所演，圣必因时，时俗有易，而删雅古，以适今时，一不易也。愚智天隔，圣人叵阶，乃欲以千载之上微言，传使合百王之下末俗，二不易也。阿难出经去佛未久，尊者大迦叶，令五百六通迭察迭书，今虽千年，而以近意量截，彼阿罗汉乃兢兢若此，此生死人平平若是，岂将不以知法者猛乎，斯三不易也。涉兹'五失经'、'三不易'。译胡为秦，讵可不慎乎。"正当以不关异言，传令知会通耳。何复嫌于得失乎，是乃未所敢知也。余观道安法师，独禀神慧，高振天才，领袖先贤，开通后学。修经录则法藏逾阐，理众仪则僧宝弥盛，称印手菩萨岂虚也哉。详梵典难易，诠译人之得失，可谓洞入幽微，能究深隐。至于天竺字体，悉昙声例，寻其雅论，亦似闲明，旧唤彼方，总名胡国。安虽远识，未变常语，胡本杂戎之胤，梵惟真圣之苗。根既悬殊，理无相滥，不善谙悉，多致雷同。见有胡貌即云梵种，实是梵人漫云胡族，莫分真伪，良可哀哉。语梵虽讹，比胡犹别，改为梵学，知非胡者。[①]

上文已明，在译经中对胡、梵加以区分，始自彦琮。在区分胡、梵语的基础上，彦琮认为道安提出的"五失本"、"三不易"有一定道理，但还是过于笼统：

---

① 《续高僧传》卷二，《大正藏》第50册，第438页上一中。

　　窃以佛典之兴，本来西域；译经之起，原自东京；历代转昌，迄兹无坠；久云流变，稍疑亏动；竞逐浇波，尠能回觉；讨其故事，失在昔人。至如五欲顺情，信是难弃，三衣苦节，定非易忍。割遗体之爱，入道要门；舍天性之亲，出家恒务。俗有可反之致，忽然已反；梵有可学之理，何因不学。又且发蒙草创，伏膺章简，同鹦鹉之言，仿邯郸之步，经营一字，为力至多；历览数年，其道方博，乃能包括今古，网罗天地，业似山丘，文类渊海。彼之梵法，大圣规摹，略得章本，通知体式，研若有功，解便无滞。匹于此域，固不为难，难尚须求，况其易也。或以内执人我，外惭谘问，枉令秘术，旷隔神州。静言思之，恧而流涕，向使法兰归汉，僧会适吴，士行、佛念之俦，智严、宝云之末，才去俗衣，寻教梵字，亦沾僧数，先披叶典，则应五天正语，充布阎浮，三转妙音，并流震旦。人人共解，省翻译之劳；代代咸明，除疑网之失。于是舌根恒净，心镜弥朗，藉此闻思，永为种性。

　　彦琮认为"东夏所贵，文颂为先；中天师表，梵音为本"①，理解佛经最直接的方法就是学习梵文，阅读梵文元典，用梵语的思考方式参详佛经，但这样的设想在实现在具有较大难度，中国大多数人阅读佛典，必借翻译之功以成中文，对翻译的依赖程度较高：

　　安之所述，大启玄门，其间曲细，犹或未尽，更凭正文，助光遗迹。粗开要例。则有十条字声：一句韵，二问答，三名义，四经论，五歌颂，六呪功，七品题，八专业，九异本，十各疎其相。广文如论，安公又云："前人出经，支谶、世高，审得胡本，难继者也。罗叉、支

---

① 《续高僧传》卷二，《大正藏》第50册，第437页中。

越，斫凿之巧者也。"窃以得本开质，斫巧由文，旧以为凿，今固非审。握管之暇，试复论之，先觉诸贤，高名参圣，慧解深发，功业弘启。创发玄路，早入空门，辩不虚起，义应雅合。但佛教初流，方音勘会，以斯译彼，仍恐难明。无废后生，已承前哲，梵书渐播，真宗稍演。其所宣出，穷谓分明，聊因此言，辄铨古译。汉纵守本，犹敢遥议，魏虽在昔，终欲悬讨，或繁或简，理容未适。时野时华，例颇不定。晋宋尚于谈说，争坏其淳；秦梁重于文才，尤从其质。非无四五高德，缉之以道；八九大经，录之以正。自兹以后，迭相祖述，旧典成法，且可宪章，展转同见，因循共写，莫问是非，谁穷始末。①

在佛教初传中国时，懂得梵文的人很少，用中国的理解方式理解印度佛教经典，就会出现很多意义理解不了的情况，造成翻译上的难解、曲解和错解，需要对照梵文原典校定，此亦为佛教"格义"产生的条件之一。进一步说：

若夫九代所传，见存简录，汉魏守本，本固去华，晋宋传扬，时开义举，文质恢恢，讽味余逸。厥斯以降，轻靡一期，腾实未闻，讲悟盖寡。皆由词遂情转，义写情心，共激波澜，永成通式，充车溢藏，法宝住持，得在福流，失在讹竞。故勇猛陈请，词同世华，制本受行，不惟文绮。至圣殷鉴，深有其由，群籍所传，灭法故也。即事可委，况弘识乎。然而习俗生常，知过难改，虽欲徙辙，终陷前踪。粤自汉明，终于唐运，翻传梵本，多信译人。事语易明，义求罕见，厝情独断，惟任笔功。纵有覆疏，还遵旧绪，梵僧执叶，相等情乖，音语莫通，是非俱滥。至如三学盛典，唯诠行旨；八藏微言，宗开词义。前翻后出，靡坠

---

① 《续高僧传》卷二，《大正藏》第50册，第438页上—下。

风猷，古哲今贤，德殊恒律，岂非方言重阻，臆断是授，世转浇波，奄同浮俗。昔闻淳风雅畅，既在皇唐，绮饰讹杂，寔锺季叶。不思本实，妄接词锋，竞掇刍荛，郑声难偃。原夫大觉希言，绝世特立；八音四辩，演畅无垠，安得凡怀，虚参圣虑，用为标拟，诚非立言，虽复乐说不穷，随类各解。①

就保存于唐朝的佛教经典与著作来看，汉朝与三国时期语言平实，以表义为主；两晋南北朝注重语言的修辞，但又经常为文彩所累，不能直达原义。自汉至唐的翻译，多以主译人员对佛经的理解为准，是否佛经本义较难推究。同一经典的前后出经较多，讲解者也根据自己的学识诠释佛义。

隋唐时期，兼通梵汉语言的高僧较多，佛经翻译在团队合作的基础上，又出现以个人为主的现象：

（阇那崛多）于时文帝巡幸洛阳，于彼奉谒，天子大悦，赐问频仍。未还京阙，寻勅敷译，新至梵本，众部弥多，或经或书，且内且外，诸有翻传，必以崛多为主，盫以崛多言识异方，字晓殊俗，故得宣辩自运，不劳传度，理会义门，句圆词体，文意粗定，铨本便成。笔受之徒，不费其力，试比先达，抑亦继之。②

隋文帝时期，由于阇那崛多精通梵汉文字，所以在将梵文佛经译为中国文字时，可以不借"笔受"之力，自己诠定音义，确定用语。

经过隋唐佛经翻译的鼎盛时期后，中国佛经翻译已经十分成熟，译场职务与功能设置完善，并在宋朝的译场职务中得以保存。宋朝太平兴国七年：

① 《续高僧传》卷四，《大正藏》第50册，第459页上一中。
② 《续高僧传》卷二，《大正藏》第50册，第434页中。

六月译经院成，诏天息灾等居之。赐天息灾明教大师、法天传教大师、施护显教大师，令以所将梵本各译一经。诏梵学僧法进、常谨、清沼等笔受、缀文；光禄卿杨说、兵部员外郎张洎润文；殿直刘素监护。天息灾述译经仪式：于东堂面西粉布圣坛①，开四门，各一梵僧主之，持秘密呪七日夜。又设木坛布圣贤名字轮②，目曰大法曼拏罗③。请圣贤阿伽沐浴④，设香华、灯水、殽果之供，礼拜遶旋，祈请冥佑。以殄魔障第一译主，正坐面外宣传梵文；第二证义坐其左，与译主评量梵文；第三证文坐其右，听译主高读梵文，以验差误；第四书字梵学僧，审听梵文、书成华字，犹是梵音⑤；第五笔受，翻梵音成华言⑥；第六缀文，回缀文字，使成句义⑦；第七参译，参考两土文字使无误；第八刊定，刊削冗长，定取句义⑧；第九润文，官于僧众南向设位，参详润色⑨。僧众日日沐浴，三衣坐具，威仪整肃，所须受用，悉从官给。天息灾言："译文有与御名庙讳同者，前代不避，若变文回避，虑妨经旨，今欲依国学'九经'，但阙点画。"诏答："佛经用字，宜从正文，庙讳御名，不须回避。"⑩

具体到宋朝天息灾主持的译经院中，设有九个职位，分别为译主、证义、证文、书字、笔受、缀文、参译、刊定、润文。其中，译主宣梵文，证

---

① 作坛以粉饰之事在藏经。

② 坛形正圆，层列佛、大士、天神名佐，环绕其上，如车轮之状。

③ 此云大会。

④ 阿伽此云器，凡供养之器，皆称曰阿伽。今言阿伽，乃是沐浴器。

⑤ 祁 (kṛ) 叨 (da) 伏 (ya)，初翻为纥哩第野，钮 (su) 沼 (traṃ) 为素怛览。

⑥ 纥哩那野，再翻为心，素怛览，翻为经。

⑦ 如笔受云：照见五蕴彼自性空，见此。今云照见五蕴皆空。大率梵音多先能后所，如念佛为佛念打钟为钟打，故须回缀字句，以顺此土之文。

⑧ 如无无明、无明，剩两字。如上正遍知，上阙一无字。

⑨ 如《心经》"度一切苦厄"一句，元无梵本，又"是故空中"一句，"是故"两字符无梵本。

⑩ 《佛祖统纪》卷四十三，《大正藏》第49册，第398页上一中。

义量梵文，证文验梵文差误，书字用汉字拟梵音记录经典，笔受将梵文翻译成汉文，缀文修正所译成之汉文，参译对比梵语与汉文翻译的对应关系，刊定去掉词句冗长处，润文对所译文字加以润色。在佛经翻译选择用字上，不必避讳，选用正字。

随着中国讲经、解经的方法的发展和完善，中国佛教语言体系也以建立：

> 夫震旦讲说不同，或有分文，或不分者，只如《大论》释大品不分科段；天亲《涅槃》即有分文；道安别置序、正、流通；刘虬但随文解释。此亦人情兰菊好乐不同，意在达玄，非存涉事。今且依分文者况，圣人说法必有由渐，故初明序分；序彰正显，利益当时，名正说分；末世众生同沾法利，名流通分。此经八品，序品为序分，观空下六品为正说分，嘱累品为流通分。①

时人讲解佛经要义之时，依讲者不同的风格而有不同。从印度论著来看，龙树著《大智度论》解释《摩诃般若经》与天亲释《涅槃》的体例就不同；从中国法师解释佛经的论著来分析，东晋道安将佛经分为序、正、流通分三部分解释，刘虬则是随文而释，没有分科。

综上所述，笔者认为，以般若类经为代表，佛经翻译为中文时发生异译的主要原因有四：第一，异质文化文字差异。第二，异质文化发音差异。第三，异质文化语法差异。第四，异质文化思想的差异。佛经翻译发展的过程也是中国佛教语言体系构建和完善的过程，显现出文明交流的步骤和特点，是佛教文化发展中必然的重要环节。在对不同翻译用词进行选择，对佛教词汇进行解释的过程中，中国佛教哲学经历了"格义"，隐含着随后"得意"，借由文字之功，超越有限而体证"般若"的可能。

---

① （隋）智者说、灌顶记：《仁王护国般若经疏》卷一，《大正藏》第33册，第254页下。

第三章　《道行般若经》题解

"道"在中国文化中具有丰富内涵，在不同语境中指示了形而下与形而上的不同概念。在佛经初译时期，"道"即为"菩提"的汉译；在佛教初传时期，"道人"即用于称呼僧尼；在早期佛教义理解释体系中，"道"用来贯通佛教义理与儒、道思想。但是，正因为"道"所具之包容性，容易引发歧义，"道"最终为"菩提"所取代，体现了佛教从"格义"到超越"格义"的过程。

第一节　"道"与"般若"

一、从所行之道到形而上之"道"

"道"含义众多，在不同语境下表达不同意义。要分析佛教文献中"道"之的义蕴，必须了解东汉时期中国士人对"道"的意义界定。笔者以《说文》为基础，首先分析"道"之本义。

道，所行道也。从辵，从𦣻。一达谓之道。

古文道从𦣻、寸。

再看"辵"与"𦣻"。《说文》：

辵。乍行乍止也。从彳，从止。凡辵之属皆从辵。

𦣻。百同。古文百也。巛象发，谓之发，鬒即巛也。凡𦣻之属皆从𦣻。

百。頭也。象形。凡百之属皆从百。

𩕄頭也。从百，从几。古文䭫首如此。凡頁之属皆从頁。百者，䭫首字也。

以上各字中，辵𢕌表示行动，包括了运动与静止两方面；䭫即是首，与头同义，代表人，强调了头发的特征，引申为始、本之义①。在《说文》中，"道"表示人所行走的道路，此即道之本义，包括三个关组成要素：主体、行动、直达。再看《说文》中以"道"为训，以及从"辵"之字：

𨳿路，道也。从足，从各。臣鉉等曰："言道路人各有适也。"

𨒰迪，道也。从辵，由声。

𨔴达，行不相遇也。从辵，𡧄声。《诗》曰："挑兮达兮。"徒葛切。达或从大。或曰迖。

此组字有"迪"、"路"、"达"，其中，路侧重于表达道的个体相对性，达重点表示无阻碍的特点，迪突出了道的方向性和引导功能②。再看与道发音相同的字导：

《说文》：导，引也。从寸，道声。

道的古文𩠐与导𨔴具有相同的形符和声符，包括了头、手、可测量等要素。

将"道"训为"路"，在佛教文献中使用得较多，此时，"道"在表示路的意义上有严格限定，一般指示直达之路。慧琳《新译大方广佛花严经音义经》卷第十一注《毗卢遮那品》时引《尔雅》：

《尔雅》曰：一达谓之道路，二达谓之歧旁，三达谓之剧旁，四达谓之衢，五达谓之康，六达谓之庄，七达谓之剧骖，八达谓之崇期，九达谓之达。然以路多四达，凡语故多用。③

---

① 《说文解字注》："《白虎通》、何注《公羊》、王注《楚辞》皆曰：'首，头也'引申之义为始也，本也。"

② 《玉篇·辵部》录：迪，导也。

③ 《一切经音义》卷二十一，《大正藏》第54册，第438页上。

　　根据《尔雅》所训释，通路依照不同的岔道有严格的区分和专用语：仅一条直达叫道路，有两条可达叫歧旁，以此类推，三条为剧旁，四条为衢，五条为康，六条为庄，七条为剧骖，八条为崇期，九条叫达。因为道路多以四条交汇，所以通常以四达之路指代道路。此即佛经中所见"四衢道"之用法。般若类经典中，《大明度无极经》、《放光般若经》、《摩诃般若经》、《大般若经》、《佛母出生三法藏般若波罗蜜经》均多次出现"四衢道"，或简写为"四衢"，此为佛向大众说法的场所之一。

　　佛经音义对"四衢道"的解释主要依照《尔雅》。《一切经音义》注"四衢"：

　　　　具于反。《尔雅》云："一达谓之路，四达谓之衢。"郭璞云："交道四出也。"《说文》①亦同。从行，瞿其于反声也。"②

　　《续一切经意义》录《新花严经》卷第十一注"衢路"：

　　　　上具于反。《尔雅》曰："四达谓之衢。"郭璞注云："谓交道四出也。"下卢故反。《尔雅》曰："路，旅途也。"郭璞注云："途即道。"③

　　《法华经玄赞要集》：

　　　　言喻四衢道者，《尔雅》云："路也，四达谓之衢。"郭云："灾道四

---

① 《说文》：衢，四达谓之衢。从行，瞿声。
② 《一切经音义》卷七，《大正藏》第54册，第346页下。
③ （宋）希麟：《续一切经音义》卷二，第54册，第941页下。

出也。"①

按以上三条记录，佛教经典中将"衢"、"衢路"、"四衢道"均为四达交汇之路，似同于现代的十字路口，晋朝郭璞注解："道"即"途"。

在本义为通达直路的基础上，道与途、路同义。道有所至，必有所引，道又引申发展出种类、门类、方位、方法、技术、规律、措施、引导、言语、道德、思想体系、宇宙本体等义项。

在以《老子》为代表的道家经典中，"道"指万物的本体，被赋予了形而上的含义。从生成的角度来说：

> 道生一，一生二，二生三，三生万物，万物负阴而抱阳，冲气以为和。②

万象森然的世界，万物呈现出不同的形态，这些不同形态的事物，都来自同一个本原，这个本原就所有生命的基础，就是"道"。此道包括阴、阳二气，本无形象，不可测度，可谓之"无"；有形始于无形，即是"有生于无"。《老子》在释何谓"道"时谈到：

> 有物混成，先天地生，寂兮寥兮，独立而不改，周行而不殆，可以为天下母。吾不知其名，强字之曰道，强为之名曰大。大曰逝，逝曰远，远曰反，故道大，天大，地大，人亦大。域中有四大，而人居其一焉。人法地，地法天，天法道，道法自然。

---

① （唐）栖复：《法华经玄赞要集》卷二十四，《卍续藏经》第34册，第681页下。
② （晋）王弼注：《老子道德经》下篇，古逸丛书景唐写本，《中国基本古籍库》版。

王弼注《老子》"有物混成先天地生"句曰：

> 混然不可得而知，而万物由之以成，故曰混成也。不知其谁之子，故先天地生。

此所以不可得而知，因其先于天地，先于万物，世界由之生成。注"寂兮寥兮独立不改"句曰：

> 寂寥无形体也，无物之匹，故曰独立也；返化终始，不失其常，故曰不改也。

注"周行而不殆可以为天下母"句曰：

> 周行无所不至而免殆，能生全大形也，故可以为天下母也。

注"吾不知其名"句曰：

> 名以定形，混成无形，不可得而定故，曰不知其名也。

注"字之曰道"句曰：

> 夫名以定形，字以称可言，道取于无物而不由也，是混成之中可言之称最大也。

注"强为之名曰大"句曰：

> 吾所以字之曰道者，取其可言之称最大也，责其字定之所由，则系于

169

大，大有系则必有分，有分则失其极矣，故曰强为之名曰大。[①]

综之，"道"具有不改、无匹、无所不至、不可得的特点，为万物的本原。"道"强名为大，以其超过人类想象的极限，不可分，在一定意义上，即同于无。王弼在注解《老子》"天下万物生于有，有生于无"一句时，认为此"天下之物皆以有为生，有之所始以无为本，将欲全有必反于无也"。[②]将生成论意义上的"道"上升为本体论之"道"，进一步提出"以无为本"，将"无"定义为本体论意义上世界的本原。

中国重要传统经典中，除了《老子》，《周易》云："一阴一阳之谓道。"《周易注疏》中王弼对此句"一阴一阳之谓道"注为：

> 道者，何无之称也。无不通也，无不由也，况之曰道，寂然无体，不可为象，必有之用极而无之功显，故至乎神无方而易无体而道可见矣。

《周易》中之"道"，因其大、通、全而无有一物可喻指，无一名可形容的性质，在一定意义上，即同"无"。经由王弼等人注释后，中国传统文化中对"道"的解释进一步深化，唐朝孔颖达正义"一阴一阳之谓道"：

> 一，谓无也，无阴无阳乃谓之道。一得为无者，无是虚无。虚无是大虚不可分别，唯一而已，故以一为无也。[③]

孔氏认为，道不能以阴阳区分，超越分别。同理，一、无、虚无、大虚

---

① （晋）王弼注：《老子道德经》下篇，古逸丛书景唐写本，《中国基本古籍库》版。
② 同上。
③ 《周易注疏》，周易兼义卷第七，清嘉庆二十年南昌府学重刊宋本十三经注疏本。

(太虚) 均不可分别，这种不可分别的性，或能以"无"指代。

唐释道宣编录《广弘明集》时提出：

> 既有州县，即有官民，州牧郡守，姓何名何？乡长里司，谁子谁弟？并是管学道士，无识黄巾，不悉古今，未窥经史。人间置立州县，亦言天上与世符同，保伪为真，良可羞耻。其根脉本末，并如《笑道论》中委出也。通人曰："庄周云察其始而无生也，非徒无生而本无，非徒无而本，无气恍惚之间变而有气，气变而有，变而有生，人之生也，气之聚，聚则为生，散则为死，故曰有。有无相生也，万物一也，何谓一也，天下一气也，推此而谈，无别有道。"①

庄子将万物的本源推至无生，他所说的无生，是指形成气之前的状态，气成而后有生。人的生死也为气之聚散不同，气聚则有生，气散则有死，气就是一，气就是道。

再看昭明《文选》李善注"太虚辽廓而无阂运自然之妙有"句：

> 太虚谓天也，自然谓道也，无阂谓无名，妙有谓一也。言大道运彼自然之妙一，而生万物也。《管子》曰：虚而无形，谓之道。《鹏鸟赋》曰：寥廓忽荒。《老子》曰：天法道，道法自然。钟会曰：莫知所出，故曰自然。王弼曰：自然无义之言，穷极之辞也。又曰：妙者，极之微也。《老子》曰：道生一。王弼曰：一，数之始，而物之极也。谓之为妙有者，欲言有，不见其形，则非有故，谓之妙；欲言其物，由之以生，则非无故，谓之有也。斯乃无中之有，谓之妙有也。阮籍通《老子》论曰：道

---

① 《广弘明集》卷十三，《大正藏》第52册，第182页中。

　　者自然,《易》谓之太极,《春秋》谓之元,《老子》谓之道也。①

　　李善认为,"太虚"与"天地","自然"与"道","无阂"与"无名","妙有"与"一"是等同的。对老子"道法自然"的理解,各家略有不同,钟会认为自然是指没有能生自然者而言,自然即是自然自身;王弼认为所谓自然指的是没有可以指代的具体事物,代表无限的本身;阮籍认为道、自然、太极、元为一义。

　　从《老子》、《庄子》的"道"展开,深发对本末、体用、一异的理解,是魏晋清谈的主要内容,也是玄学关注的重要问题。《晋书·王衍传》录:

　　　　正始中,何晏、王弼等祖述《老》、《庄》立论,以为天地万物皆以无为本。无也者,开物成务,无往不存者也。阴阳恃以化生,万物恃以成形,贤者恃以成德,不肖恃以免身,故无之为用,无爵而贵矣。衍甚重之,惟裴頠以为非,著论以讥之,而衍处之自若。衍既有盛才美貌,明悟若神,常自比子贡,兼声名藉甚倾动当世,妙善玄言,唯谈《老》、《庄》为事。②

　　对"无"与"本"的理解,直接关涉对本体的,这一本体,不可能是有形的"器",而只能是无形的"道"。因此,庄子所述之"道"具有不可见、不可名、不可形的特点:

　　　　道不可闻,闻而非也;道不可见,见而非也;道不可言,言而非也。

---

①　(梁) 萧统:《文选》卷十一,胡刻本,《中国基本古籍库》版。
②　(唐) 房玄龄:《晋书》卷四十三列传第十三,清乾隆武英殿刻本。

知形形之不形乎？道不当名。①

道是最高的绝对抽象，是形而上之本体，不能用任何概念对之进行规定，因此，道不能言，只能体会，使心性"同于大通"②。此"通"即"道"，也即是王弼所说"返还无为"：

> 道以无形无为成济万物，故从事于道者以无为为君，不言为教，绵绵若存，而物得其真。与道同体，故曰"同于道"。③

此"道"即"无为"。

道有迹有行是为体道的条件，来看《放光般若经》对"道行"的解释：

> 于是须菩提白佛言："唯，世尊！菩萨行、菩萨行者为何事？"佛告须菩提："菩萨行者，道行也，是故名为菩萨行。"须菩提言："世尊！菩萨行者为在何处行？"佛言："于五阴行，空于内外法，于六波罗蜜行，于内外空及有无空作四禅行，于四无形禅行，于四等行，于三十七品行，于三三昧行，于佛十力行，于四无所畏行，于四无碍行，于十八法行，净佛国土行，教化众生行，入于文字行，不入文字行，于陀邻尼行，于有为无为性行；作行不令道有二，是则为道行，是则为菩萨摩诃萨空行。"④

"道"存在于"五阴"、"六波罗蜜"、"四等行"、"三十七品"、"佛十力"

---

① 《庄子·知北游》
② 《庄子·大宗师》
③ 王弼：《老子注·二十三章》。
④ 《放光般若经》卷十六，《大正藏》第8册，第116页中。

等中，菩萨行，即道行。从此亦可推出阿罗汉的道行：

> 常行二百五十戒，为四真道行，进志清净，成阿罗汉。二百五十戒，其
> 条目，具载大藏中小乘律四分戒，此不繁云。四真道行，即知苦、断集、证
> 灭、修道，为四谛真实道行也。若坚持清净，进志不退，即渐成圣果也。①

宋真宗认为，要成阿罗汉圣果，需要修"四真道行"，即行四谛道，知苦、断集、证灭和修道。

二、佛教典籍《弘明集》中的"道"

《弘明集》所录佛教传入中国后至萧梁天监年间儒、释、道三家就佛教问题展开论辩的文章，典型而直接地反映了时人对佛教的理解，展现出佛教义理对中国文化吸收与发展过程。

就"道"之一字而言，通过《中国基本古籍库》、CBETA2010检索，《弘明集》与《广弘明集》中共出现"道"共3478条，《高僧传》"道"5284条，《续高僧传》"道"3145条，《比丘尼传》"道"104条，表示道路、方法、道人、道德、道理、世界的本原等含义。此外，在唐朝编撰的《广弘明集》与《法苑珠林》中，"道"的用法与《弘明集》几同，现将此三部文献中"道"所出现的主要用法及次数统计如下表：

表9　《弘明集》中有关"道"的词组检索情况表

单位：条

词组 典籍	道家	道术	天道	大道	人道	神道	道俗
《弘明集》	20	3	18	32	5	28	14
《广弘明集》	36	11	17	54	10	19	80

---

① （宋）真宗皇帝：《注四十二章经》，《大正藏》第39册，第517页下。

续表

词组 典籍	道家	道术	天道	大道	人道	神道	道俗
《法苑珠林》	13	8	19	21	51	17	226
《弘明集》	23	25	28	0	3	2	18
《广弘明集》	42	190	50	4	12	11	24
《法苑珠林》	253	131	81	2	10	8	28
《弘明集》	4	2	2	3	0	15	12
《广弘明集》	8	2	7	13	3	31	28
《法苑珠林》	1	0	14	67	10	232	26

除表中所列条目外，使用"道"的词组也包括圣人之道、佛之道、沙门之道、养亲之道、天地之道、内外之道、施报之道、弘通之道、觉悟之道等。其中，大道、佛道、神道、道德与得道使用频率最高。《弘明集》"大道"出现最多，"神道"、"佛道"次之；《广弘明集》"道士"最多，"道俗"、"大道"、"道人"次之；《法苑珠林》"道人"最多，"道士"、"得道"次之。

再看早期佛教经典中"道"出现的语境。"道"表示道路，与果相应的修证方式，形而上的本体等意义。

《续高僧传》：

> 诸服其道者，则剃落须发，释累辞家，结师资，遵律度，相与和居。治心修净行，乞以自给，谓之沙门，或曰桑门，亦声相近也。其根业各差，谓之三乘，声闻、缘觉及以大乘，取其可乘运以至道为名也。①

此间之道，指"佛道"。

《长阿含经》：

---

① 《续高僧传》卷二，《大正藏》第52册，第101页中。

    复有四法，谓四受证：见色受证，身受灭证，念宿命证，知漏尽证。复有四法，谓四道：苦迟得，苦速得，乐迟得，乐速得。①

在此语境中，道指四种与修行方式相应的"法"。

《贤愚经》：

    尔时大会，闻佛苦行如是，有得四道果者，有发大道心者，有出家修道者，莫不欢喜，顶戴奉行。以是因缘，强志勇故，由小因缘能办大事；懒惰懈怠，虽遇大缘，无所能成。是故行者，当勤精进趣向佛道。②

此段中出现了"四道"、"大道"、"修道"与"佛道"四种道。其中，"四道果"指须陀洹、斯陀含、阿那含、阿罗汉的果位，发"大道"心，出家"修道"者，所修的即是"佛道"，即是与佛果相应的修证体系。

《中本起经》：

    尔时佛游于迦维罗卫国释氏精舍，与大比丘僧千二百五十人俱。是时大爱道瞿昙弥，行到佛所，稽首作礼，却住一面，叉手白佛言："我闻女人精进，可得沙门四道，愿得受佛法律。我以居家有信，欲出家为道。"③

在此段中，大爱道所说的"道"指与修行相应的果。

《光赞经》：

---

① 《长阿含经》卷八，《大正藏》第1册，第51页上。
② （北魏）慧觉等译：《贤愚经》卷三，《大正藏》第4册，第373页上。
③ （东汉）昙果、康孟详译：《中本起经》卷二，《大正藏》第4册，第158页上。

佛言："如是菩萨摩诃萨以六波罗蜜，有所开化三十七品及诸佛法，四道、缘觉，亦无所趣，亦无所度，是为须菩提菩萨摩诃萨摩诃衍僧那僧涅。"①

《无量义经》：

此经乃有如是十种功德不思议力，大饶益无量一切众生，令一切诸菩萨摩诃萨各得无量义三昧，或得百千陀罗尼门，或令得菩萨诸地诸忍，或得缘觉、罗汉四道果证。世尊慈愍，快为我等说如是法，令我大获法利，甚为奇特，未曾有也。世尊慈恩，实难可报。②

《放光般若经》：

欲使十方恒边沙国其中众生悉具于戒、三昧、智能、解脱、见解脱慧，沙门四道乃至无余泥洹，欲得是者，当学般若波罗蜜。③

以上三段中，"沙门四道"、"罗汉四道"、"四道"指与缘觉相对的小乘四：果斯陀含道、须陀洹道、阿那含道与阿罗汉道。

《佛开解梵志阿颰经》：

佛言："今我为佛，师民仁孝，告之正言，去欲、怒、痴。有常

---

① 《光赞经》卷六，《大正藏》第8册，第187页上。
② （南齐）昙摩伽陀耶舍译：《无量义经》卷一，《大正藏》第9册，第389页上。
③ 《放光般若经》卷一，《大正藏》第8册，第3页中。

之态，诸为恶者，我辄教令，不杀、盗、淫、妄语、饮酒、祠祀事邪。……若能至心清净，即得沙门四道：一曰沟港，二曰频来，三曰不还，四曰应真。又天下君王，虽行政欲平，亦责民租税，贪意不除。今我为佛，都使天下无复情欲，得无为道。我求道以来，其劫无数，每生有愿，愿弃爱欲，修沙门行，无适无莫，于天下人贤明君子，闻佛经戒，靡不奉行，其不承者后皆有悔。能制意志，无复贪欲，便断生死忧哭之道，不追相恋焉，得离苦痛。"①

此段中所录之"道"具有不同含义，包括"沙门四道"、"无为道"与"求道"。其中，"沙门四道"指斯陀含道、须陀洹道、阿那含道与阿罗汉道，因为翻译的用词差别也译为沟港道、频来道、不还道与应真道；"无为道"指佛道；"求道"中的"道"指与佛教修行与果相应的成就。

佛教般若经数量庞大，均为教学佛般若，但只东汉译《道行般若经》以"道"名之，是为何因？且观唐朝以前的佛教僧尼也多以"道人"自居，可知此"道"与中国佛学的发展渊源甚深。如不解清"道"字，则无法深入了解佛教在中国的演进，以及佛教文化对中国传统文化的融摄。

在《道行般若经》中，有"道"的词语包括"余道人"、"小道"、"佛道"、"中道"、"辟支佛道"、"菩萨道"、"余道"、"菩萨之道"、"须陀洹道"、"生死道"、"斯陀含道"、"阿那含道"、"阿罗汉道"、"萨芸若道"、"道路"、"用佛得道处"、"人道"、"异道人"、"道径"、"沙门道人"、"道德"、"道法"、"辟支佛道地"、"声闻道"、"一道"、"三道"、"他道"、"恶道"、"治道符祝行药"、"道地"、"禽兽道"、"大剧道"、"言道"、"所行道"、"罗汉道人"、"得道"、"三恶道"、"阿惟越致道"、"守道"、"道人婆罗门"、"外道"、"八道"等等。其中，使用最多为"佛道"，多与索、行、学等动词搭配，表示"索佛道"、"行佛

---

① （吴）支谦译：《佛开解梵志阿飏经》卷一，《大正藏》第1册，第260页下。

道"或"学佛道"。这些"道"约可分为以下几类：

（1）表示修道的人。如，道人、余道人、异道人。

（2）表示路径。如，所行道、道路、道径。

（3）表示达成的目标及与之相应的方法、规则。如，佛道、阿惟越致道、声闻道、辟支佛道、斯陀含道、阿那含道、阿罗汉道、萨芸若道、人道、禽兽道。

（4）形而上之道。如，得道、中道、一道。

综上所述，佛教典籍中"道"的本义是道路，后引申出途径、方法、道理、规律、学说、引导等义项，在哲学的诠释中，"道"又上升为形而上的本体。

三、"般若"语义与语音的演变

"般若"，也音译作"波若"、"般罗若"（《大宝积经》）①、"钵刺若"（《大佛顶如来密因修证了义诸菩萨万行首楞严经》）、"斑若"、"钵若"、"蔓多罗"、"摩何曼多罗"等。

对不同经典中"般若"翻译的不同用词，隋·吉藏在《大品经游意》总结：

> 波若名义，经论不同，今略出六种：一者波若，二者斑若，三者钵若，四者钵罗若，五者蔓多罗，六者摩何曼多罗，或云毗昙，此云无比法也，此翻译不同。《释论》第十八卷云："波若是智慧。"第四十三卷云："波若是智慧。"又《六波罗蜜经》云："波若是智慧也。"道安法师造《折疑论》，以经《无间品》云："般若觉远离。"叡法师云："波若是清净也。"而开善述者云："远离、清净等，皆是波若中用，非正波若义也。如空慧中，有忌与导等多用故。"第十八卷云："波若是慧者，正翻波若，余皆

---

① 《开元释教录》卷三，《大正藏》第55册，第511页上："《摩诃般若波罗蜜钞经》五卷（或无钞字），或七卷，亦云般罗若，一名《须菩提品》，亦名《长安品》，次第六出，与《道行》、《小品》、《明度》等同本。"

义训也。"今解不然，何者？此经初云："波若非愚非智。"论云："波若深重，智慧轻薄，故不可翻。"故正法波若，不得以一义翻译。①

在"般若"的多种音义中，吉藏选择了六种，并以"波若"为正。吉藏认为，根据《释大乘论》与前代僧人的解释，"波若"又训为"智慧"、"清净"、"远离"等义，故而可义译为智慧、清净与远离。但是，各种义译只能偏重"波若"的某一方面，而非全体，佛教的波若，其义包含并且超越了以往对它的所有义训及其总和，因此，"波若"不能以某一义译代之，而应选择音译。对于音译选择"波若"的原因，在《大品经游意疏》中，吉藏进一步谈到：

> 波若是天竺梵音，若《仁王经》云："世尊二十九年中为我说《金刚波若摩诃般（钵音）若波罗蜜》。"……波若复有余字云"摩诃般（钵音）罗若波罗蜜"，若依余部，般若直云波若，此当是彼国单、复、缓、切语不同也。然只初"般"字，若依《涅槃经》题，则作（钵音）；此经，则作（波音）；若依三昧取，则云般（密祥音），又作（钵音）。只是一字，四音不同。然人读此《波若经》，是宗熙令法师云"般（钵音）若"，复有人读云"般（答祥音）"，若复有人云"班若"，是灵根令正，及招提所用。云"波若"，只是一字作四种音，则为难解也。今明若依《涅槃经》题，则应作（钵音）；又若依此经，作（波音）者，一题中有两波字，下则作水波字。既两波同一音，何不同一字既有两字，故应作（钵音）。又真谛三藏亦作"钵"音读，故彼《释金刚般若》云：跛阇罗侈履迦钵若波罗蜜修多罗也。②

---

① （隋）吉藏：《大品经游意》卷二，《大正藏》第33册，第63页下—64页上。
② （隋）吉藏：《大品经义疏》卷二，《卐续藏经》第24册，第199页下—200页上。

在对"般若"进行音译用词选择时，"般"、"波"、"钵"、"班"均使用过。其中，"般"有四种发音：第一，发"钵"音；第二，发"波"音；第三，发"般"(密祥)音，第四，发"般"(答祥)音。"波"具两种意义：第一，"波若"义；第二，"水波"义。相较于"一字四音"与"一字两义"，具体到"般若波罗蜜"一词，吉藏倾向于用"波"带表两字，所以"波若"的选择为佳。

"般"与"波"在中国文字里意义如何，需深入文字本身寻找答案。《说文》：

般般，辟也。象舟之旋，从舟。从殳，殳，所以旋也。(北潘切)

舟，古文般从攴。

从般得声的字有：

鰀，鰀姍，下晒。从黑，般声。 (薄官切)

擊，擊攓，不正也。从手，般声。 (薄官切)

瞥，转目视也。从目，般声。 (薄官切)

槃，承槃也。从木，般声。 (薄官切)

瘢，痍也。从疒，般声。 (薄官切)

幋，覆衣大巾。从巾，般声。或以为首鞶。 (薄官切)

鬒，臥结也。从髟，般声。读若槃。 (薄官切)

媻，奢也。从女，般声。 (薄波切)

螌，螌蝥，毒虫也。从虫，般声。 (布还切)

鞶，大带也。《易》曰："或錫之鞶带。"男子带鞶，婦人带絲。从革，般声。 (蒲官切)

如上所录，在后人对《说文》的反切注音中，般可读为北潘切、薄官切、薄波切、布还切、蒲官切。其中，鬒、鰀、擊、瞥、槃、瘢、幋、薄官切；媻为薄波切；螌为布还切。其中，薄波切与"波"音或近似，所以再查以"薄波"为反切的字：

鄱，鄱阳，豫章县。从邑，番声。 (薄波切)

皤，老人白也。从白，番声。《易》曰："贲如皤如。" (薄波切)

以上"鄱"与"幡"都从"番"得声。此外，从"番"得声之字还有：

播，穜也。一曰布也。从手，番声。（補過切）

磻，以石箸隹繁也。从石，番声。（博禾切）

再看《说文》中的波字：

波，水涌流也。从水，皮声。（博禾切）

緓，条属。从糸皮声。读若被，或读若水波之波。（博禾切）

综上所录，笔者认为，"般"表示"象舟之旋"，此与"波"表示"水流涌也"具有相同的两个特点："水"与"动"。这两个特点与中国道家对"水"的重视，以及中国传统文化中"智者乐水"结合来看，音译的"般若"或"波若"从道家与儒学的传统来看，与"智"慧相即。

唐朝玄应编《一切经音义》在释《大般若经初分缘起品》时谈到：

> 般（音钵，本梵音。云钵啰（二合），啰取罗字上声兼转舌即是也。其二合者，两字各取半音合为一声，古云般者，讹略也）若（而者反，正梵音枳娘（二合）。枳音鸡以反，娘取上声二字合为一声，古云若者略也）波（正梵音应云播，波个反，引声）罗（正梵音应云啰，准上取罗上声转舌呼之）蜜多（正云弭多，弭音迷以反）具足应言摩贺（引）钵啰（二合）枳娘（二合）播（引）啰（转舌）弭多，梵云摩贺（唐言大）钵啰（二合）枳娘（二合唐言慧，亦云智慧，或云正了知，义净作此解）播（引）。①

于佛教"般若波罗蜜"一词中，"般"发"钵"音，如要严格按照梵文，应发"钵啰"二合音，此音中文所无；"波"发"播"音，以引声收尾。"般若"的发音，为"钵啰（二合）"，即义译之慧、智慧、正了知。再看《翻译名义集》：

---

① （唐）慧琳：《一切经音义》卷一，《大正藏》第54册，第313页下。

般若，《法界次第》云："秦言智慧，照了一切诸法皆不可得，而能通达一切无阂，名为智慧。"《大论》云："般若定实相，甚深极重；智慧轻薄，是故不能称，此生善故不翻。"①

又，《广弘明集》录：

般若是实法，人是假名，此是人家之法，非法家之人。犹如道谛是法宝摄，是故此经得受法名，名《摩诃般若波罗蜜》。此是天竺音，经是此土语。外国名为修多罗。此言法本，具含五义：一出生，二涌泉，三显示，四绳墨，五结鬘。训释"经"字亦有三义：一久，二通，三由。久者名不变灭，是名为久，三世不迁即是常义。通者理无拥滞，是名为通，一切无碍即是通义。由者出生众善，是名为由，万行轨辙即是法义。以"经"字代"修多罗"者，修多罗名通，经名别。修多罗名所以通者，凡圣共有，所以为通；经名别者，此土圣人所说，名之为经，所以为别。以经字代修多罗，欲令闻者即得信解。摩诃此言大，般若此言智慧，波罗此言彼岸，蜜此言度，又云到。具语翻译，云"大智慧度彼岸"。言彼岸度者，盖是国语不同，此以为非彼以为是，此以为是彼以为非，随俗之说更无异义。②

就"般若波罗蜜"来说，"摩诃"、"般若"、"波罗蜜"是印度发音的中文音译，"经"是印度发音"修多罗"的意译，表示常，可训为久、通、由。此翻译中，独"经"字采用意义的原因在于用"经"字贯通、融会中国与印度文化，使印度佛经带有中国圣言的意味，易于为中土学人所接受。

---

① 《翻译名义集》卷四，《大正藏》第54册，第1116页中。
② 《广弘明集》卷十九，《大正藏》第52册，第239页上—中。

值得注意的是，虽然早期翻译的般若类经典，在名称中往往略写"波罗蜜"，如《道行般若经》、《光赞经》、《放光般若经》等，且成为较为通行的版本，但综合考虑《道行般若经》又名《道行般若波罗蜜经》，《放光般若经》又名《放光般若波罗蜜经》，《光赞经》又名《光赞般若波罗蜜经》，《小品般若经》又名《小品般若波罗蜜经》经，足见"波罗蜜"对于"般若"来说十分重要，"般若"常与"波罗蜜"连用，即是"般若波罗蜜"。

那么，为何早期译经在题名中省略"波罗蜜"呢？笔者认为，或如上文《广弘明集》所录，"此以为非彼以为是，此以为是彼以为非"，题名强调"般若"而弱化"彼岸"，与中国文化相接，重在智慧觉悟。

再来分析"波罗蜜"。《大品经游意》录：

> 波罗者，亦名波伽也，波罗此云彼岸，密者言度。又《贤劫经》云："波言岸，密者言究竟也。"[1]

"波罗"也译为"波伽"，即"彼岸"。密（蜜）作度、究竟之训。智顗《金刚般若经疏》：

> 波罗蜜，亦阿罗蜜波罗伽等，翻度彼岸，亦彼岸到，亦度无极，此假名无度为度耳。佛已度，智慧度名一切智，菩萨未度亦不名度，度时亦不名度，不离已度，度未度故。而今言乃度，此假名说度，一行度，二时度，三果度。六度善修满足为行度，三僧祇满为时度，得大菩提为果度。彼岸者，生死为此岸，涅槃为彼岸，烦恼为中流，八正为船筏；又悭贪为此岸，佛果为彼岸，布施为河中，正勤为船筏；又取相为此岸，无相为彼岸，智慧为河中，精进为船筏，一往如此；又即生死涅槃俱为

---

① 《大品经游意》卷一，《大正藏》第33册，第64页下—65页上。

此，非生死涅槃为彼，故云远离此彼岸，乃名波罗蜜。①

所谓"度"，就行、时、果三方面整体而言。"彼岸"之说，建立在"生死"与"涅槃"相对时，烦恼为河；"悭贪"与"佛果"相对时，布施为河；"取相"与"无相"相对时，智慧为河的基础上，度河之舟也依次为"八正道"、"四正勤"与"精进"。到彼岸的意义在于证涅槃、得佛果和体无相。进而言之，到彼岸的真正意义在于超越分别，超越生死，达为非生死涅槃、非非生死涅槃，远离此彼两岸。

选择"般若"作为音译而不是意译的主要原因，如《翻译名义集》引玄奘"五种不翻"之理论所言：

> 唐奘法师论五种不翻：一秘密故，如陀罗尼；二含多义故，如薄伽梵具六义；三此无故，如阎净树，中夏实无此木；四顺古故，如阿耨菩提，非不可翻，而摩腾以来常存梵音；五生善故，如般若尊重，智慧轻浅。而七迷之作，乃谓释迦牟尼此名能仁，能仁之义位卑周孔。阿耨菩提，名正遍知，此土老子之教先有，无上正真之道无以为异。菩提萨埵，名大道心众生，其名下劣，皆掩而不翻。②

玄奘认为，采用音译"般若"显得尊重，意译"智慧"较为清浅，相两比较，音译为胜。在翻译过程中，既要重视原词与译词的对应关系，也要充分考虑目的语言的修辞特点。

综之，般若为音译，根据发音也可写钵啰、波罗、波若，意译为智慧、净慧、慧明、黠慧、无相智。即修习八正道、诸波罗蜜等，而显现之真实智

---

① （隋）智顗：《金刚般若经疏》卷一，《大正藏》第33册，第75页下。
② 《翻译名义集·序》，《大正藏》第54册，第1055页上。

慧。明见一切事物及道理之高深智慧。因于意译不能完全表达梵文的原义，唐代以降，佛教学者倾向于使用音译。

第二节　以"道"之名——佛道相融之因缘

一、"道人"：僧、尼、道的统称

佛教传入中国正值东汉乱世。史载：

> 世传明帝梦见金人，长大，顶有光明，以问群臣。或曰："西方有神，名曰佛，其形长丈六尺而黄金色。"帝于是遣使天竺[1]，问佛道法，遂于中国图画形象焉。楚王英始信其术，中国因此颇有奉其道者。后桓帝好神，数祀浮图、老子，百姓稍有奉者，后遂转盛。[2]

由此来看，汉明帝认为佛是西方的"神"；汉桓帝好"神"，祀老子与佛陀；汉楚王刘英将佛教列为"术"类，为"道"之一种。他们的这些举动，在一定意义上将佛教与道家等同起来，由此奠定了东汉三国时期佛教在中国传播的方式和特点，即以显现超人间力量为主，以神迹和神力表达宗教的神圣性。

在汉末魏晋南北朝时期，"道人"不仅指佛教僧尼，更指道教的道士和道姑，僧、尼、道士、道姑统称为"道人"，在一定程度上，将佛教与道教联系在了一起，在早期中国佛教传播过程中起到了积极作用。

---

[1] 《后汉书·西域传》：天竺国，一名身毒，在月氏之东南数千里。俗与月氏同，而卑湿暑热。其国临大水。乘象而战。其人弱于月氏，修浮图道，不杀伐，遂以成俗。从月氏、高附国以西，南至西海，东至盘起国，皆身毒之地。身毒有别城数百，城置长。别国数十，国置王。虽各小异，而俱以身毒为名，其时皆属月氏。

[2] 《后汉书》卷八十八，西域传第七十八。

在此，需要探寻其时以"道人"为统称，代表早期中国佛教传播过程中佛教僧尼的原因。首先，来看佛教主要传记中所出现的"道人"、"道士"、"贫道"条数；以及各词组在传记中与其"道"出现的比例关系。

表10 佛教主要僧传中出现的"道人"、"道士"、"贫道"统计

单位：条

出　处	道	道人	道士	贫道
《高僧传》	821	55	93	39
《比丘尼传》	104	1	1	5
《续高僧传》	2021	46	55	34
《出三藏记集》	719	38	12	10
《弘明集》	1258	21	215	37
《法苑珠林》	3823	253	131	38

上表所录"道"一列的条数，指各本中所有与"道"结合的词组，既包括道人、道士、贫道，也包括中道、佛道、得道等。"道人"、"道士"、"贫道"各列统计数据，为固定词组在各文中出现的条数。

根据上表统计的数字来看，《高僧传》中"道人"共出现55处，占所有有"道"词组821条的6.7%；以此类推，"道士"条占11.3%；"贫道"条占4.8%。《比丘尼传》中"道人"共出现1处，占所有有"道"词组104条的1%；以此类推，"道士"条占1%；"贫道"条占4.8%。《续高僧传》中"道人"共出现46处，占所有有"道"词组2021条的2.3%；以此类推，"道士"条占2.7%；"贫道"条占1.7%。《出三藏记集》中"道人"共出现38处，占所有有"道"词组719条的5.3%；以此类推，"道士"条占1.7%；"贫道"条占1.4%。《弘明集》中"道人"共出现21处，占所有有"道"词组1258条的1.7%；以此类推，"道士"条占17.1%；"贫道"条占1.4%。《法苑珠林》中"道人"共出现253处，占所有有"道"词组3823条的6.6%；以此类推，"道士"条占3.4%；"贫道"条占2.9%。下文考察"贫道"、"道士"、"道人"在具体文献语境中的用法。

以上数据显示，从相对数值来看，在南朝萧梁时期编撰的《高僧传》、

《比丘尼传》和《出三藏记集》中，"贫道"所占比例较唐朝编撰的《续高僧传》与《法苑珠林》为高；《弘明集》中"道士"用法较多，占17.1%。

再结合文献语境，确定"道人"、"道士"与"贫道"在南北朝时期的其体指代：

《高僧传·智猛》：

> 释智猛，雍州京兆新丰人，禀性端明，励行清白，少袭法服，修业专至，讽诵之声，以夜续日。每闻外国道人说天竺国土有释迦遗迹及方等众经，常慨然有感，驰心遐外，以为万里咫尺，千载可追也。[①]

在此段中，"外国道人"指非中国籍僧人，"沙门"指中国籍僧人。

《高僧传·法显》：

> (法)显持经像，随还，顷之欲南归，青州刺史请留过冬。显曰："贫道投身于不反之地，志在弘通，所期未果，不得久停。"遂南造京师，就外国禅师佛驮跋陀于道场寺译出《摩诃僧祇律》、《方等泥洹经》、《杂阿毗昙心》垂百余万言。[②]

东晋法显在与青州刺史谈话时，以"贫道"自称。此"贫道"指法显本人，即中国籍僧人。

《比丘尼传》：

> 梁宣武王尝送物使 (县) 晖设百人会……有问晖者，见师生徒，不过

---

① 《高僧传》卷三，《大正藏》第50册，第343页中。
② 《高僧传》卷三，《大正藏》第50册，第338页中。

中家之产，而造作云为有若神化，何以至此耶？答云："贫道常自无居贮，若须费用，役五三金而已，随复有之不，知所以而然故。"①

萧梁时期，昙晖以"贫道"自称。此"贫道"指昙晖本人，即比丘尼。《比丘尼传·简静寺支妙音》：

> (殷仲) 堪图州，既而烈宗问妙音：荆州缺外，问云谁应作者？答曰："贫道道士，岂容及俗中论议。"②

此段"贫道"指比丘尼支妙音。
《比丘尼传·吴太玄台寺释玄藻尼传六》：

> 时玄台寺释法济语安苟曰："恐此疾由业，非药所消，贫道按佛经云，若履危苦，能归依三宝，忏悔求愿者，皆获甄济。"③

根据上下文，此段"贫道"指比丘尼玄藻。
《答刘遗民书》：

> 什法师于大石寺，出新至诸经法藏渊旷日有异，闻禅师于瓦官寺教习禅道，门徒数百……什法师以午年出《维摩经》，贫道时预听次，参承之暇，辄复条记成言，以为注解。

---

① 《比丘尼传》卷四，《大正藏》第50册，第946页中。
② 《比丘尼传》卷一，《大正藏》第50册，第937页上。
③ 《比丘尼传》卷二，《大正藏》第50册，第938页上—中。

东晋僧人僧肇在与刘遗民通信时,以"贫道"自称。
《与桓玄论州符求沙门名籍书》:

隆安三年四月五日,京邑沙门等顿首:白夫标极有宗,则仰之者至理,契神冥,则沐浴弥深,故尼父素室,颜氏流连,岂不以道隆德盛,直往忘反者哉!贫道等虽人凡行,薄奉修三宝,爰自天至,信不待习。[①]

东晋僧人支道林在与桓玄的通信中,以"贫道等"自称。
刘宋·何承天《与宗居士书》:

足下勤西方法事,贤者志其大,岂以万劫为奢,但恨短生无以测冥灵耳。冶城慧琳道人,作《白黑论》,乃为众僧所排摈,赖蒙值明主善救,得免波罗夷耳。[②]

何承天信中"道人"、"僧"并举,均指僧人。
刘宋·释法明《答李交州书》:

道人澄公仁圣于石勒虎之世。[③]

此"道人"指佛图澄。
《集神州三宝感通录》:

---

① 《支道林集》,《弘明集》卷十二,《大正藏》第52册,第85页下。
② 《弘明集》卷三,《大正藏》第52册,第17页下—18页上。
③ 笔者按:李交州即李淼,此篇载《弘明集》卷二,《大正藏》第52册,第12页下。

（宋元嘉六年，沮渠兴国死），（沮渠蒙）逊恚恨以事佛无灵，下令毁塔寺，斥逐道人。①

（宋元嘉十四年，信佛者孙彦掘得）金像连光趺，高二尺一寸。趺铭云：建武六年，岁在庚子，瓦官寺道人法新、僧行所造。②

上述两段中的"道人"指僧人。

由上可知，在佛教传记中，东晋南北朝时期的中国僧尼均以"贫道"自称，"道人"也指佛教僧尼。

对为什么称为"道人"，《大智度论》解释：

> 如实得道者，名道人。今未得道者，衣服法则随得道者，故亦名道人。如无余涅槃不生、不灭、不入、不出、不垢、不净，非有、非无、非常、非无常，常寂灭相，心识观灭，语言道断，非法、非非法等，相用无所有相，故慧眼观一切法亦如是。相是名六波罗蜜等，与解脱等。③

此即是说，"道人"指"如实得道者"。在佛教教团中，法服具有一定象征意义，表示得"道"；但还没有得道的僧人，服饰与得道者相同，从当得的结果来说，亦穿着此法服，也叫"得道人"。

"行道"是"得道"的关键：

> 若有人行空、无相、无作，是名得实相三昧。如偈说：若持戒清净，是名实比丘；若有能观空，是名得三昧；若有能精进，是名行道人；若

---

① （唐）释道安：《集神州三宝感通录》卷二，《大正藏》第52册，第418页上。
② 《集神州三宝感通录》卷二，《大正藏》第52册，第418页中。
③ 《大智度论》卷六十一，《大正藏》第25册，第495页下—496页上。

有得涅槃，是名为实乐。①

在佛教修行过程中，如能坚持精进不后退，名"行道人"。
能"行道"，而"得道"，首先要"求道"：

> 佛等诸贤圣，今世、后世及诸法实相证。所谓孝顺父母等，乃至十念
> 如法，得物供养供给沙门、婆罗门。沙门名为出家求道人，婆罗门名为
> 在家学问人，是二人于世间难为，能为利益众生，故应当供养。②

相较于"婆罗门"而言，"沙门"的特点在于"出家"，因此沙门是出家
"求道人"，"婆罗门"是在家"学问人"。
除了佛教文献，在唐朝之前佛教史传、历史传记、小说中，僧尼也多自
称为"道人"，如《搜神后记》：

> 昙游道人，清苦沙门也。剡县有一家事蛊人，啖其食饮无不吐血死。
> 游尝诣之主人下食，游依常咒愿，一双蜈蚣长尺余便于盘中跳走，游便
> 饱食而归，安然无他。③

此"昙游道人"即沙门昙游。
《十六国春秋》：

> 解飞，不知何许人，仕虎为尚方令、侍中御史，机巧若神，妙思奇

---

① 《大智度论》卷五，《大正藏》第25册，第97页上。
② 《大智度论》卷四十四，《大正藏》第25册，第381页下。
③ （东晋）陶潜：《搜神后记》卷二，明津逮秘书本。

发。虎至性好佛，众巧奢丽，不可胜纪。飞尝为虎作檀车，广丈余，四轮作，金佛像坐于车上，九龙吐水灌之。又作一木道人，恒以手摩佛心腹之间。又十余木道人，长二尺，余皆被袈裟，绕佛行，当佛前，辄揖礼佛，又以手撮香投炉中，与人无异。①

此段中所说的"木道人"，身披袈裟，绕佛像经行，很明显是仿佛教僧人造型，在仪式中代表佛教僧人，实现了宗教功能。

南北朝文学作品《世说新语》并有多处"道人"记录，现节选四例：

（1）高坐道人不作汉语，或问此意。简文曰："以简应对之烦。"（高坐，《别传》曰：和尚胡名尸黎密，西域人。传云国王子以国让弟，遂为沙门。永嘉中始到此土，止于太市中）②

此例中的"高坐道人"活动于南朝刘宋至南齐时期，据注考证，即西域和尚"尸黎密"。

（2）佛图澄与诸石游。（《澄别传》曰：道人佛图澄，不知何许人，出于炖（敦）煌，好佛道，出家为沙门。永嘉中至洛阳，值京师有难，潜遁草泽间）③

此例中的"道人"即和尚佛图澄。

（3）竺法深在简文坐，刘尹问道人何以游朱门？答曰："君自见其朱

---

① （北魏）崔鸿：《十六国春秋》卷二十三，前燕录一，明万历刻本。
② 《世说新语》卷上之上，四部丛刊景明袁氏嘉趣堂本。
③ 《世说新语》卷上之上，四部丛刊景明袁氏嘉趣堂本。

门，贫道如游蓬户。"(《高逸沙门传》曰：法师居会稽，皇帝重其风德，遣使迎焉。法师暂出应命，司徒会稽王天性虚澹，与法师结殷勤之欢，师虽升履丹墀，出入朱邸，泯然旷达，不异蓬宇也）。①

此例中"贫道"为竺法深自称。

（4）支道林常养数匹马，或言："道人畜马不韵。"支曰："贫道重其神骏。"(《高逸沙门传》曰：支遁，字道林，河内林虑人，或曰陈留人，本姓闵氏。少而任心独徃，风期高亮，家世奉法，尝于余杭山沈思道行，泠然独畅，年二十五始释形入道，年五十三终于洛阳）。②

此例中"贫道"为支道林自称。

关于"道士"的命名，刘勰在《灭惑论》中谈到：

《三破论》云："道以气为宗，名为得一。寻中原人士莫不奉道，今中国有奉佛者，必是羌胡之种。若言非邪，何以奉佛？"《灭惑论》曰："至道宗极，理归乎一，妙法真境，本固无二。佛之至也，则空无形，而万象并应；寂灭无心，而智弥照幽。数潜会莫见其极冥功，日用靡识其然，但言万象既生，假名遂立。梵言菩提，汉语曰道，其显迹也。"③

刘勰认为，"梵言菩提，汉语曰道"，这就把"菩提"与"道"通过翻译联系在一起，成为同一概念。在此基础，得菩提即为得道，僧人即为道人。但

---

① 《世说新语》卷上之上，四部丛刊景明袁氏嘉趣堂本。
② 《弘明集》卷八，《大正藏》第52册，第51页上。
③ 《弘明集》卷八，《大正藏》第52册，第51页上。

是，也要注意到，佛道与道教之道不同，虽然"得一之道"与"归之一道"就其"本"来说并无不同，均为"理"之关涉，但是本固无二，万象异形，佛与道又不同。实际上，佛教僧尼在南北朝前也被称为"佛徒"、"浮屠"或"佛图"：

> 《三破论》云："佛旧经本云'浮屠'，罗什改为'佛徒'，知其源恶故也。所以名为'浮屠'，胡人凶恶故。老子云，化其始，不欲伤其形，故髡，其头名为浮；屠，况屠，割也。至僧祐后改为'佛图'，本旧经云'丧门'，丧门由死灭之门，云其法无生之教，名曰'丧门'。至罗什又改为'桑门'，僧祐又改为'沙门'。沙门由沙汰之法，不足可称。"《灭惑论》曰："汉明之世，佛经始过，故汉译言音字未正，'浮'音似'佛'，'桑'音似'沙'声之误也；以'图'为'屠'字之误也。罗什语通华戎，识兼音义，改正三豕，固其宜矣。"①

刘勰认为，由于发音的原因，"佛"与"浮"音似，故"浮屠"、"佛图"、"佛徒"是同义词的不同音译。由于音译后的词语带有所译语言词义的特点，"浮屠"更多带有胡人凶恶、伤形的意义，所以又另译为"佛徒"和"佛图"。此"浮屠"在翻译过程中也译为"蒲图"、"休屠"。与"浮屠"之例相同，"沙门"的音译也经历了由"丧门"到"桑门"再到"沙门"的转变。

释僧顺《释三破论十九条》：

> 论云：剃头为"浮图"。释曰：《经》云"浮图"者，圣瑞灵图，浮海而至，故云"浮图"也。吴中石佛泛海儵来，即其事矣。今子毁图像之"图"为刑屠之"屠"，则泰伯端委而治，故无惭德仲雍。剪发文身，

---

① 《弘明集》卷八，《大正藏》第52册，第50页下。

从容致化，遭子今日必罗吠声之尤事，有似而非，非而似者。外书以仲尼为圣人，内经云：尼者，女也。或有谓仲尼为女子，子岂信之哉！犹如屠、图之相，亦何以殊？论云：丧门者，死灭之门也。释曰：门者，本也，明理之所出入，出入从本而兴焉。释氏有不二法门，老子有众妙之门。《书》云：祸福无门，皆是会通之林薮，机妙之渊宅，出家之人得其义矣。丧者，灭也，灭尘之劳通神之解，即丧门也。桑当为乘字之误耳，乘门者，即大乘门，也烦想既灭，遇物斯乘，故先云灭门，末云乘门焉。且八万四千皆称法门，奚独丧、桑二门哉。①

僧顺认为，所以译为"浮图"，因其具祥瑞喻义，且有事为证。"图"与"屠"发音虽似，义则不同，故而不能混用，此亦正如"尼"字用于表示"仲尼"与"女尼"，此二词中的"尼"字意义完全不同一样。相对于"桑门"来说，"丧门"更能表达佛教对于修行的理解。但是，由于异质文化翻译的特殊性：

宣领梵文，寄在明译。译者释也，交释两国，言谬则理乖矣。自前汉之末，经法始通，译音胥讹，未能明练。故"浮屠"、"桑门"，言谬汉史。音字犹然，况于义乎。②

这也正说明了文化传承的复杂性：

案中夏彝典，诵诗执礼，师资相授，犹有讹乱。《诗》云："有菟斯首"，"斯"当作"鲜"。齐语音讹，遂变诗文。此"桑门"之例也。《礼

---

① 《弘明集》卷八，《大正藏》第52册，第52页中。
② 《胡汉译经音义同异记》，《出三藏记集》卷一，《大正藏》第55册，第4页下。

记》云："孔子蚤作"。"蚤"当作"早"。而字同"蚤"、"虱"，此古字同文，即"浮屠"之例也。中国旧经而有"斯"、"蚤"之异，华戎远译，何怪于"屠"、"桑"哉！①

"桑门"，又译作"丧门"、"娑门"②，后为"沙门"所代替。宋真宗在注解《四十二章经》时指出：

> 辞亲出家为道，识心达本，解无为法，名曰沙门。沙门梵语，合云沙迦门曩，已略其二字，此云勤息，谓能勤修众善，勤息诸恶。又云：息恶取止息之义也。盖谓辞其亲，出其家，息诸恶，勤诸善，乃为道人也。故名曰沙门。③

根据梵文发音，沙门应译为"沙迦门曩"，"沙门"为其略写，表示出家修行，成为道人。因其为道人，所以名为沙门。

再看《说文》对僧的解释："浮屠道人也。从人曾声。"许慎将"僧"训释为"浮屠"、"道人"，也从一个侧面说明了东汉时期，以"道人"称呼佛教僧人是通常的称谓。

综上之述，在佛教般若类经的历代异译本中，《道行般若经》是最早传入中国的一部，对中国佛教的影响深远。前文已对"道"与"般若"分别训释，此节着重对《道行般若经》所列之"道"进行分析。

在《道行般若经》第一品《道行品》中，含有"道"的词组有："余道人"、"小道"、"佛道"、"中道"、"辟支佛道"、"菩萨道"、"余道"、"菩萨之

---

① 《胡汉译经音义同异记》，《出三藏记集》卷一，《大正藏》第55册，第4页中—第5页上。
② 慧琳：《一切经音义》："沙门（梵语也，此云勤劳内道外道之总名也。皆据出家为言耳。古经为桑门、或为娑门，罗什法师以言非，便改为沙门也）。"
③ （宋）真宗皇帝：《注四十二章经》，《大正藏》第39册，第517页下。

道"、"须陀洹道"、"生死道"、"斯陀含道"、"阿那含道"、"阿罗汉道"等，除"小道"、"中道"、"生死道"、"余道"外，均指与果相应的修行方式，如得"须陀洹"果者行"须陀洹道"，得"菩萨"果者行"菩萨道"，成佛者行"佛道"。

二、至道为一，方便多门

前文已对"道"进行文字方面的考察，在此仍需回答为何早期佛教以"道"为名来进行传播。首先参考《中庸》：

> 天命之谓性，率性之谓道，修道之谓教。道也者，不可须臾离也，可离非道也。

《中庸》的"道"，与"天命"和"性"相关，具有两个特点：第一，属于形而上领域；第二，存在于一切当中。与"道"相关的修行即谓之"教"，具备两层含义：第一，教化；第二，教门或教派。从《中庸》对道与教的定义来看，汉末魏晋南北朝文化交流时期的佛教与道教，虽然各自的教义不同，终极旨趣也不相同，但以"道"统名，被正史列为"方术"类。对于用"道"沟通佛道的原因，萧梁刘勰在《灭惑论》中谈到：

> 菩提，汉语曰道。……妙化无外，岂以华戎阻情！是以一音演法殊译，共解一乘敷教异经，同归经典。由权故，孔、释教殊而道契解同；由妙故，胡汉语隔而化通。但感有精麤，故教分道俗；地有东西，故国限内外，其弥纶神化，陶铸群生无异也，用能振拔六趣，总摄大千，道惟至极，法惟最尊。然至道虽一，岐路生迷，九十六种俱号为道。听名则邪正莫辨，验法则真伪自分。案道家立法，厥品有三，上标老子，次述神仙，下袭张陵。太上为宗，寻柱史嘉，遐实惟大，贤著书论。道贵在无为，理归静一，化本虚柔，然而三世弗纪，慧业靡闻，斯乃导俗之良书，非出世之妙经也。若乃神仙小道，名为五通，福极生天，体尽飞腾神通而未免有漏，寿远而不能无终，功非饵药，德沿业修，于是

愚狡。①

在一般意义上，用"道"与"法"来统摄所有的修行方式，"至道"为一。但是由于修行方式的差异，修行目标的不同，世间又有各种教派和教门，出现了名称众多的"道"，包括佛教、道教以及不同地区众多修行的派别。

《广弘明集》录《孔老非佛第七》：

> 问：西域名佛，此方云觉；西言菩提，此云为道；西云泥洹，此言无为；西称般若，此翻智慧。准此斯义则孔老是佛。无为大道先已有之。②

此则说明，彼时，僧流行以儒、道概念翻译、解释佛教的做法，如以"道"译"菩提"，则"菩提"即是"道"；同理，"无为"即是"泥洹"。也即是说，如果从翻译概念对等的角度，"佛"与"觉"同，"菩提"与"道"同，"泥洹"与"无为"同，"般若"与"智慧"同，以此类推，孔、老与佛亦相即。但是，不仅中华文明与印度文明不同，同一地区不同时期文化发展不同，同一国度不同地区的文化也存在差异，故佛经翻译时，虽侧重于两种文明相同的一面寻找译词，但同时，此概念也借由目的语言发生了转变与发展：

> 答曰：鄙俗不可以语大道者，滞于形也；曲士不可以辩宗极者，拘于名也。案孟子以圣人为先觉，圣中之极，宁过佛哉！故译经者以觉翻佛。觉有三种：自觉、觉他、及以满觉。孟轲一辩岂具此三菩提者！案

---

① 《弘明集》卷八，《大正藏》第52册，第51页中。同录于四部丛刊景明本。
② 《广弘明集》卷八，《大正藏》第52册，第139页中。

《大智度论》云：无上慧然，慧照灵通，义翻为道。道名虽同，道义尤异。何者？若论儒宗，道名通于大小。《论语》曰：虽小道必有可观，致远恐泥。若谈释典，道名通于邪正。经曰：九十有六皆名道也，听其名则真伪莫分，验其法则邪正自辩。菩提大道以智度为体；老氏之道，以虚空为状，体用既悬，固难影响。外典无为，以息事为义；内经无为，无三相之为。名同实异，本不相似，故知借此方之称，翻彼域之宗。寄名谈实，何疑之有？准如兹例，则孔老非佛。①

此即是说，"形"与"名"虽然代表了事物和概念，也体现了所表达之事项的主要特点，但是，如果受到"形"与"名"的限制，就产生出"滞于形"和"拘于名"的后果。这样的结果对于理解义理和思想来说，无疑是不可取的。比如说，最初将佛教的"佛"翻译为儒家的"觉"，是参考了孟子对圣人的评价，但以佛教来看，"佛"对于圣人来说，更具超越性，所以虽以"觉"称"佛"，实则"佛"所含之义大于儒家之"觉"。从哲学层面而言，"道"在中国文化中所具之内涵丰富，在佛教名相"菩提"初译为中文时，是中国哲学中最适合对应的概念。"道"具包容性，囊括形下与形上，在未能造出更适合表达佛学"菩提"之词时，可以用"道"贯通佛教义理与儒、道概念。可正因为"道"所具之包容性，如不结合上下文语境来具体分析，则难以区分"道"所表达之确切含义，将动词之道、表道路之道或者是"道"所代表的不同修行法门混为一谈。严格来说，佛教用"道"之义与道教之"道"不同，体用各别，名同实异，因此，虽同用"道"来表达形上之真义，佛教与道教不同。

南齐·张融《门论》谈到：

---

① 《广弘明集》卷八，《大正藏》第52册，第139页中—下。

> 吾门世恭佛，舅氏奉道。道也，与佛逗极无二，寂然不动，致本则同，感而遂通，达迹成异，其犹乐之不涨，不隔五帝之秘礼之，不袭三皇之圣，岂三与此皆殊时，故不同其风异世，故不一其义。安可辄驾庸愚，诬谲神极。吾见道士与道人战儒墨，道人与道士狱是非，昔有鸿飞天道，积远难亮，越人以为凫，楚人以为乙，人自楚越，耳鸿常一鸿乎！夫澄本虽一，吾自俱宗，其本鸿迹既分，吾已翔其所集，汝可专遵于佛迹，而无侮于道。①

张融在给周颙的书信中，言其家世奉佛教，母族奉道教，在他看来，佛教与道教就终极本体"道"来说，并无二致；从"鸿迹"显现方面，又有不同。就称呼而言，佛教修行者称为"道人"，道教称为"道士"。

再看释僧顺《释三破论十九条》：

> 论云："道者，气。"释曰："夫道之名，以理为用，得其理也，则于道为备，是故沙门号曰'道人'。"阳平呼曰："道士、释圣，得道之宗，彭、聃居道之末。得道宗者，不待言道而道自显；居道之末，者常称道而道不足。譬如仲尼博学不以一事成名，游夏之徒全以四科见目。"庄周有云："生者，气也，聚而为生，散而为死。"就如子言，道若是气，便当有聚、有散、有生、有死，则子之道是生灭法。②

在南北朝时期，时人已对"道"进行了不同层次的区分。在"道者，气"中的道，表达了生灭的概念，适用于生成论；在"夫道之名，以理为用"中的道，则具有形上本体的意义，适用于本体论。沙门之所以被称为

---

① 《弘明集》卷六，《大正藏》第52册，第38页下。
② 《弘明集》卷八，《大正藏》第52册，第53页下。

"道人"，在于其得形而上之"道"。在此段中，以"道士"、"释圣"称呼道教修行者和佛教僧人，与上段对应之"道士"、"道人"比较，可以看出对佛教僧人的称谓有所发展，对"道"，或对"圣"给予了充分强调，以此喻指佛教与道教和儒家在最终旨趣上的一致。此或为用"道人"格义"释圣"的原因之一。

实际上，"道人"不仅指僧人，也指道士。《六臣注文选》注"道人读丹经，方士炼玉液"[①]一句时，李善云："道人，方术之士。"将道人与方术联系起来。此"道人"在李善的理解中即是道士。又，《释名疏证补》释"书尽边，徐引笔书之如画者也"句时注：

> 王启原曰："《齐书·符瑞志》，建元元年，有司奏，掘得泉中，得银木简，长一尺广二寸。"隐起文曰："卢山道人张陵再拜谒诣。"《起居》又引宋均注云："张陵佐封禅，一云陵仙人也，宋均魏博士，此或其纬，注文若陵为仙人，则即道家之张道陵，皆汉人也。此汉人之式，仅存者六朝时道人，谓僧汉时盖为道释通称。"[②]

此即说表明，"道人"为对汉朝佛教与道教僧尼道士的统称。

在道教构建的伦理理论体系里，道人居于其序列当中：

> 德有厚薄，神有清浊……或为小人，或为君子，变化分离，剖判为数等，故有道人、有德人、有仁人、有义人、有礼人。敢问彼人何行而名号殊，谬以至于斯？庄子曰："虚无无为，开导万物，谓之道人；清静因应，无所不为，谓之德人；兼爱万物，博施无穷，谓之仁人；理名正

---

① 《六臣注文选》卷第三十一，四部丛刊景宋本。
② (汉) 刘熙：《释名疏证补》卷六，清经训堂丛书本。

实，处事之义，谓之义人；谦退辞让，敬以守和，谓之礼人。"凡此五人，皆乐长生，尊厚德贵，高名任其聪明，道其所长，归其所安。①

在庄子以"道人"、"德人"、"仁人"、"义人"、"礼人"进行分类的标准之中，"道人"居其首，体现出道家对"道"、"德"、"仁"、"义"、"理"的认同和排序。另外，道教经典《太平经》也对修道人作出层次区分，道人为其中之一：

六极天地之间何者最善？三万六千天地之间，寿最为善，故天第一，地次之，神人次之，真人次之，仙人次之，道人次之，圣人次之，贤人次之。此八者，皆与皇天心相得，与其同意并力，是皆天人也。②

在道教的等级序列中，天之下为地，地之下为神人，神人之下为真人，真人之下为仙人，仙人之下即是道人。呈现出从"天"→"地"→"神人"→"真人"→"仙人"→"道人"→"圣人"→"贤人"的递降排序。其中，"道人"排在"仙人"之下，又列于"圣人"和"贤人"之上，也就将"道"列于"圣贤"之上。实际上，形而上之"道"，也为儒家所重视，不仅出现在经典中，也在官职设置系统当中体现了对"道"的重视，如《周礼疏》录：

保氏下大夫一人，中士二人，府二人，史二人，胥六人，徒六十人。保，安也，以道安人者也。《书叙》曰："周公为师，召公为保，相成王为，左右圣贤。"兼此官也。

---

① （汉）严遵：《道德指归论》卷一，明津逮秘书本。
② 《太平经》钞丁部卷四，明正统道藏本。

"保氏"作为一种官职，体现了"保，安也，以道安人也"之义：

> 释曰："保氏在此者，以其佐师氏教国子，亦是教官，故在此既与师氏同教国子。官与府史别者，以其教国子虽同，馆舍别所，故置官有异。……"释曰："云以道安人者也，者人则是国子也。"案其职云掌教国子，以道人有道则安，故云以道安人者也。此师氏、保氏皆称氏者，案郑下注云："官有世功，则以官族。此二官父祖以来，皆以道教国子，世为师氏、保氏之官，则赐之以氏，曰师氏、保氏，自此已下官称氏者，皆此类也。"[①]

此即是说，能称为"氏"者，代表家传三代以来均以道教授国子。保氏和师氏做为官职名，列于教育体系当中，体现了教授人为官有道，能以道安人、教人的特点。

三、《道行般若经》以"道行"为名的原因

最后，要解决为何中国最早翻译的般若类经典以"道行"为名的问题。僧叡在《小品序》中写到：

> 章虽三十，贯之者道；言虽十万，倍之者行。行凝然后无生，道足然后补处，及此而变一切智也。《法华》镜本以凝照，《般若》冥末以解悬。解悬理趣，菩萨道也；凝照镜本，告其终也。终而不泯，则归途扶疏，有三实之迹；权应不夷，则乱绪纷纶，有惑趣之异。是以《法华》、《般若》相待以期终，方便、实化冥一以俟尽。论其穷理尽性，夷明万

---

① （汉）郑玄：《周礼疏》附释音周礼注疏卷第九，清嘉庆二十年南昌府学重刊宋本十三经注疏本，《中国基本古籍库》版。

行，则实不如照；取其大明真化，解本无三，则照不如实。是故叹深则《般若》之功重，美实则《法华》之用微。此经之尊，三抚三嘱，未足惑也。①

"道"与"行"贯通《道行般若经》（《小品般若经》）全篇，行而无生，得一切智，得"一生补处菩萨"果。此为三乘同归之深义，菩萨度众之因缘，开权显实之法门。在一定意义上，般若经中的"道"也就是"菩萨道"。又，《肇论疏》：

> 《道行》者，《小品般若》也。叡法师《小品序》云："章虽三十，贯之者道；言虽十万，佩（倍）之者行。行凝然后无生，道足然后补处也。及此而变一切智也。"②

唐·元康认同并引述了僧叡的观点，认为三十章的《道行般若经》，以"道"贯通全篇，体现了"行"的特点，并在"行"的基础上体悟"无生"，成就一切智。

再来看《魏书·释老志》中"道"之意义：

> 诸服其道者，则剃落须发，释累辞家。结师资，遵律度，相与和居，治心修净，行乞以自给，谓之沙门。或曰桑门，亦声相近也，其根业各差，谓之三乘。声闻、缘觉及以大乘，取其可乘运以至道为名也。③

① （东晋）僧叡：《小品经序》，《出三藏记集》卷八，《大正藏》第55册，第54页下。
② （唐）元康：《肇论疏》，《大正藏》第45册，第167页下。
③ 《魏书·释老志》，《广弘明集》卷二，《大正藏》第52册，第101页中。

此段中，出现两处"道"。第一处"服其道者"中的"道"，主要表示佛教的修行体系；第二处"乘运以至道"中的"道"，主要表示三乘归一的佛道，也是佛教修行的最终目的，即得成佛道。那么，道和行又是什么关系呢？东晋人道安在《阴持入经序》中谈到：

> 十二因缘讫，净法部者，成四信也。其为行也，唯神矣，故不言而成；唯妙矣，故不行而至。统斯行者，则明白四达，立根得眼，成十力子。绍胄法王，奋泽大千，若取证，则拔三结，住寿成道，径至应真。此乃大乘之舟撵，泥洹之关路。[①]

此段中，"行"、"四达"、"道"与"路"依次出现，其中，"四达"既表达了明白通达的概念，也与"四衢道"相联系。道是所行之道，行为道之所行。佛经是语言有限性和思维无限性的辩证统一，引领阅读者进入无限的思考和体验。

就"道"之本义来说，为人所行之道，"行"的甲骨文字形，也表现为交道四通的"四衢道"，由此推之，在路的意义上，"道"与"行"互训。再参考《说文解字注》：

> 道，所行道也。《毛传》每云："行，道也。"道者人所行，故亦谓之行。道之引伸为道理，亦为引道。[②]

---

① （东晋）释道安：《阴持入经序》，《出三藏记集》卷六，《大正藏》第55册，第44页下—第45页上。

② 《说文解字注》，第134页，"道"字条下录：从辵首。首者，行所达也。首亦声，徒晧切，古音在三部。一达谓之道。《释宫》文：行部称"四达谓之衢"，九部称"九达谓之馗"。按，许三称，当是一例。当作"一达谓之道，从辵首。道，人所行也，故从辵。"此犹上文逢，人所登，故从辵也。自逢以下字，皆不系于人，故发其例如此。许书多经浅人改窜，遂不可读矣。

此即是说：道，行也。道为人所行之道，进而言之，引申为"道理"，使具有形而上的意义。这一形上之道，也体现于"行"中。

最后，结合"道"在《道行般若经》全文中所出现的全部用法，笔者认为，《道行般若经》贯之以一道，即佛道：

> 是时释提桓因在大会中坐，作是念："菩萨行，十方天下人无有能过者，何况自到至佛乎？十方人道难得，既得寿为安隐，有一发意行佛道者难得，何况至心行佛道者乎？欲为十方天下人作导首，是人难得。"①

学佛的终极目的是成佛，心行佛道，利益十方。佛教以《道行般若经》为名，以佛道贯通全文，既说明了行动的重要性，更以"道"之名，融摄、吸收中国传统文化，奠定了中国佛教发展的基础。

---

① 《道行般若经》卷八，《大正藏》第8册，第465页下。

第四章 "格义"视域下释
"怛萨阿竭阿罗诃三耶三佛"

在佛经翻译史上，"怛萨阿竭阿罗诃三耶三佛"有过多种音译和意译的选择，译词变化的深层原因，乃是文明对话与文化传承过程中，语义解构、重组、生成与完善的要求，在语言角度得以体现。这不仅是翻译标准顺应语境变化和译者对文本尽善的追求，也是文本生命延续与发展的结果。本章主要以《道行般若经》为第一译本的历代异译般若类经中的"怛萨阿竭阿罗诃三耶三佛"的不同译词为例，探讨"佛"在中国文化翻译选择与佛教解释体系中完善的过程，并从此分析佛教"格义"的原因与过程。

第一节 历代异译"怛萨阿竭阿罗诃三耶三佛"

一、问题的提出

佛教义理中，"怛萨阿竭阿罗诃三耶三佛"（即"如来至真等正觉"）与"阿耨多罗三藐三菩提"（即"无上正等正觉"）是两个非常重要的概念，历史上对这两个概念的理解并不完全一致。梁朝僧佑《出三藏记集》指出："旧经'怛萨阿竭阿罗诃三耶三佛'，新经'阿耨多罗三藐三菩提'"①，此即表明在译经初期，

---

① 《出三藏记集》卷十，《大正藏》第55册，第70页上。苏晋仁、萧鍊子点校本《出三藏记集》（中华书局，1995年版）据《智升录》（《开元释教录》），认为此处有脱落，将此条改为："旧经怛萨阿竭阿罗诃三耶三佛，新经多陀阿伽度阿罗诃三藐三佛陀；旧经阿耨多罗三耶三菩提，新经阿耨多罗三藐三菩提。"

"阿耨多罗三藐三菩提"译为"怛萨阿竭阿罗诃三耶三佛"。一个多世纪后，唐朝释智升在《开元释教录》中对僧佑的判断提出质疑，认为"《佑录》（《出三藏记集》）所撰条例可观，若细寻求，不无乖失。只如第一卷"前后出经异记"中，旧经"怛萨阿竭阿罗诃三耶三佛"，新经"阿耨多罗三藐三菩提"者，一误。若新旧相对应云：旧经"怛萨阿竭阿罗诃三耶三佛"，新经"多陀阿伽度阿罗诃三藐三佛陀"；旧经"阿耨多罗三耶三菩"，新经"阿耨多罗三藐三菩提"，"二义全殊，不可交互"①。此论断亦为《贞元新定释教目录》所引用。玄应《一切经音义》卷九释《放光般若经》第四卷录："怛萨阿竭阿罗诃三耶三佛"，"《大品经》作'多他阿伽度阿罗诃三藐三佛陀'同一名也。此即'十号'中'三号'也，但犹梵音轻重耳。多陀阿伽度，此云如来；阿罗诃，此云应供；三藐三佛陀，此云正遍知也"②。玄应认为，因为翻译时出于对梵音轻音、重音与汉语发音对应的选择，东汉译"怛萨阿竭阿罗诃三耶三佛"，姚秦时改为"多他阿伽度阿罗诃三藐三佛陀"。

这一问题延续到现代，2011年，刘敬国《系统中的风格——〈小品般若经〉六种汉译本翻译风格研究》附录四"佛教词汇释义表"中，"阿罗诃三耶三佛：见'阿耨多罗三藐三菩提'条"；"阿耨多罗三藐三菩提（Anuttrara~samyak~sambodhi）：又译作阿惟三佛、阿罗诃三耶三佛，意译为无上正等正觉、正真道最正觉，即真正平等觉知切真理的无上智慧"③。他认为"阿罗诃三耶三佛"、"阿耨多罗三藐三菩提"、"无上正等正觉"、"正真道最正觉"是同一概念。

如要回答以上争论，明确东汉《道行般若经》中"怛萨阿竭阿罗诃三耶三佛"，是后译为梁朝僧佑所言"阿耨多罗三藐三菩提"（无上正等正觉），还

---

① 《开元释教录》卷十，《大正藏》第55册，第575页上。
② 慧琳：《一切经音义》卷九，《大正藏》第54册，第357页上。
③ 刘敬国：《系统中的风格——〈小品般若经〉六种汉译本翻译风格研究》，上海：上海交通大学出版社，2011年，第185—186页。

是唐朝释智升所言"多陀阿伽度阿罗诃三藐三佛陀"<small>（如来至真等正觉）</small>，其变化的原因和轨迹如何，还需深入经典考证。

二、在般若类经典中的不同翻译

1.《道行般若经》

《道行般若经》中"怛萨阿竭阿罗诃三耶三佛"与"怛萨阿竭"、"怛萨阿竭陀"、"阿耨多罗三耶三菩"、"阿耨多罗三耶三菩阿惟三佛"、"阿惟三佛"同指佛。其中，"怛萨阿竭"为"怛萨阿竭阿罗诃三耶三佛"的省略用法，"阿惟三佛"为"阿耨多罗三耶三菩阿惟三佛"的省略用法。使用"阿耨多罗三耶三菩阿惟三佛"时，强调佛慧；使用"怛萨阿竭阿罗诃三耶三佛"时，强调已成就之状态，如下例所录：

> 拘翼，怛萨阿竭阿罗呵三耶三佛萨芸若成，是身出见，怛萨阿竭从何法中学得阿耨多罗三耶三佛？[1]
>
> 是菩萨随怛萨阿竭教者，是即为作知佛功德所生，自然及其相法所有，持是福作劝助，因其劝助自致得阿耨多罗三耶三菩。菩萨摩诃萨作是施者，无有过上，终不离怛萨阿竭阿罗呵三耶三佛。[2]
>
> 弥勒菩萨摩诃萨作阿耨多罗三耶三菩阿惟三佛时，亦当于是处说般若波罗蜜。[3]
>
> 何谓是怛萨阿竭之所报恩者？怛萨阿竭为从是衍得阿耨多罗三耶三菩，成阿惟三佛，皆从是衍为无所著，以是故现于报恩。[4]
>
> 须菩提白佛言："般若波罗蜜甚深，难晓难了难知，如我念是中慧，求阿耨多罗三耶三菩易得耳。何以故？无所有，当何从得阿耨多罗三耶

---

[1] 《道行般若经》卷三，《大正藏》第8册，第432页上。
[2] 《道行般若经》卷三，《大正藏》第8册，第439页上。
[3] 《道行般若经》卷三，《大正藏》第8册，第443页中。
[4] 《道行般若经》卷五，《大正藏》第8册，第450页中。

三菩,诸法皆空,索之了不可得,当作阿惟三佛。"①

久远已来人所因缘想中,求得阿耨多罗三耶三菩为说经,当使远是因缘,守空三昧、守无想三昧、守无愿三昧,向泥洹门,皆不中道取证。菩萨如是念久远人,呼常有想,常有安想,常有我想,常有好想,各各本。我作阿耨多罗三耶三菩时,用人故为说经,使断有想,有安想,有我想,有好想,悉断求。②

是彼菩萨作是念:"或我受决,如过去怛萨阿竭阿罗诃三耶三佛授我阿耨多罗三耶三菩阿惟三佛,是阿耨多罗三耶三菩所念悉净洁故。设我当作阿耨多罗三耶三菩阿惟三佛,所念皆净洁,是阿耨多罗三耶三菩,却阿罗汉心,却辟支佛心。设却阿罗汉心以,设却辟支佛心以,阿耨多罗三耶三菩会当作佛,不得不作佛。阿耨多罗三耶三菩当作佛者,十方阿僧祇刹现在诸佛,无不知者、无不见者、无不证者。今怛萨阿竭阿罗诃三耶三佛,悉知我所识念,我审当作阿耨多罗三耶三菩阿惟三佛。"③

佛语须菩提:"为学萨芸若,如是学为学般若波罗蜜,如是学为学怛萨阿竭陀,为学力,为学无所畏,为学诸佛法。"④

2.《大明度无极经》

《大明度无极经》中,"怛萨阿竭阿罗诃三耶三佛"采用意译,译为"如来无所著正真道最正觉"或"如来至真等正佛",如下例所录:

善业曰:"是菩萨大士受拜于往昔如来至真等正佛者,乃行斯定。"⑤

---

① 《道行般若经》卷五,《大正藏》第8册,第454页上。
② 《道行般若经》卷七,《大正藏》第8册,第458页下。
③ 《道行般若经》卷七,《大正藏》第8册,第459页下—460页上。
④ 《道行般若经》卷八,《大正藏》第8册,第464页下。
⑤ 《大明度无极经》卷一,《大正藏》第8册,第480页上。

佛告诸天子："诚然。昔锭光如来无所著正真道最正觉时有宫，宫中有是经，我时持之。锭光佛受我决言：'若后当为人中持，悉逮佛智，作佛，名能儒如来无所著正真道最正觉。'"①

3.《放光般若经》

《放光般若经》中，音译与意译混杂，"怛萨阿竭阿罗诃三耶三佛"与"如来无所著等正觉"、"阿惟三佛"、"三耶三佛"、"阿耨多罗三耶三菩阿惟三佛"同指佛。其中，"三耶三佛"为"怛萨阿竭阿罗诃三耶三佛"的省略用法；"阿惟三佛"为"阿耨多罗三耶三菩阿惟三佛"的省略用法，如下例所录：

> 须菩提，譬如怛萨阿竭阿罗诃三耶三佛六情无所有。菩萨行般若波罗蜜，其义亦如是。②
>
> 无所有者，亦不自念恶、亦不念他人恶、亦不念两恶。至得阿耨多罗三耶三佛，观众生之意。何以故？学是术故。过去当来今现在诸如来无所著等正觉，悉从是术中自致得阿惟三佛。③
>
> 新学菩萨于诸十方无央数佛如来无所著等正觉及诸弟子所作功德，及诸刹利、梵志大姓，及四天王、首陀会诸天所作功德，皆劝助之，持是劝助功德求阿耨多罗三耶三菩，其功德最上无过者。④
>
> 须陀洹、斯陀含、阿那含、阿罗汉、辟支佛道、三耶三佛道皆从般若波罗蜜中出生，过去当来今现在诸佛皆从深般若波罗蜜中出生，自致得

---

① 《大明度无极经》卷二，《大正藏》第8册，第483页中—下。
② 《放光般若经》卷三，《大正藏》第8册，第17页中。
③ 《放光般若经》卷七，《大正藏》第8册，第45页下—46页上。
④ 《放光般若经》卷八，《大正藏》第8册，第58页上。

成阿耨多罗三耶三菩阿惟三佛。①

如来无所著等正觉成阿耨多罗三耶三菩时，说是诸法之如。②

菩萨如是施者，疾得阿耨多罗三耶三菩；作是恭敬承事师者，疾可得闻般若波罗蜜沤惒拘舍罗。过去诸如来无所著等正觉皆悉如是，舍意布施，得般若波罗蜜沤惒拘舍罗，成阿惟三佛。③

4.《光赞经》

《光赞经》中，音译与意译同时使用，"怛萨阿竭阿罗诃三耶三佛"与"多阿竭阿罗诃三耶三佛"、"阿惟三佛"、"如来至真等正觉"、"如来阿罗呵三耶三佛"同指佛，如下例所录：

宝事如来阿罗呵三耶三佛告普明菩萨曰："往。善男子，汝知是时。"④

南方去此江河沙等最极边际，有佛世界，名曰离一切忧，其佛号无忧首多阿竭阿罗呵三耶三佛。⑤

须陀洹、斯陀含、阿那含、阿罗汉、辟支佛、菩萨、怛萨阿竭阿罗诃三耶三佛智慧，计此一切所有智慧，无所破坏、无所诤讼，而无所起，自然为空。⑥

诸佛告曰："有佛号名释迦文尼怛萨阿竭阿罗呵三耶三佛，出舌本光明之德，各照十方江河沙等诸佛国土，是其威曜。"……于时诸天上及诸

---

① 《放光般若经》卷十一，《大正藏》第8册，第76页上—中。
② 《放光般若经》卷十一，《大正藏》第8册，第77页中。
③ 《放光般若经》卷二十，《大正藏》第8册，第145页下。
④ 《光赞经》卷一，《大正藏》第8册，第148页中。
⑤ 《光赞经》卷一，《大正藏》第8册，第148页下。
⑥ 《光赞经》卷一，《大正藏》第8册，第152页下。

菩萨，各各赍持香花杂香捣香，各各供养奉散<u>如来至真等正觉</u>上。^①

须菩提，声闻、辟支佛上至<u>怛萨阿竭</u>亦无所有，萨芸若亦无所有，一切诸法亦无所有，是故摩诃衍覆护不可计无央数阿僧祇人。^②

过去当来今现在十方世界诸<u>怛萨阿竭阿罗诃三耶三佛</u>，皆因般若波罗蜜得<u>阿耨多罗三耶三菩</u>，逮成<u>阿惟三佛</u>。^③

5.《摩诃般若钞经》

《摩诃般若钞经》中，"怛萨阿竭阿罗诃三耶三佛"与"怛萨阿竭"、"怛萨阿竭阿惟三佛"、"阿耨多罗三耶三菩阿惟三佛"、"阿惟三佛"、"如来"同指佛，"怛萨阿竭"即"如来"即"本无"，如下例所录：

须菩提报释提桓因："无有作者，何所有人？正使<u>怛萨阿竭阿惟三佛</u>寿如恒边沙劫，说有人生者灭者。"^④

释提桓因报言："<u>怛萨阿竭</u>从般若波罗蜜学，得<u>阿耨多罗三耶三菩</u>，自致成<u>阿惟三佛</u>。"^⑤

何所过去当来今现在佛功德？当云何劝助作福，成得<u>阿耨多罗三耶三菩</u>？是菩萨随<u>怛萨阿竭</u>教者，是即为作智，佛功德所生自然，及其想法所有，持是福作劝助，因其劝助自致得<u>阿耨多罗三耶三菩</u>。^⑥

佛言："云何，须菩提！知随<u>怛萨阿竭</u>教？"须菩提复言："如<u>怛萨阿竭</u>

---

① 《光赞经》卷一，《大正藏》第8册，第161页下—162页上。
② 《光赞经》卷八，《大正藏》第8册，第203页中。
③ 《光赞经》卷九，《大正藏》第8册，第209页下。
④ 《摩诃般若钞经》卷一，《大正藏》第8册，第513页中。
⑤ 《摩诃般若钞经》卷二，《大正藏》第8册，第514页中。
⑥ 《摩诃般若钞经》卷三，《大正藏》第8册，第520页下—521页上。

本无,是为怛萨阿竭教。诸过去当来现在悉为本无。"①

舍利弗白佛言:"我念佛之所说,其离般若波罗蜜沤和拘舍罗者,便不能自致阿耨多罗三耶三菩。若有菩萨摩诃萨欲得阿耨多罗三耶三菩阿惟三佛者,当黠学般若波罗蜜沤和拘舍罗。"②

以如来本无者,即曰怛萨阿竭教,怛萨阿竭者即是本无。当来亦本无,过去亦本无,现在亦本无。以随过去本无,怛萨阿竭教是为本无。"③

佛言:"若火悉为消灭去者,知是菩萨摩诃萨受决,以为过去怛萨阿竭阿罗诃三耶三佛之所,受阿耨多罗三耶三菩,知是为阿惟越致。"④

6.《小品般若波罗蜜经》

《小品般若经》译中,"怛萨阿竭阿罗诃三耶三佛"译为"如来应供正遍知"或"阿耨多罗三藐三菩提",如下例所录:

时燃灯佛记我于来世,过阿僧祇劫,当得作佛,号释迦牟尼如来、应供、正遍知、明行足、善逝、世间解、无上士、调御丈夫、天人师、佛世尊。⑤

萨陀波仑言:"是人当为我说般若波罗蜜方便力,我随中学,当得阿耨多罗三藐三菩提金色之身、三十二相、常光、无量光、大慈大悲、大喜大舍……"⑥

---

① 《摩诃般若钞经》卷四,《大正藏》第8册,第525页上。
② 《摩诃般若钞经》卷四,《大正藏》第8册,第525页下—526页上。
③ 《摩诃般若钞经》卷四,《大正藏》第8册,第525页中。
④ 《摩诃般若钞经》卷五,《大正藏》第8册,第533页上。
⑤ 《小品般若波罗蜜经》卷二,《大正藏》第8册,第541页下。
⑥ 《小品般若波罗蜜经》卷十,《大正藏》第8册,第582页中—下。

7.《摩诃般若波罗蜜经》

《摩诃般若波罗蜜经》中，"怛萨阿竭阿罗诃三耶三佛"译为"多陀阿伽度阿罗诃三藐三佛陀"，如下例所录：

> 诸出家、在家菩萨及诸童男童女，各各以善根福德力故，得供养释迦牟尼佛多陀阿伽度阿罗诃三藐三佛陀。①
>
> 是时然灯佛记我当来世过一阿僧祇劫当作佛，号释迦牟尼多陀阿伽度、阿罗诃、三藐三佛陀、毗侈遮罗那、修伽度、路伽惫、无上士、调御丈夫、天人师、佛世尊。②

8.《大般若波罗蜜多经》

《大般若经》中，"怛萨阿竭阿罗诃三耶三佛"译为"三藐三佛陀真如"或"如来应正等觉"，如下例所录：

> (有)世界名曰堪忍，佛号释迦牟尼如来、应、正等觉、明行圆满、善逝、世间解、无上丈夫、调御士、天人师、佛薄伽梵。③
>
> 世尊，由是菩萨摩诃萨故，世间便有如来应正等觉，证得无上正等菩提，转妙法轮度无量众。④
>
> 憍尸迦，菩萨摩诃萨所行般若波罗蜜多，不应于菩萨摩诃萨真如求，不应于三藐三佛陀真如求，不应离菩萨摩诃萨真如求，不应离三藐三佛陀真如求。⑤

---

① 《摩诃般若波罗蜜经》卷一，《大正藏》第8册，第218页中。
② 《摩诃般若波罗蜜经》卷八，《大正藏》第8册，第279页下。
③ 《大般若波罗蜜多经》卷一，《大正藏》第5册，第3页上一中。
④ 《大般若波罗蜜多经》卷一百，《大正藏》第5册，第555页下。
⑤ 《大般若波罗蜜多经》卷九十六，《大正藏》第5册，第534页中。

9.《佛说佛母出生三法藏般若波罗蜜多经》

《佛说佛母出生三法藏般若波罗蜜多经》中,"怛萨阿竭阿罗诃三耶三佛"译为"如来应供正等正觉"。如下所示:

> 若菩萨摩诃萨于三摩地无所行相,彼得如来应供正等正觉与授阿耨多罗三藐三菩提记者……①

三、佛教其他经典中的翻译情况

除以上提到的般若经系统外,笔者依据翻译时间顺序,将出现"怛萨阿竭阿罗诃三耶三佛"异译的经典记录统计如下:

《增一阿含经》译为"多萨阿竭阿罗呵三耶三佛":

> 若多萨阿竭阿罗呵三耶三佛出现世时,无明大暗便自消灭。②

《悲华经》译为:"多陀阿伽度阿罗呵三藐三佛陀":

> 南无莲华尊多陀阿伽度阿罗呵三藐三佛陀!希有世尊!成阿耨多罗三藐三菩提,未久而能示现种种无量神足变化,令无量无边百千亿那由他众生得种善根,不退转于阿耨多罗三藐三菩提。③

《佛说长阿含经》译为"三耶三佛":

---

① 《佛说佛母出生三法藏般若波罗蜜多经》卷一,《大正藏》第8册,第589页上。
② (东晋)僧伽提婆译:《增一阿含经》卷三,《大正藏》第2册,第561页中。
③ (北凉)昙无谶译:《悲华经》卷一,《大正藏》第3册,第167页中。

佛言："如是答，依法顺法，不违也。所以然者？过去三耶三佛与我等，未来与我等，欲使现在有二佛出世，无有是处。"①

《杂阿含经》译为"诸佛世尊阿罗诃三藐三佛陀"：

（阿难）白佛言："世尊，诸佛世尊阿罗诃三藐三佛陀，非无因缘而能发微笑，今佛世尊以何因缘而发微笑？"②

《观世音菩萨授记经》译为"多陀阿伽度阿罗诃三藐三佛陀"：

世尊，我（华德藏菩萨）成佛者，若有女人闻如是法，现转女身；转女身已，当为授记，得阿耨多罗三藐三菩提，号曰离垢多陀阿伽度阿罗诃三藐三佛陀。"③

《佛说转女身经》译为："如来阿罗诃三藐三佛陀"：

时诸比丘语转女身诸菩萨言："汝曹皆是我等大善知识，能教化我等，为众生故发阿耨多罗三藐三菩提心。我等今于佛前发菩提心，愿未来世得成为佛，悉如世尊释迦牟尼如来阿罗诃三藐三佛陀。"④

《佛说大乘十法经》译为"多陀阿伽度阿罗诃三藐三佛陀"：

---

① （后秦）佛陀耶舍共竺佛念译：《佛说长阿含经》卷十二，《大正藏》第1册，第79页上。
② （刘宋）求那跋陀罗译：《杂阿含经》卷二十三，《大正藏》第2册，第161页下。
③ （刘宋）昙无竭译：《观世音菩萨授记经》卷一，《大正藏》第12册，第357页下。
④ （刘宋）昙摩蜜多译：《佛说转女身经》卷一，《大正藏》第14册，第920页下。

佛语阿难："过去此王舍城耆阇崛山中，有佛名曰善胜调伏<u>多陀阿伽度阿罗诃三藐三佛陀</u>说法。"[①]

《胜天王般若波罗蜜经》译为"如来应供正遍知"：

西方去此过十恒河沙世界，有佛国土名曰婆婆，佛号释迦牟尼<u>如来</u>、<u>应供</u>、<u>正遍知</u>、明行足、善逝、世间解、无上士、调御丈夫、天人师、佛世尊，今欲为诸菩萨说摩诃般若波罗蜜，以是因缘放此光明。[②]

《金刚般若波罗蜜经》译为"多陀阿伽度阿罗诃三藐三佛陀"、"如来"、"真如"：

由实无有法如来所得名<u>阿耨多罗三藐三菩提</u>，是故然灯佛与我授记作如是言："婆罗门，汝于来世当得作佛，号释迦牟尼<u>多陀阿伽度阿罗诃三藐三佛陀</u>。"何以故？须菩提，<u>如来者真如别名</u>。[③]

《杂宝藏经》译为"如来阿罗诃三藐三佛陀"：

帝释白佛言："我昔从宿旧所闻，<u>如来阿罗诃三藐三佛陀</u>出现世间，诸天众增长，阿须伦众减少。"[④]

《起世经》译为"如来阿罗呵三藐三佛陀"：

---

① （梁）僧伽提婆译：《佛说大乘十法经》卷一，《大正藏》第11册，第770页上。
② （陈）月婆首那译：《胜天王般若波罗蜜经》卷一，《大正藏》第8册，第687页下。
③ （北魏）留支译：《金刚般若波罗蜜经》，《大正藏》第8册，第760页上。
④ （北魏）吉迦夜、昙曜译：《杂宝藏经》卷六，《大正藏》第6册，第476页下。

尔时有迦叶如来阿罗呵三藐三佛陀，出现世间，菩萨于彼修行梵行，生兜率天。①

《佛本行集经》译为"多陀阿伽度阿罗诃三藐三佛陀"：

有一如来，号曰善思多陀阿伽度阿罗诃三藐三佛陀。于彼佛所，弥勒菩萨，最初发心，种诸善根，求阿耨多罗三藐三菩提。②

《起世因本经》译为"如来阿罗诃三藐三佛陀"：

彼时有迦叶如来阿罗诃三藐三佛陀，出现世间，菩萨于彼修行梵行，生兜率天。③

《添品妙法莲华经》译为"多陀阿伽度阿罗诃三藐三佛陀"：

华光如来过十二小劫，授坚满菩萨阿耨多罗三藐三菩提记，告诸比丘："是坚满菩萨次当作佛，号曰华足安行多陀阿伽度阿罗诃三藐三佛陀。"④

再有，《佛说阿弥陀三耶三佛萨楼佛檀过度人道经》译为"三耶三佛

---

① （隋）阇那崛多等译：《起世经》卷十，《大正藏》第1册，第364页上。
② （隋）阇那崛多译：《佛本行集经》卷一，《大正藏》第3册，第656页中。
③ （隋）达摩笈多译：《起世因本经》卷十，《大正藏》第1册，第419页上。
④ （隋）阇那崛多、笈多译：《添品妙法莲华经》卷二，《大正藏》第9册，第144页中。

檀"①;《佛说慧印三昧经》译为"多陀竭阿罗诃三耶三佛"②;《尊婆须蜜菩萨所集论》译为"多萨阿竭阿罗诃三耶三佛"③;《佛说灌顶十二万神王护比丘尼经》译为"多陀阿伽度阿罗诃三藐三佛陀"④;《十诵律》译为"多陀阿伽度阿罗诃三藐三佛陀"⑤;《菩萨从兜术天降神母胎说广普经》译为"多萨阿竭阿罗呵三耶三佛陀"⑥;《佛说观弥勒菩萨上生兜率天经》译为"多陀阿伽度阿罗诃三藐三佛陀"⑦;《佛说广博严净不退转轮经》译为"诸佛阿罗诃三藐三佛陀"⑧;《萨婆多部毗尼摩得勒伽》译为"如来阿罗呵三藐三佛驮"⑨;《阿毗达摩俱舍论》译为"多他阿伽睹婆伽婆阿罗诃三若三佛陀"⑩;《佛说立世阿毗论》译为"多陀阿伽度阿罗诃三藐三佛陀"⑪;《正法念处经》译为"如来世尊阿罗呵三藐三佛陀"⑫;《大云轮请雨经》译为"如来应供正遍知三藐三佛陀"⑬;等等。

第二节 异译原因探析

一、异译分类

根据上文提及的"怛萨阿竭阿罗诃三耶三佛"异译差别,笔者分别从

---

① (吴)支谦译:《佛说阿弥陀三耶三佛萨楼佛檀过度人道经》卷二,《大正藏》第12册,第316页下。

② (吴)支谦译:《佛说慧印三昧经》卷一,《大正藏》第15册,第461页上。

③ (苻秦)僧伽跋澄译:《尊婆须蜜菩萨所集论》卷五,《大正藏》第28册,第761页中。

④ (东晋)帛尸梨蜜多译:《佛说灌顶十二万神王护比丘尼经》卷二,《大正藏》第21册,第499页中。

⑤ (后秦)弗若多罗译:《十诵律》卷二十一,《大正藏》第23册,第149页下。

⑥ (后秦)竺佛念译:《菩萨从兜术天降神母胎说广普经》卷二,《大正藏》第12册,第1023页中。

⑦ (刘宋)沮渠京声译:《佛说观弥勒菩萨上生兜率天经》卷一,《大正藏》第14册,第420页中。

⑧ (刘宋)智严译:《佛说广博严净不退转轮经》卷三,《大正藏》第9册,第264页上。

⑨ (刘宋)僧伽跋摩译:《萨婆多部毗尼摩得勒伽》卷五,《大正藏》第23册,第594页上。

⑩ (陈)真谛译:《阿毗达摩俱舍论》卷十四,《大正藏》第28册,第256页下。

⑪ (陈)真谛译:《佛说立世阿毗论》卷一,《大正藏》第32册,第177页上。

⑫ (元魏)般若流支译:《正法念处经》卷二十二,《大正藏》第17册,第128页下。

⑬ (唐)不空译:《大云轮请雨经》卷一,《大正藏》第19册,第488页中。

"怛萨阿竭"、"阿罗诃"、"三耶三佛"的不同音译与意译进行分类考察：

第一，"怛萨阿竭"有8种译法，其中音译7种，意译1种，并4种对应解释，如下所录：

（1）译为"怛萨阿竭"的有支娄迦谶（月氏）《道行般若经》（179，洛阳）；无罗叉（于阗）《放光般若经》（280，陈留）；竺法护（月支）《光赞经》（286，长安）；昙摩蜱（罽宾）《摩诃般若钞经》（382，长安）。

（2）译为"怛萨阿竭陀"的有《道行般若经》。

（3）译为"多阿竭"的有《光赞经》。

（4）译为"多陀竭"的有（吴）支谦（月支）《佛说慧印三昧经》（建康）。

（5）译为"多萨阿竭"的有（苻秦）僧伽跋澄（罽宾）《尊婆须蜜菩萨所集论》长安；（后秦）竺佛念《菩萨从兜术天降神母胎说广普经》（长安）；（东晋）僧伽提婆（罽宾）《增一阿含经》（长安）。

（6）译为"多陀阿伽度"的有（后秦）鸠摩罗什（龟兹）《摩诃般若波罗蜜经》（399～416，长安）；（后秦）弗若多罗（罽宾）《十诵律》（长安）；（北凉）昙无谶（中天竺）《悲华经》（姑臧）；（东晋）帛尸梨蜜多（龟兹）《佛说灌顶十二万神王护比丘尼经》（建康）；（刘宋）昙无竭《观世音菩萨授记经》（建康）；（刘宋）沮渠京声译《佛说观弥勒菩萨上生兜率天经》（建康）；（梁）僧伽婆罗（扶南）《佛说大乘十法经》（建康）；（陈）真谛（西天竺）《佛说立世阿毗论》（广州）；（北魏）菩提流支（北印度）《金刚般若波罗蜜经》（洛阳）；（隋）阇那崛多（犍陀罗）《佛本行集经》（长安）；（隋）阇那崛多（中印度摩伽陀）、笈多译《添品妙法莲华经》（长安）。

（7）译为"多他阿伽睹"的有（陈）真谛（印度优禅尼）《阿毗达摩俱舍论》（广州）。

（8）译为"如来"的有（吴）支谦《大明度无极经》（222～231，建康）；（后秦）鸠摩罗什《小品般若经》（408，长安）；（北凉）昙无谶《优婆塞戒经》；（刘宋）僧伽跋摩（印度）《萨婆多部毗尼摩得勒伽》（建康）；（刘宋）昙摩蜜多（罽宾）《佛说转女身经》（建康）；（北魏）《金刚般若波罗蜜经》；（北魏）吉迦夜（西域）、昙曜译《杂宝藏经》（大同）；（隋）阇那崛多《起世经》（长安）；（隋）达摩笈多（南印度）

《起世因本经》（长安）；（唐）玄奘《大般若经》（长安）；（唐）不空（北天竺）《大云轮请雨经》（长安）；（宋）施护（北印度）《佛说佛母出生三法藏般若波罗蜜多经》（汴梁）。

（9）释为"无上"的有《大明度无极经》。

（10）释为"诸佛世尊"的有（刘宋）求那跋陀罗（中天竺）《杂阿含经》（建康）。

（11）释为"如来世尊"的有（北魏）般若流支（南印度）《正法念处经》（邺）。

（12）释为"诸佛"的有（刘宋）智严《佛说广博严净不退转轮经》（建康）。

第二，"阿罗诃"有6种译法。其中音译2种，意译4种。如下所录：

（1）译为"阿罗呵"的有《道行般若经》、《光赞经》、《摩诃般若钞经》、《增一阿含经》、《悲华经》、《萨婆多部毗尼摩得勒伽》、《观世音菩萨授记经》、《菩萨从兜术天降神母胎说广普经》、《佛说转女身经》、《优婆塞戒经》、《正法念处经》、《起世经》。

（2）译为"阿罗诃"的有《道行般若经》、《佛说慧印三昧经》、《光赞经》、《放光般若经》、《钞经》、《尊婆须蜜菩萨所集论》、《摩诃般若波罗蜜经》、《十诵律》、《佛说灌顶十二万神王护比丘尼经》、《金刚般若波罗蜜经》、《佛本行集经》、《起世因本经》、《杂阿含经》、《杂宝藏经》、《悲华经》、《佛说观弥勒菩萨上生兜率天经》、《佛说广博严净不退转轮经》、《佛说大乘十法经》、《阿毗达摩俱舍论》、《添品妙法莲华经》。

（3）译为"至真"的有《大明度无极经》。

（4）译为"无所著"的有《大明度无极经》、《放光般若经》。

（5）译为"应供"的有《小品般若波罗蜜经》、《佛说佛母出生三法藏般若波罗蜜多经》、《胜天王般若波罗蜜经》、《大云轮请雨经》。

（6）译为"应"的有《大般若经》。

第三，"三耶三佛"有12种译法。其中音译6种，意译6种。如下所录：

（1）译为"三耶三佛"的有《道行般若经》、《佛说慧印三昧经》、《放光般若经》、《光赞经》、《摩诃般若钞经》、《尊婆须蜜菩萨所集论》、《佛说长阿含经》。

（2）译为"三耶三佛檀"的有《佛说阿弥陀三耶三佛萨楼佛檀过度人道经》。

（3）译为"三耶三佛陀"的有《菩萨从兜术天降神母胎说广普经》。

（4）译为"三藐三佛驮"的有《萨婆多部毗尼摩得勒伽》。

（5）译为"三藐三佛陀"的有《摩诃般若波罗蜜经》、《十诵律》、《佛说灌顶十二万神王护比丘尼经》、《金刚般若波罗蜜经》、《起世经》、《佛本行集经》、《起世因本经》、《杂阿含经》、《增一阿含经》、《菩萨从兜术天降神母胎说广普经》、《悲华经》、《佛说转女身经》、《佛说观弥勒菩萨上生兜率天经》、《佛说广博严净不退转轮经》、《观世音菩萨授记经》、《优婆塞戒经》、《佛说大乘十法经》、《阿毗达摩俱舍论》、《正法念处经》、《添品妙法莲华经》、《大般若经》。

（6）译为"三若三佛陀"的有《阿毗达摩俱舍论》。

（7）译为"等正佛"的有《大明度无极经》。

（8）译为"正真道"的有《大明度无极经》。

（9）译为"正遍知"的有《小品般若波罗蜜经》、《胜天王般若波罗蜜经》。

（10）译为"正等正觉"的有《摩诃般若波罗蜜经》。

（11）译为"正等觉"的有《大般若经》。

（12）译为"正遍知三藐三佛陀"的有《大云轮请雨经》。

二、异译原因分析

以上所录"怛萨阿竭阿罗诃三耶三佛"(tathāgate～arhat～samyaksaṃbuddha) 历代异译的原因，笔者试从两方面分析：第一，音译的变化；第二，意译的演变。

首先，就音译的变化来说，如以时间为序，"怛萨阿竭"(tathāgate) 音译依次为"怛萨阿竭"→"怛萨阿竭陀"→"多陀竭"→"多阿竭"→"多萨阿竭"→"多陀阿伽度"→"多他阿伽睹"，分别译为四音节、三音节或五音节；(arahā, arhat) 译为"阿罗诃"→"阿罗呵"；"三耶三佛"(samyaksam～bodhism, samyak～saṃbuddha) 音译依次为："三耶三佛"→"三耶三佛檀"→"三耶三佛陀"→"三藐三佛驮"→"三藐三佛陀"→"三若三佛陀",译为四音节或五音节,以东晋十六国为分界。

如以译本来源及主译籍属考虑,译为"怛萨阿竭"、"三耶三佛"的译本多来自于阗,主译也为籍属月支和于阗的僧人;译为"多萨阿竭"的主译为罽宾僧人;译为"多陀阿伽度"、"三耶三佛陀"的为龟兹与北印度僧人,译本或从当地带入中国。

如以译本翻译地区考虑,东晋以前长安、洛阳等地译为"怛萨阿竭"、"三耶三佛",十六国长安译为"多萨阿竭"、"三耶三佛"或"三耶三佛陀"、"三藐三佛陀",十六国长安、洛阳、建康等地译为"多陀阿伽度"、"三藐三佛陀"。其中,以东晋十六国异译最多,译者或直接从梵文翻译,也不排除在参考前译前提下,选择更适合当地文化语言的可能性①。

综上所述,笔者认为,音译的变化表现在五方面:一是从"怛"到"多";二是从"萨"到"陀";三是从"竭"到"伽度";四是从"耶"到"藐";五是从"佛"到"佛陀"。这几个音呈现出韵尾丢失,圆音变化;由单音节向双音节发展;由重唇音向轻唇音分化的趋势,这些变化主要发生在东

---

① 笔者认为,译词差别的原因主要有三:第一,梵本(或胡本)的来源地不同,因而原本语言有差异。第二,同一原本在胡、梵流传时也可能因特定的语言环境不同发生变化。如(宋)法云《翻译名义集》卷一,《大正藏》第54册,第1056页所录:"秦楚之国,笔聿名殊,殷夏之时,文质体别。况其五印度别,千载日遥,时移俗化,言变名迁。遂致梁唐之新传,乃殊秦晋之旧译。苟能晓意,何必封言,设筌虽殊,得鱼安别。"第三,译者的选择。如梁武帝《注解大品序》(《出三藏记集》卷七,《大正藏》第55册,第54页中)录:"此经东渐,二百五十有八岁,始于魏甘露五年,至自于阗,叔兰开源,弥天导江,鸠摩罗什澍以甘泉,三译五校,可谓详矣。"道安《摩诃钵罗若波罗蜜经抄序》,《出三藏记集》卷八录:"天竺沙门昙摩蜱执本,佛护为译,对而捡之,慧进笔受,与《放光》、《光赞》同者,无所更出也。其二经译人所漏者,随其失处,称而正焉,其义异不知孰是者,辄并而两存之,往往为训其下。"

晋十六国时期,变化的原因之一为对传入外域语言的借鉴与吸收①。

其次,从意译与解释的变化来看,以"怛萨阿竭"为例,与"怛萨阿竭"位置相同处依次为"如来"→"无上"→"诸佛"→"诸佛世尊"→"如来世尊";"阿罗诃"依次为:"至真"→"无所著"→"应供"→"应";"三耶三佛"依次为:"正真道"→"等正佛"→"正遍知"→"正等正觉"→"正等觉"。从此段显示的变化轨迹也可看出,与音译变化有迹可寻相反,意译解释时出现词组位置相同,但释义略有差别的状况。"如来"、"应供"、"正遍知"、"无上士"、"世尊"都是"佛"的号,以上佛号组合时音译、意译混杂,未严格限定位置与关系。

在东晋十六国之前翻译的经典中,不仅音译与意译相互影响,如"怛萨阿竭阿罗诃三耶三佛"常常译成"如来阿罗诃三耶三佛";而且在同一部经典中,译者对音译、意译的选择也不十分确定,音译、意译同时出现,体现了翻译标准尚未完善的状况②。正如《放光经记》所录:

---

① 笔者按:鉴于《摩诃般若波罗蜜经》、《杂阿含经》、《佛说转女身经》、《佛说大乘十法经》等东晋以降所译经典中,"佛"与"佛陀"在同一句中出现,笔者认为,从"佛"变化为"佛陀",从一个音节译为两个音节,原因之一为翻译的原始语言差别,原因之二为译者的选择,但也不排除受到外域轻唇音影响的可能,因为唐朝"佛"字已作为反切上字使用,如慧琳《一切经音义》录《大唐三藏玄奘法师本传》中"汾"为佛闻反;《大般涅槃经音义》中"梵"为佛反。季羡林《浮屠与佛》认为"佛"与"浮屠"的来源不同。他谈到"佛"字梵文原文是Buddha,在焉耆文(吐火罗文A)里变成了Ptāñkät,到龟兹文变成了pūd或pud,到焉耆文变成了pūt。Pūd、pud和pät是清音,我们中文里面的"佛"字就是从pūd、pud(或pät)译过来的,与"佛"字读音的芳味反或乎味反(p'iw d)正相当。《再谈"浮屠"与"佛"》则认为"佛"字的对音来源有极大可能就是浊音。回鹘文的"佛"字就作but,是浊音。回鹘文中还有一个与梵文Buddha相当的字:bur,相当于吐火罗文A的Ptāñkät。回鹘文中的梵文Buddha变成but,然后又由but变为bur。大夏文中与梵文Buddha对应的字有两个章节,是汉文音译"浮屠"的来源;其他伊朗族的文字中,与Buddha对应的字只有一个音节,是汉文音译"佛"字的来源(《季羡林文集》第七卷:佛教,江西教育出版社,1998年)。

② 笔者认为,造成同一译者或同一经典中,对音译与意译的不同选择,不仅与主译有关,也与参与翻译工作的其他翻译人员的选择有关,乃翻译标准不一的表现。

沙门竺法寂来至仓垣水北寺求经本，写时捡取现品五部并胡本，与竺叔兰更共考挍书写，永安元年四月二日讫。于前后所写校最为差定，其前所写，可更取校。晋胡音训，畅义难通，诸开士、大学文生书写供养，讽诵读者，愿留三思，恕其不逮也。①

竺叔兰所译《放光般若经》虽已参照、比较前译，又有胡本作为参考，仍觉未达原意，故知翻译之难。

再考察"怛萨阿竭阿罗诃三耶三佛"与"阿耨多罗三藐三菩提"的关系。《道行般若经》中，"怛萨阿竭阿罗诃三耶三佛"与"阿耨多罗三耶三佛"同时出现。此一"阿耨多罗三耶三佛"在《放光般若经》、《光赞经》中也以音译形式出现。如以译意观之，即"无上正真道最正觉"。如下所录：

我当成就无央数阿僧祇众生，令得<u>阿耨多罗三耶三佛</u>，亦不当于中住。②

过去<u>诸如来</u>、<u>无所著</u>、<u>等正觉</u>皆由是术得<u>阿耨多罗三耶三佛</u>。③

菩萨摩诃萨行般若波罗蜜，而以微劳得总持门、三昧门，速疾近此<u>怛萨阿竭阿罗呵三耶三菩</u>，一切所生常值见佛，不离诸佛，至逮成<u>阿耨多罗三耶三佛</u>。④

自在所生，所生之处常见现<u>怛萨阿竭阿罗呵三耶三佛</u>，不离般若波罗蜜，是拔地劫中，当得<u>阿耨多罗三耶三佛</u>，得成<u>阿惟三佛</u>。⑤

此间有沙门瞿昙，是释种子，出家学道，剃除须发，服三法衣，今成

---

① 《放光经记》，《出三藏记集》卷七，《大正藏》第55册，第47页下。
② 《放光般若经》卷六，〈大正藏〉第8册，第39页中。
③ 《放光般若经》卷七，《大正藏》第8册，第48页中。
④ 《光赞经》卷一，《大正藏》第8册，第155页上。
⑤ 《光赞经》卷二，《大正藏》第8册，第156页中。

阿耨多罗阿惟三佛。①

　　佛言："如是谦苦，安靖于世，为十方护、为自归、为舍、为度、为台、为导。何等为护？生死勤苦悉护教度脱，是为护。生老病死悉度之，是为自归。得<u>无上正真道最正觉</u>、得<u>如来</u>，为说经，无所著，是为舍。"②

　　佛问女："尔来何愿？"即稽首而对："我闻佛为<u>无上正真道最正觉</u>、道法御、天人师，德如恒沙，智若虚空，六通四达得一切智，势来请尊，愿佛哀我。"③

　　上文例中"怛萨阿竭阿罗呵三耶三菩"似为"怛萨阿竭阿罗呵三耶三佛"的误写。早期翻译经典中，"阿耨多罗三藐三菩提"、"三耶三佛"、"怛萨阿竭"所指均为佛，如下三例所示：

《杂阿含经》：

　　如净众生，如是未度彼岸者令度，得阿罗汉、得辟支佛、得<u>阿耨多罗三藐三菩提</u>，亦如上说。④

《放光般若经》：

　　须陀洹、斯陀含、阿那含、阿罗汉、辟支佛道、<u>三耶三佛</u>道皆从般若波罗蜜中出生。⑤

---

① （后秦）竺佛念译：《鼻奈耶》卷八，《大正藏》第24册，第885页中。
② 《大明度无极经》卷四，《大正藏》第8册，第493页中。
③ 《女人求愿经》，载（吴）康僧会译《六度集经》卷六，《大正藏》第3册，第38页上—中。
④ 《杂阿含经》卷二十四，《大正藏》第2册，第176页上。
⑤ 《放光般若经》卷十一，《大正藏》第8册，第76页上—中。

《光赞经》：

> 须菩提，声闻、辟支佛上至<u>怛萨阿竭</u>亦无所有。①

另外，在"阿耨多罗三藐三菩提"指佛的情况下，"如来"、"应供"、"正遍知"等指佛的名号。如下所示：

> 其后（宝藏）长大，剃除须发法服出家，成<u>阿耨多罗三藐三菩提</u>，还号宝藏<u>如来</u>、<u>应供</u>、<u>正遍知</u>、明行足、善逝、世间解、无上士、调御丈夫、天人师、佛世尊。②
>
> 宝藏如来即与五人授阿耨多罗三藐三菩提记："手龙！汝于来世贤劫之中，当得成佛，号坚音如来，十号具足。……"③

再看佛教经典对"佛"的定义：

> 长者答言："有沙门瞿昙，是释种子，于释种中剃除须发，着袈裟衣，正信非家，出家学道，得<u>阿耨多罗三藐三菩提</u>，是名为<u>佛</u>。"④
>
> 须菩提，般若波罗蜜即是本无。<u>怛萨阿竭</u>因般若波罗蜜，自致成<u>阿耨多罗三耶三佛</u>，照明持世间，是为示现。<u>怛萨阿竭</u>因般若波罗蜜，悉知世间本无无有异。如是，须菩提，<u>怛萨阿竭</u>悉知<u>本无</u>，尔故号字为佛。⑤
>
> 佛言："如是，诸天子。诸法无所从生，为随<u>怛萨阿竭</u>教。随怛萨阿

---

① 《光赞经》卷八，《大正藏》第8册，第203页中。
② 《悲华经》卷二，《大正藏》第3册，第175页下。
③ 《悲华经》卷六，《大正藏》第3册，第202页中。
④ 《杂阿含经》卷二十二，《大正藏》第2册，第157页下。
⑤ 《道行般若经》卷五，《大正藏》第8册，第450页上。

　　竭教是为本无，本无亦无所从来，亦无所从去。怛萨阿竭本无，诸法亦本无；诸法亦本无，怛萨阿竭亦本无。"①

　　上述文字表明，得"阿耨多罗三藐三菩提"者为"佛"，"怛萨阿竭"知"本无"，号字为"佛"，在成佛的意义上，"阿耨多罗三藐三菩提"、"怛萨阿竭"与"本无"相即。

　　以上在对"怛萨阿竭"进行解释时，东汉与西晋所译经典借用了中国道家"无"与"自然"的概念：如《道行般若经》与《摩诃般若抄经》中，用"本无"解释"怛萨阿竭"，一方面使"本无"有了本体论意义，建立了佛教本体论的雏形；另一方面，也在究极意义上，对现象的"常"、"有"、"生"进行否定，同时否定了"有"的来、去，所以"怛萨阿竭"即是"如来"，超越有起灭的"生"，达到"无所起灭"、"不来不去"。《光赞经》中，用"自然"解释"怛萨阿竭"，在"无相法"层面，"怛萨阿竭"、"自然"与"空"相即②。再结合《金刚般若波罗蜜经》用"真如"解释"如来"之说，以时间为序，似可排出"怛萨阿竭"="本无"="自然"="如来"="空"="真如"，这一序列显示了佛教名相从音译的"怛萨阿竭"到意译的"如来"，从借用"无"与"自然"等道家概念到形成佛教义理"空"与"真如"的发展轨迹。

　　综上所述，笔者认为，自后汉到东晋，从音译上来说，第一，"怛萨阿竭阿罗诃三耶三佛"与"阿耨多罗三耶三佛"的区分未十分严格；第二，"三耶

---

　　① 《道行般若经》卷五，《大正藏》第8册，第453页中。
　　② 《光赞经》卷八，《大正藏》第8册，第200页上："须陀洹、斯陀含、阿那含、阿罗汉、辟支佛，上至怛萨阿竭阿罗诃三耶三佛生者，则为欲令无相法生。所以者何？须菩提，其三乘者亦复自然，不出三界，萨芸若者则无所住。所以者何？须菩提，阿罗汉者则为自然，自然故空，故曰为空。辟支佛者则为自然，自然故空，故曰为空。怛萨阿竭则为自然，自然故空，故曰为空。须菩提！其有欲令名号生者，则为欲令无相法生。空、无相、无愿亦复如是。"

三佛"与"三耶三菩"有传诵、传抄误写的可能;第三,"三藐三佛陀"与"三耶三菩"也有不区分之例①。从意译和解释上来说,第一,"阿耨多罗三藐三菩提"有时也指佛,第二,佛的名号的意译区分并未严格限定。因此,将"怛萨阿竭阿罗诃三耶三佛"释为佛,译为"无上正等正觉",录成"阿耨多罗三藐三菩提",如非传写错误,则是《出三藏记集》对此一概念未严格限定状态的表述,因而认为旧译的"怛萨阿竭阿罗诃三耶三佛",新译为"阿耨多罗三藐三菩提"②。但是,隋唐以降,对佛教名相的内涵与外延严格限定,"怛萨阿竭阿罗诃三耶三佛"与"阿耨多罗三藐三菩提"确为两词,表示不同意义。这一限定,一定程度上标志着中国佛教语言与哲学体系的完善。

对以上问题的探讨并未过时,现代英译"怛萨阿竭"又发生变化:

*Buddhist Hybrid Sanskrit Grammar and Dictionary*③录:"tathāgate" = "thus gone or come" and "both theories are held";"in Tibet today they commonly accepted interpretation is who goes, or has gone, in the same way, sc. as earlier Buddhas"

《中英佛学辞典》④录:多陀阿伽陀"Tathāgate",指"thus come", or "so come";"It has distant resemblance to Messiah, but means one who has arrived according to the norm. One who has attained the goal(of enlightenment). It is also intp. as 如去";"It is the highest of a Buddha's title",如"tathā多陀"指"so, thus, in such manner, like, as. It is used in the sence of the absolute, the 空

---

① 《翻译名义集》卷一,《大正藏》第54册,第1056页下:"三藐三佛陀,亦云三耶三菩,秦言正遍知。"

② 笔者按:《出三藏记集》对旧、新译划分的标准,约以释道安的《综理众经目录》为依据,故从时间上推论,旧、新经以东晋十六国为分界,上至后汉,下至萧梁。

③ [美]Franklin Edgerton (ed.), Buddhist Hybrid Sanskrit Grammar and Dictionary, Volume Ⅱ, New Haven: Yale University Press, 1953, p248.

④ [英]苏慈尔、[美]赫德士编:《中英佛学辞典》,台北:佛光出版社,1962年,第209—210页。

sūnya, which is 诸佛之实相，the reality of all Buddhas"。另："如来"条录：

"Tathāgate. 多陀阿伽陀"，or "怛他揭多 defined as he who comes as do all other Buddhas; or as he took the 真如 or absolute way of cause and effect, and attained to perfect wisdom; or as the absolute come; one of the highest titles of a Buddha."

《道行般若经词典》中"怛萨阿竭"①解释为"a transliteration of Gāndhārī *tasa～agada（〈Skt. *tathā～āgate）"，编撰者认为其来源于犍陀罗文，意义要小于梵文的 tathāgate。而"阿耨多罗三耶三菩阿惟三佛"②的解释为"attainment of unsurpassed, perfect enlightenment (a transliteration of Skt. Anuttara～samyaksambodhi～abbisam/budb 'to attain unsurpassed, perfect enlightenment')"，可以参考"ZQ.499c7.（疾近）无上正真道最正觉"。"怛萨阿竭"不同于"阿耨多罗三耶三菩阿惟三佛"。由此可知，"怛萨阿竭"的现代英译不仅在翻译中受到使用语言的限制，而且其意义要少于中国佛教经典的解释③，也就是说，此一语义在现代英译过程中发生丢失与变化。

---

① [日]辛嶋静志，*A glossary of Lokak·ema's translation of the A··asāhasrikā Praj.āpāramitā*，（《道行般若经词典》）International Research Institute for Advanced Buddhology, Soka University, 2010, p98.

② [日]辛嶋静志，*A glossary of Lokakṣema's translation of the Aṣṭasāhasrikā Prajñāpāramitā*，（《道行般若经词典》）International Research Institute for Advanced Buddhology, Soka University, 2010, p9.

③ 笔者按：英译着重在对"来"与"去"的翻译，中文含义更为丰富，如《大智度论》卷二十一（《大正藏》第25册，第219页中）释为"如三世十方诸佛，身放大光明，遍照十方，破诸黑闇；心出智慧光明，破众生无明闇冥；功德、名闻亦遍满十方，去至涅槃中；此佛亦如是去，以是故亦名'多陀阿伽度'。"《翻译名义集》（《大正藏》第54册，第1056页下）释"无虚妄为如来"，此"梵语'多陀阿伽陀'，亦云'怛闼阿竭'，后秦翻为'如来'。《金刚经》云：'无所从来，亦无所去，故名如来。'此以法身释。《转法轮论》云：第一义谛名'如'，正觉名'来'，此以报身释。《成实论》云：乘如实道，来成正觉，故名'如来'。此约应身释。"庾信：《庾子山集注》卷十三，清文渊阁四库全书本："'如来'，佛号。佛有十种名称功德，'如来'十号之一也，梵云'多陀阿伽陀'亦云'怛闼阿竭'，后秦翻为'如来'，恒沙喻多也。《维摩经》曰：名为'多陀阿伽度'。肇曰：秦言'如来'，亦云'如去'，如法而来，如法而去，古今不改，千圣同辙，故名'如来'，亦名'如去'。什曰：'多陀阿伽度'秦言'如来'，亦言'如去'，如法知，如法说，故名如也。诸佛以安隐道来此，佛亦如是来彼，佛安隐去此，佛亦如此去也。竺道生注曰：如者，谓无复有如之理从此中来，故曰'如来'。谢灵运《金刚般若经注》曰：诸法性空，理无乖异，谓之为如，会如解故，名'如来'。"

三、"佛"对中国文化的吸收与融摄

佛教传入中国早期，时人曾用周公、孔子来解释佛，认为"佛"为尊称，如同中国所称的"三皇"、"五帝"一样：

> 问曰："何以正言佛？佛为何谓乎？"牟子曰："佛者，号谥也，犹名三皇神、五帝圣也。佛乃道德之元祖，神明之宗绪，佛之言觉也，恍惚变化，分身散体，或存或亡，能小能大，能圆能方，能老能少，能隐能彰，蹈火不烧，履刃不伤，在污不辱，在祸无殃，欲行则飞，坐则扬光，故号为佛也。"[①]

在牟子看来，佛之所以被称作"佛"，是"号谥"，与"三皇神"、"五帝圣"的号谥所表达的意义相同。佛既是道德的"元祖"，也是神明的"宗绪"，具变化、分身、飞行、发光等"神通"。此神通或也是时人认为道教、佛教同属方术类的原因之一。

从觉悟者和圣人的角度来说，佛与中国的圣人无二，东汉楚王刘英就"诵黄老之微言，尚浮屠之仁慈"，并且：

> 周孔即佛，佛即周孔，盖外内名之耳，故在皇为皇，在王为王。佛者梵语，晋训觉也，觉之为义，悟物之谓，犹孟轲以圣人为先觉，其旨一也。应世轨物，盖亦随时，周孔救极弊，佛教明其本耳，共为首尾其致不殊，即如外圣有深浅之迹。[②]

"周孔即佛，佛即周孔"用互训的方法，将佛、周公、孔子等同起来，

---

① 《牟子理惑论》，《弘明集》卷一，《大正藏》第52册，第2页上。
② 《喻道论》，《弘明集》卷三，《大正藏》第52册，第17页上。

在此意义上，在"旨一"的基础上，时人认为佛、周公、孔子不异：

> 夫佛也者，体道者也；道也者，导物者也。应感顺通，无为而无不为者也。无为故虚寂自然，无不为故神化万物。万物之求，卑高不同，故训致之术，或精或麤；悟上识则举其宗本。①

从"道"的角度理解，佛为体道者，体到无为之道，体到了天道。正如印度佛陀释迦牟尼，具足道德，可谓"仁"，因此，佛陀译为"能仁"：

> 释迦能仁处娑婆以接物。②
> 齐高帝勅代昙度为僧主，丹阳尹沈文季素奉黄老，排嫉能仁。③
> 夫释迦者，译云能仁，言德充道备，堪济万物也。④

南北朝时期，时人多以"黄老"指道教，"浮屠"、"能仁"指佛教。"能仁"的特点，在于以"仁"统摄了"德"与"道"，这在一意义上，将儒家和佛教结合在了一起，将佛与圣人关联在一起。并且，佛不仅是"能仁"，也是"能儒"，因儒者的特点在于"仁"。

佛也曾译为"释迦文"，《普耀经》中佛说：

> 昔锭光佛时莂我为佛，名释迦文。今果得之，从无数劫勤苦所求，适今成耳。自念宿命诸所施为，道德慈孝仁义礼信，忠正守真虚心学圣，柔弱净意行六度无极，布施、持戒、忍辱、精进、一心、智慧，行四等

---

① 《喻道论》，《弘明集》卷三，《大正藏》第52册，第16页中。
② （唐）慧净：《阿弥陀经义述》卷一，《大正藏》第37册，第307页中。
③ 《高僧传》卷八，《大正藏》第50册，第376页上。
④ （唐）法琳：《破邪论》，《大正藏》第52册，第489页上。

心慈悲喜护，四思随时，养育众生如爱赤子，承事诸佛积德无量，累劫勤苦功不唐捐，今悉获之。①

"释迦文"不仅谓"道"、"德"、"慈"、"孝"、"仁"、"义"、"礼"、"信"，且"忠正"、"守真"、"虚心"、"学圣"，足具"布施"、"持戒"、"忍辱"、"精进"、"一心"、"智慧"等六度万行，以四无量心爱护众生，积累了无量功德。唐·道宣云：

> 上根者修六度进万行，拯度亿流，弥历长远，登觉境而号为佛也。本号释迦文，此译能仁，谓德充道备，戡济万物也，降于天竺迦维罗卫国王之子，生于四月八日夜，从母右胁而出，姿相超异者三十二种，天降嘉瑞亦三十二而应之。②

生在人间而为王子，出生时天示祥瑞之相，长成后具备三十二种殊胜相貌，在登觉境而成佛的过程中救渡无数世人，此即"释迦文"佛。《翻译名义集》对此名号进行了解释：

> 释迦文。《净名疏》云："天竺语释迦为能，文为儒，义名能儒。"③

编撰者总结，"释迦"为印度语，其意义为"能"，"文"在中国语境中即为"儒"，"儒"则"文"且"仁"，所以"释迦文"也可译为"能儒"。

吉藏认为"能仁"有特定指称，专指释迦牟尼：

---

① （西晋）竺法护译：《普耀经》卷六，《大正藏》第3册，第522页下—523页上。
② 《续高僧传》卷二，《大正藏》第52册，第101页中。
③ 《翻译名义集》卷一，《大正藏》第54册，第1057页下。

释迦，能仁也。诸佛各以一德彰号，如弥勒名慈氏，何佛无慈？此即以慈为名，名曰慈氏。释迦能仁亦如是也。①

《翻译名义集》进一步谈到：

释迦牟尼。《摭华》云："此云能仁寂默。寂默，故不住生死；能仁，故不住涅槃。悲智兼运，立此嘉称。"《发轸》云："《本起经》翻释迦为能仁，《本行经》译牟尼为寂默。能仁是姓，寂默是字，姓从慈悲利物，字取智慧冥理。以利物故，不住涅槃；以冥理故，不住生死。"长水云："寂者，现相无相；默者，示说无说，此则即真之应也。"②

此即是说，"释迦牟尼"也译为"能仁寂寞"，能仁是姓，寂寞是字。笔者认为，此一译名兼具了儒家与道家的意蕴，"能仁"代表儒家的物点；将"牟尼"译为"寂寞"，就为佛教加上了一层道家的意味。通过这一译名，体现了早期佛教在中国传播过程中借用儒、道概念，用儒、道解释佛教的特点。

前文已明，佛不仅具"仁"、"文"的特点，最重要的还是"觉"，对于何谓觉，《放光般若经》云：

须菩提白佛言："世尊！云何为佛？"佛言："以道觉故言佛。又，须菩提！逮审谛法，法觉故言佛。超越审谛法故，故名为佛。又，须菩提！真觉诸法故名为佛。"须菩提言："世尊！觉者为何谓？"佛言："以空法觉，以如觉，以法觉，但以字为名。须菩提！觉之义是不可断义，如及

---

① 吉藏：《仁王般若经疏》卷一，《大正藏》第33册，第321页上。
② 《翻译名义集》卷一，《大正藏》第50册，第1059页上—中。

尔一,住无有变易,是故名为觉。又,须菩提!但以名相故名为佛。诸
佛如来之道故,是故名觉。诸佛世尊皆共觉故,故名为觉。"①

觉是诸佛共有的特点,此觉与真、空、不易、不断相即。

随着佛教在中国的传播和发展,佛教信仰者对佛的认知逐渐加深,在对
比各版本音译、意译的基础上,认为佛的含义众多且深远,更高于儒、道中
已定的概述,因此早期对佛的翻译中,与儒、道相似的借用概念,不能确切
表达佛义:

乃谓释迦牟尼此名能仁,能仁之义位卑周孔。②

如继续使用"能仁"译名,世人对佛的理解始终会限制于儒家的观念,
并时常要和周公、孔子进行比较,在这样的情况下,最好的方法是用十个名
号来概括佛的行迹与功德,以确立"佛"。此十名号为:如来、应供、等正
觉、明行足、善逝、世间解、无上士、调御丈夫、天人师、佛、世尊③。
佛教典籍对此十个名号分别解释:

如《涅槃》云:"诸佛所师,所谓法也,则应立教举法为初,何缘垂
训佛居先耶?"释曰:"人能弘道,非道弘人。佛有能演之功,法无自显之

---

① 《放光般若经》卷十六,《大正藏》第8册,第116页中。
② 《翻译名义集·序》,《大正藏》第54册,第1055页上。
③ 笔者按:由如来至世尊,共十一尊号。《瑜伽》、《成实》等,则合无上士与调御丈夫为一号,故
至世尊,刚好十号。《大智度论》等则分无上士与调御丈夫而为二,故至佛正为十号,世尊则为特别的尊
称。因为具有十号之德,为一切世间之所尊敬,所以称为世尊。愚意以为,举佛或薄伽梵,都可以总概括
十号,为十号的总名。如有些经典说如是我闻一时佛在某处等,有些经典则说:如是我闻一时薄伽梵在
某处等。如佛地经云:"佛具十种功德名号,何故如来传教法者,一切经首,但置如是薄伽梵(佛)?谓此
一名,世咸尊重(佛则世人咸知)。又此一名,总摄众德,余名不尔,是故经首,皆置此名。"

力，犹若伏藏藉人指出，故初称佛，然后示法。佛有无量德，亦有无量名，故今此集，先列十号。言十号者，一仿同先迹号，二堪为福田号，三遍知法界号，四果显因德号，五妙往菩提号，六达伪通真号，七摄化从道号，八应机授法号，九觉悟归真号，十三界独尊号。"①

虽至广而言，佛化现无量，佛法亦无量，故佛应有无量名号，但以简而言，上述佛的十个名号从不同方面突出了佛的特点，正如《大智度论》中对"婆伽婆"名号的问答：

> 问曰："婆伽婆正有此一名，更有余名？"答曰："佛功德无量，名号亦无量，此名取其大者，以人多识故。"②

概括来说，此"十号"从"大"的方面概括了佛的功德。

此十号中，首先是"如来"，《翻译名义集》总结：

> 梵语多陀阿伽陀，亦云怛闼阿竭，后秦翻为如来。《金刚经》云："无所从来，亦无所去，故名如来。"此以法身释。《转法轮论》云："第一义谛名如，正觉名来，此以报身释。"《成实论》云："乘如实道，来成正觉，故名如来。"此约应身释。③

"如来"音译主要为"多陀阿伽陀"、"怛闼阿竭"，佛教从法身、报身、应身等三身的角度对"如来"分别进行解释。其中，从法身角度，"如来"与

---

① 《翻译名义集》卷一，《大正藏》第54册，第1056页下。
② 《大智度论》卷二，《大正藏》第25册，第71页中。
③ 《翻译名义集》卷一，《大正藏》第54册，第1056页下。

"如去"同义,表示法身无所不在,"无所从来,亦无所去"的状态;从报身角度,如来是自在、解脱、圆满的佛;从应身角度,有佛示现,故知如来。

第二,"应供":

> 阿罗诃,秦云应供。《大论》云:"应受一切天地众生供养。"亦翻杀贼,又翻不生。《观经疏》云:"天竺三名相近,阿罗诃翻应供,阿罗汉翻无生,阿卢汉翻杀贼。"①

佛号"应供"的音译主要为"阿罗诃",表明了佛除尽一切结使,得无量智慧,应接受一切天地众生的供养的殊胜功德。

第三,"等正觉":

> 三藐三佛陀,亦云三耶三菩,秦言正遍知。《大论》云:"是言正遍知一切法。"什师言:"正遍觉也。"言法无差,故言正;智无不周,故言遍;出生死梦,故言觉。《妙宗》云:"此之三号,即召三德。今就所观义当三谛,正遍知即般若真谛也,应供即解脱俗谛也,如来即法身中谛也。故《维摩》云:"阿难若我广说此三句义。汝以劫寿不能尽受。"②

"等正觉"的音译主要为"三藐三佛陀"、"三耶三菩",也意译为"正遍知"、"正遍觉",表明了知佛法平等、殊胜、不坏、遍及一切的特点。

第四,"明行足":

> 鞞侈遮罗那三般那,秦言明行足。《大论》云:"宿命、天眼、漏尽名

---

① 《翻译名义集》卷一,《大正藏》第54册,第1056页下。
② 《翻译名义集》卷一,《大正藏》第54册,第1056页下—1057页上。

为三明，三乘虽得三明，明不满足。佛悉满足，是为异也。"①

"明行足"音译为"鞞侈遮罗那三般那"，指佛不仅有宿命能、天眼通、漏尽通，更是神通具足。对于何为"通"、"明"，《大智度论》云：

直知过去宿命事，是名通；知过去因缘行业，是名明。直知死此生彼，是名通；知行因缘，际会不失，是名明。直尽结使，不知更生不生，是名通；若知漏尽，更不复生，是名明。"②

那么，对于三乘"明"不能满足的原因，《大智度论》云：

诸阿罗汉、辟支佛宿命智，知自身及他人，亦不能遍；有阿罗汉知一世，或二世、三世、十、百、千、万劫，乃至八万劫，过是以往不能复知，是故不满。天眼明未来世亦如是。佛一念中生、住、灭时，诸结使分，生时如是，住时如是，灭时如是。苦法忍、苦法智中所断结使悉觉了。知如是结使解脱，得尔所有为法解脱，得尔所无为法解脱，乃至道比忍见谛道十五心中。诸声闻、辟支佛所不觉知，时少疾故。如是知过去众生、因缘、漏尽，未来、现在亦如是。是故名佛"明行具足"。③

小乘果位虽知宿命，而所知时间却有限，所以叫不满足，佛全知，即是满足。

第五，"善逝"：

---

① 《翻译名义集》卷一，《大正藏》第54册，第1057页上。
② 《大智度论》卷二，《大正藏》第25册，第71页下。
③ 《大智度论》卷二，《大正藏》第25册，第71页下—72页上。

修伽陀，秦言好去。《大论》云："于种种诸深三摩提、无量智慧中去。"或名修伽度，此云善逝。《菩萨地持经》云："第一上升，永不复还，故名善逝。"①

"善逝"音译为"修伽陀"，指佛的大觉不退转。

第六，"世间解"：

路伽惫。大论云："是名知世间，知二种世间，一众生，二非众生，及如实相。知世间果，世间因，出世间灭，出世间道。"《地持经》云："知世间众生界，一切种烦恼，及清净，名世间解。"②

"世间解"音译为"路伽惫"，显示了佛知一切世间、众生、烦恼与解脱的特点。佛知世间种种相，知法非有常非无常，非有边非无边，非去非不去，如是相亦不着，即是名知世间。

第七，"无上士"：

阿耨多罗，秦云无上。《大论》云："如诸法中涅槃无上，众生中佛亦无上。"《地持经》云："唯一丈夫名无上士。"大经云："有所断者，名有上士；无所断者，名无上士。"③

"无上士"音译为"阿耨多罗"，指佛将众生导至涅槃，佛的境界无出其

---

① 《翻译名义集》卷一，《大正藏》第54册，第1057页上。
② 《翻译名义集》卷一，《大正藏》第54册，第1057页上。
③ 《翻译名义集》卷一，《大正藏》第54册，第1057页上。

上，佛持戒、禅定、智慧，教化众生，一切无有与等者，故言无上。佛法不可破，出一切语言道，亦实清净故，以是故名无上。

第八，"调御丈夫"：

> 富楼沙昙藐娑罗提，秦云可化丈夫调御师。《大论》云："佛以大慈大智故，有时软美语，有时苦切语，有时杂语，令不失道。若言佛为女人调御师，为不尊重，若说丈夫，一切都摄。"①

"调御丈夫"音译为"富楼沙昙藐娑罗提"，指佛用方便法门，化度一切众生的特点。其中，用"丈夫"指代所有的众生。

第九，"天人师"：

> 舍多提婆魔兔舍喃，此云天人教师。《大论》云："佛示导是应作，是不应作；是善，是不善。是人随教行。"又云："度余道众生者少，度天人众生者多。"②

"天人师"指佛教育、化导众生的功德而言，因为人与天人占众生的比重较大，而以"天人师"指代。又因：

> 人中结使薄，厌心易得，天中智慧利，以是故，二处易得道，余道中不尔。复次，言天则摄一切天，言人则摄一切地上生者，何以故？天上则天大，地上则人大。是故说，天则天上尽摄，说人则地上尽摄。

---

① 《翻译名义集》卷一，《大正藏》第54册，第1057页上。
② 《翻译名义集》卷一，《大正藏》第54册，第1057页上。

此即是说,"天人师"中的"天人"不仅指"天"和"人",而是借助其"大"的属性,以此指代万物。

第十,"佛":

> 佛陀。《大论》云:"秦言知者,知过去、未来、现在众生、非众生数,有常、无常等一切诸法,菩提树下了了觉知,故名佛陀。"《后汉书·郊祀志》云:"汉言觉也。"觉具三义:一者自觉,悟性真常,了惑虚妄;二者觉他,运无缘慈,度有情界;三者觉行圆满,穷原极底,行满果圆故。《华严》云:"一切诸法性无生,亦无灭,奇哉大导师,自觉能觉他。"肇师云:"生死长寝,莫能自觉,自觉觉彼者,其唯佛也。"《妙乐记》云:"此云知者、觉者,对迷名知,对愚说觉。"《佛地论》云:"具一切智、一切种智,离烦恼障及所知障,于一切法、一切种相,能自开觉,亦能开觉一切有情,如睡梦觉,如莲华开,故名为佛。"①

"佛陀"在《大智度论》的解释体系中,指在印度成道的释迦牟尼,他于菩提树下晦明生而悟道成佛。但在中文解释系统中,对佛的解释上升为一般,侧重于"觉",突出自觉、觉他、觉行圆满的特点。能自觉、觉他、觉行圆满的都是佛,故有十方三世无量诸佛。

最后来看"世尊":

> 路迦那也(他)。《大论》云翻世尊。《成论》云:"具上九号,为物钦重,故曰世尊。"天上人间所共尊故。此十号义,若总略释,无虚妄名"如来",良福田名"应供",知法界名"正遍知",具三明名"明行足",不还来名"善逝",知众生国土名"世间解",无与等名"无上士",调他心

---

① 《翻译名义集》卷一,《大正藏》第54册,第1057页上—中。

名"调御丈夫"，为众生眼名"天人师"，知三聚名"佛"，具兹十德，名"世间尊"。《涅槃疏》云："《阿含》及《成论》，合无上士与调御丈夫为一号，故至世尊十数方满。"《涅槃》及《大论》，开无上士与调御丈夫为两号。①

在经典解释系统中，对于佛的十个名号有不同的解释，如《阿含经》中，"无上士"和"调御丈夫"为一号，加"世尊"为十号；《涅槃经》中，"无上士"和"调御丈夫"为两个名号，"世尊"总括了佛的十个名号，包含十德。此"世尊"译为"路迦那他"，也译作"婆伽婆"、"婆伽梵"：

婆伽婆。应法师云："薄伽梵总众德，至尚之名也。"《大论》云："一名有德，二名巧分别诸法，三名有名声，无有得名声如佛者，四能破淫怒痴。"新云薄伽梵，名具六义。《佛地论》曰："薄伽梵声，依六义转，一自在，二炽盛，三端严，四名称，五吉祥，六尊贵。"颂曰："自在炽盛与端严，名称吉祥及尊贵，如是六德义圆满，是故彰名薄伽梵。"其义云何？谓如来永不系属诸烦恼，故具自在义，猛焰智火所烧炼故，具炽盛义；妙三十二大士相等所庄饰故，具端严义；一切殊胜功德圆满无不知故，具名称义；一切世间亲近供养咸称赞故，具吉祥义；具一切德，常起方便，利益安乐一切有情，无懈废故，具尊贵义。唐奘法师明五种不翻：一秘密故不翻，陀罗尼是；二多含故不翻，如薄伽梵含六义故；三此无故不翻，如阎浮树；四顺古故不翻，如阿耨菩提，实可翻之，但摩腾已来存梵音故；五生善故不翻，如般若尊重智慧轻浅，令人生敬是故不翻。"②

---

① 《翻译名义集》卷一，《大正藏》第54册，第1057页中。
② 《翻译名义集》卷一，《大正藏》第54册，第1057页中—下。

由上可知，根据玄奘的翻译理论，"薄伽梵"具有多层次的含义，如果意译其中一种含义，就会妨碍对于整体意义的理解，从而造成语义损失，影响对于佛教思想义理的体会。

在另一层意义上，因为生处于无尽的烦恼当中，或能破坏四魔怨故，名薄伽梵。如《摄大乘论释》：

> 薄伽梵者，破诸魔故，能破四种大魔怨故，名薄伽梵。四种魔者，一者烦恼魔，二者蕴魔，三者天魔，四者死魔。依空三摩地，能破烦恼魔一切麁重，转依相住，无量善根随顺证得；或复依止精进慧力，能破蕴魔；依慈等持，能破天魔；依修神足，能破死魔。能破如是四大魔故，名薄伽梵。[1]

"薄伽梵"的名号以音译取代意译，在借用中国概念后又另立其义，表现了佛修习无上胜妙善法，成就无量殊胜功德，具足无限大威势力，能破一切贪、嗔、痴等恶不善法，永尽将来无量生死苦患，利及世间一切人天，为无量众生所恭敬、尊重的特点。

实际上，在中国佛教传播过程当中，"薄伽梵"的含义也多于《翻译名义集》中六个层次的表述，梵语的"路迦那他"(Lokanatha)、"薄伽梵"(Bhagavan)均译为"世尊"，表现出了佛具足一切大功德，有大威神势力，能推伏一切魔军[2]，为一切世间人天之所恭敬尊重的意义。

综上所述，在"佛"的翻译过程中，一度借用中国传统概念，被译为"能仁"、"能文"、"能儒"等，在佛教解释体系完善以后，又与儒家对于圣

---

① （唐）玄奘译：《摄大乘论释》，《大正藏》第31册，第380页中。

② 笔者按，《瑜伽师地论》录："薄伽梵者，坦然安坐妙菩提座，任运推灭一切魔军大势力故。"

人的定义区别开来，确立了佛教的"佛"义。以"怛萨阿竭阿罗诃三耶三佛"的异译为具体之例来看，在历代翻译过程中，译词与目的地语言之间的关系，有音译的异译，有意译的异译，有不同译者的异译，也有同一译者的异译。其中，音译和意译也重新组合、相互影响。经典翻译的异译，其实质在于异质文化交流时的碰撞、互释、吸收、融会与发展，是译者、读者、文本的长期共同作用与文化选择的结果。借由异译体现的文明对话与文化传承，也是文本生命力所在。此即佛教"格义"过程在具体译名上的体现。

第五章　"格义"视域下"五阴"的发展

在中国佛教思想史上，通过翻译和经典诠释，时人借助"格义"方法，用中文词汇解释印度思想，在双向文化交流过程中，碰撞出思想火花，丰富并完善了中国佛教语言哲学体系。在这一过程中，借由中文显现佛教词汇，经过数次翻译选择，从借用概念到理解、体证，勾勒出语义发展的轨迹。如在《道行般若经》中翻译为"五阴"的佛教名相，与其他佛教经典所译之"五众"、"五聚"、"五受阴"、"五阴"、"五聚阴"、"五聚蕴"、"五蕴"等，均为梵文skandha的译词。其中，"五众"、"五聚"为早期译词，南北朝时期为"五阴"所规范，唐朝以降又为"五蕴"所替代。这一从"阴"到"蕴"的转变，有其内在与深层的文化原因，蕴含了佛教"格义"的线索。

第一节　"五阴"的构成与特点

一、"五阴"的构成

般若类经典中，"五阴"是非常重要的事数名相，以内容来分，五阴包含色、受、想、行、识五层结构，囊括了组成世界的物质与精神要素。《道行般若经》云：

> 须菩提言："如是，天中天！菩萨学欲作佛，为学幻耳。何以故？
> 幻者当持，此所有当如，持五阴幻如，色色六衰，五阴如幻，痛痒、思

想、生死、识，作是语字六衰、五阴。"①

《摩诃般若抄经》：

> 须菩提言："如是，天中天！菩萨摩诃萨学欲作佛，为学幻耳。何以故？作幻者持阴色，如幻无所有，色六衰，五阴如幻，痛痒、思想、生死、识，皆空无所有，但有字六衰、五阴耳。"②

此即是说，"五阴"，包括"色"、"痛痒、思想、生死、识"。

佛教"五阴"的说法较为抽象，如不熟悉佛教义理，了解佛教对范畴的划分，则难以理解此事数之义。那么，五阴③由哪些要素构成呢？佛经历代译本中，"五阴"的具体构成，除译为"色、痛痒、思想、生死、识"外，也译为"色、受、想、行、识"④。从翻译年代来看，"色、痛痒、思想、生死、

---

① 《道行般若经》卷一，《大正藏》第8册，第427页上。

② 《摩诃般若抄经》卷一，《大正藏》第8册，第510页上。

③ 笔者按：本文的研究基于《道行般若经》，因此，在分析中以"五阴"为基础。

④ 笔者按：译为"色、受、想、行、识"的主要有：《放光般若经》（西晋·无罗叉译）、《大方广佛华严经》（东晋·佛驮跋陀罗译）、《长阿含经》（姚秦·佛陀耶舍共竺佛念译）、《摩诃般若波罗蜜经》、《小品般若经》（姚秦·鸠摩罗什译）、《十诵律》（姚秦·弗若多罗、鸠摩罗什译）、《菩萨处胎经》、《大方等大集经》（姚秦·竺佛念译）、《杂阿含经》（刘宋·求那跋陀罗译）、《宝云经》（萧梁·曼陀罗仙译）、《胜天王般若波罗蜜经》（南陈·月婆首那译）、《大般涅槃经》（北凉·昙无谶译）、《方广大庄严经》（唐·地婆诃罗译）、《佛本行集经》（隋·阇那崛多译）、《大般若经》（唐·玄奘译）、《仁王护国般若波罗蜜多经》（唐·不空译）、《大宝积经》（唐·菩提流志译）、《根本说一切有部毗奈耶》（唐·义净译）、《佛说佛母出生三法藏般若波罗蜜多经》（宋·施护译）。译为"色、痛痒、思想、生死、识"的主要有：《道行般若经》、《般舟三昧经》（东汉·支娄迦谶译）、《佛说大安般守意经》（东汉·安世高译）、《大明度经》（吴·支谦译）、《光赞经》、《佛说阿惟越致遮经》、《大宝积经》、《佛说阿阇贳王女阿术达菩萨经》（西晋·竺法护译）、《摩诃般若钞经》（姚秦·昙摩蜱、竺佛念译）、《大方等大集经》（高齐·那连提耶舍译）。由上统计可窥，从翻译年代来看，"色、痛痒、思想、生死、识"的翻译要早于"色、受、想、行、识"；"色"与"识"的历代译本一致；"痛痒"、"思想"、"生死"为"受"、"想"、"行"所替代。

识"的翻译要早于"色、受、想、行、识"。其中,"色"与"识"的翻译保留,"痛痒"、"思想"、"生死"为"受"、"想"、"行"所替代。

二、"五阴"的特点

此"五阴"思想传入中国后,时人对此五种"阴"的构成与关系进行了诠释。东晋郗超认为:

> 色、痛痒、思想、生死、识,谓之五阴。凡一物外有形可见者为色,失之则忧恼为痛,得则欢喜为痒,未至逆念为思,过去追忆为想,心念始起为生,想过意识灭为死,曾关于心、戠而不忘为识。识者,经历累劫,犹萌之于怀,虽昧其所由而滞于根,潜结始自毫厘,终成渊岳,是以学者务慎所习。[1]

此"色"为可见之形,因其能见,而或引发见者的各种情绪。"痛"和"痒"属于"受"的范畴,与主体对"色"之得失相关,相对而言,痛指失之忧恼,痒为得之欢喜。"思"与"想"属于"想"的范畴,以时间为标准区分,思指预测未知,想为忆念过往。"生"与"死"组成了过程与序列,属于"行",生谓"起",指示心念动作的开始;死谓"灭",代表此一念已过。"识"指心之全体,具有累积、不失的特点。

南北朝以降,随着时人对佛教理解的加深,对此"五阴"进一步诠释。隋朝慧远《大乘义章》谈到:

> 言五阴者,所谓色、受、想、行、识也。质碍名色,又复形现亦名为色;领纳称受,《毗昙》亦言觉知名受;取相名想,《毗昙》亦言:顺知名想;起作名行;了别名识,《毗昙》亦云分别名识。此之五种,经名为

---

[1] 《奉法要》,《弘明集》卷十三,《大正藏》第52册,第86页下。

阴，亦名为众。聚积名阴，阴积多法，故复名众。

慧远认为，"五阴"中的色，突出了"质碍"与"现形"的特点；受主要指"领纳"与"觉知"；想表示"取相"与"顺知"；行指"起"与"作"；识突出了"了别"与"分别"的特点。五阴以"阴"定其性，旨在凸显"聚"、"积"、"多"之义项，与"众"同。

"五阴"的特点在于觉知、分别和积聚，即使显现为一，也要明白"一"为"众"中的一，"众"为"一"示的众，一众一体，不应割裂。又，五阴：

> 亦云五蕴，谓色、受、想、行、识也。阴以盖覆为义，谓能盖覆出世真明之慧，而增长生死，集散不绝，故名为阴。若具此五，名之为生；若散坏时，名之为死。色者，即质碍之义，谓眼、耳、鼻、舌、身，诸根和合积聚，故名为色。受者，即领纳之义，谓六识与六尘相应，而有六受，和合积聚故名为受。想者，即思想之义，谓意识与六尘相应，而成六想，和合积聚故名为想。行者，即迁流造作之义，谓因意识思想诸尘，造作善恶诸行，和合积聚故名为行。识者，即了别之义。谓以眼、耳、鼻、舌、身、意六种之识，于诸尘境上，照了分别、和合积聚，故名为识。①

此段语境中，经过中国僧人的诠释，增加并突出了"阴"字所蕴含的"盖覆"之义，因此五阴具有两个特点：第一是盖覆，第二是积聚。在五阴的构成要素中，色指眼、耳、鼻、舌、身，因其积累、可见而得名，聚谓生、散谓死；受指与眼、耳、鼻、舌、身、意等六识，与色、声、香、味、

---

① 《四分律名义标释》卷二，《卍续藏经》第44册，第416页中。

触、法等六尘相互作用，因生灭、累积而产生的感受；想指意识与六尘相应生起的思想；行指造作整体；识指六识分别根、尘、境的能力以及能分别与所分别的全体。

三、"五阴"的作用

从集起与对治的角度，《十八空论》分析"五阴"：

> 此谓世入外道显一者执，其谓即身是人，身灭我亡，相堕断见。为破此执，故立五阴。胜智虽有三义，谓多合集别异。三世色心并名为阴，故名为多合集。三世色心同名为阴故，谓合集、色聚、异受，受聚异于想等故，名别异，是名五阴。若解了五阴有此三义，则无一者之执。言三世者，过去已谢，未来未有，现在不住，而以一切内外诸色同名阴也。[1]

此即是说，佛最初说"五阴"的原因，是为了对治当时流行的"身灭我亡"的断见，所以佛从"五阴"角度，将时间从此一生扩展开来，以过去、现在、未来三世展开，人是可见的色与不可见的非色组成的整体。其中，"阴"指一切能集起与所集起的色与非色，具有合集积累、色聚能见、想不即色的特点。从此特点进一步推论，则虽色散而有想集，色与心非即非离，色身非人，色灭不断，身灭我不亡的结论。

"五阴"在佛教义理中属于法的范畴，常与"十二入"、"十八界"对举。《十住毗婆沙论》："法名五阴、十二入、十八界、空、无相、无作等，以正忆念常观此法。"[2]五阴作为抽象的概念，也可以内、外进行区分：

---

① （陈）真谛译：《十八空论》卷一，《大正藏》第31册，第865页上。
② （姚秦）鸠摩罗什译：《十住毗婆沙论》卷二，《大正藏》第26册，第29页上。

有内力、有外力，有内色、有外色，有内识、有外识。能制恶意，是
为内力；能有所作，举重瞋恚，是为外力。痛痒、思想、生死、识是为
内色；地、水、火、风、空是为外色。意念为内识，眼见为外识。[①]

从色法的层面分析，地、水、火、风、空等五大可见可谓外色，受、
想、行、识不可见可谓内色；眼的对象是外色，心意的对象是内色。内色虽不
可见，但极为重要，因此虽然五阴构成要素有色、受、想、行、识五种，与心
相关联的受、想、行、识等无形、无色的方面得到了更多的诠释和重视。《大宝
积经》中，佛为跋陀　波梨分析了无色四阴"受"、"想"、"行"、"识"：

言阴者，云何名阴？一者受，二者想，三者诸行，四者识。此四阴是
无色，言受者即是受用，言想者即是知别乐苦，言诸行者见闻触受，此
名为识，为身作主，能得自在，一切诸物中自在故。[②]

在无色、不见见的"四阴"受、想、行、识中，受侧重于受用，想侧重知
别苦乐，行与运动、接触相联系，识是主导，是依凭，是能得自在的原因。

与"自在"相对的另一面是"苦"，五阴在一定程度上也是人生之苦的主
要原因。安世高译《四谛经》：

贤者！苦生为何等？若是人，彼彼人种，从生增生，以随，以有欲
成。五阴已生，命根已得，是名为生。[③]

---

① （北凉）失译人：《三慧经》，《大正藏》第17册，第703页上。
② （隋）阇那崛多译：《大宝积经》卷一百一十，《大正藏》第11册，第622页下。
③ （东汉）安世高译：《四谛经》，《大正藏》第1册，第814页下。

人身由五阴组成，因为五阴聚集，得成命根，成就生命而有欲望，因而造成生命过程中的诸苦，此也为僧亮所说"生灭聚积名阴，亦是苦义"①的原因之一。《佛说转法轮经》云：

> 何谓为苦？谓生老苦、病苦，忧、悲、恼苦，怨憎会苦，所爱别苦，求不得苦，要从五阴受盛为苦。②

此即是说，人生之苦主要有八种，即生苦、老苦、病苦、死苦、怨憎会苦、爱别离苦、求不得苦、五阴盛苦，若要解脱这八种人生之苦，可以试从五阴法来分析、对治，《佛开解梵志阿颰经》云：

> 而我沙门，亦犹若此，自念生死久系五阴，更苦无量，今得解脱。何谓五阴？一色，二痛，三想，四行，五识，此五覆人，令不见道。沙门自思，觉知无常，身非其身，愚痴意解，心无所著，色阴已除，是第一喜；沙门思念，自见身中五藏不净，贪欲意解、善恶无二，痛阴已除，是第二喜；沙门精思，见恩爱苦、不为漏习、无更乐意，想阴已除，是第三喜；沙门思惟，身口意净、无复喜怒、寂然意定、不起不为，行阴已除，是第四喜；沙门自念、得佛清化、断诸缘起、痴爱尽灭，识阴已除，是第五欢喜也。③

五阴的生灭组成了生死，与生灭的生死相对，即有不生不灭的解脱。从生成的角度分析，五阴覆盖明性，人即执着于可见之"色"，产生了"我"的

① 《大般涅槃经集解》卷三十二，《大正藏》第37册，第486页中。
② （东汉）安世高译：《佛说转法轮经》，《大正藏》第2册，第503页中。
③ （吴）支谦译：《佛开解梵志阿颰经》，《大正藏》第1册，第261页下—262页上。

觉知与分别;"受"有痛、痒之感,引发人的贪欲;"想"进一步增强爱、苦的分别;"行"为因缘造作,由身、口、意业累积;"识"为缘起无明之根本。如能断此五阴,了悟无常,则人生之苦因明矣。如正观五阴生命,进而能体悟佛教缘起性空之说,也是灭苦之途径。《杂阿含经》中,佛对迦叶说:

> 我当正观五阴生灭,六触、入处集起、灭没,于四念处正念乐住,修七觉分、八解脱身作证,常念其身,未尝断绝,离无惭愧,于大师所及大德梵行常住惭愧。①

《增一阿含经》中,佛对多耆奢说:

> 善能观察此五盛阴本,汝今当知,夫为行人当观察此五阴之本,皆不牢固。所以然者,当观此五盛阴时,在道树下成无上等正觉,亦如卿今日所观。②

佛在菩萨树下观十二因缘而悟道,十二因缘之本即五阴之本,缘起而生,缘起而灭,并无实体可得。人生亦如是,非常非无常。《菩萨本行经》:

> 即便剃头而着袈裟,诣于山泽精进坐禅思惟智慧,内解五阴、外了万物皆悉非常,一切受身众苦之器。③

从领悟所受皆苦,有身是苦而能正观五阴,明万物非常的道理,是离苦

---

① (刘宋)求那跋陀罗译:《杂阿含经》,《大正藏》第1册,第303页中。
② (东晋)僧伽提婆译:《增一阿含经》,《大正藏》第2册,第701页下。
③ (东晋)失译人:《佛说菩萨本行经》卷二,《大正藏》第3册,第118页中。

的方式之一。《转法轮经忧波提舍》：

> 所言苦者谓之五阴，五阴苦相是名为苦，彼苦相空通达此空。是名苦智圣谛。彼五阴因爱使见因，是名为集；若不分别、不分别不取、不触、爱因、见因，是名集智圣谛。若彼五阴毕竟尽灭，前际不来，后际不去，中际不得，是名为灭；彼如是知是名灭智圣谛。若道得已，攀缘苦智、集智、灭智、彼平等相彼不二智，是名苦灭道智圣谛。①

从苦、集、灭、道四谛的角度分析五阴，"苦"即是五阴，五阴可谓之苦，因为五阴所示之相为苦；"集"即是五阴，五阴亦是集，因为五阴因贪爱而集；"灭"即是五阴，五阴亦是灭，因为五阴前后不相续为灭；"道"即是五阴，因为五阴亦即空，五阴亦即不分别，五阴平等不二。佛说五阴法有特定的语境，为破"身灭人亡"之断见而说。《般若灯论释》中，解释"若人自作苦，离苦无别人，何等是彼人，言人自作苦"一句时谈到：

> 何等是苦？五阴相。离彼苦阴，无别有人。云何而言？人作于苦。复次若汝执，言人与五阴不一不异者，是义不然。何以故？但于五阴施调达名，无人可得，以缘起故。譬如瓶等，如是第一义中彼人不成，人既不成，无作苦者。②

此即是说，五阴虽即是苦，但从缘起的角度观察五阴，没有恒常不变的"人"，既然没有恒常不变的人，也就没有造作"苦"的主体，从这个意义上说，即是非苦：

---

① （元魏）毗目智仙译：《转法轮经忧波提舍》，《大正藏》第26册，第358页上。
② （唐）波罗颇蜜多罗译：《般若灯论释》卷八，《大正藏》第30册，第89页中。

佛告诸比丘："色非是我，若色是我者，不应于色病、苦生，亦应于色，欲令如是。不令如是，以色无我故。于色有病、有苦生，亦得于色，欲令如是。不令如是，受想行识，亦复如是。色无常，若无常者是苦，若无常苦者，是变易法。多闻圣弟子，于中宁见有我、异我、相在不？"比丘白佛："不也，世尊。""受想行识，亦复如是。是故比丘，诸所有色，若过去、若未来、若现在，若内若外、若麤若细、若好若丑、若远若近，彼一切非我、不异我、不相在，如是观察。受想行识，亦复如是。多闻圣弟子，于此五受阴，非我非我所，如实观察，观察已，于诸世间，都无所取。无所取故，无所著，无所著故，自觉涅槃。我生已尽，梵行以立，所作已办，不受后有。"①

涅槃的境界，是一切烦恼永尽，也即是无所著。

世界万象，物列森然。"五阴"可谓可见世间的构成基础。《胜思惟梵天所问经论》：

梵天言："世间者，我说五阴名为世间者，此中示现五取阴，应知依世间说故。贪著五阴者，贪著是爱也；名为世间集者，以依彼爱世间聚集故，过去、未来、现在诸阴灭故。以未来世阴因尽故，以更不种未来种子故名为灭；观察五阴不见二名为世间灭道者，求道不求道一，二一向不得圣道示现胜故。此明何义？世间对治非一向定，若有对治则能厌苦，若无对治则退彼法。若有一法为对治此法，则不对治余法，若有一法为对治下地，则非上地对治。圣道对治则不如是。以一切时一切法对

治故。"①

在梵天看来，世间万物由五阴组成，此五种成份积累聚集，成为贪爱的
对象。贪爱集、起，影响生命循环，在此基础上，三世五阴灭、未来五阴尽
名为灭；因此，五阴集起名为生，五阴离散为灭。此生灭法都是佛教的对治
法门。一定意义上，世间万物的分别是五阴的分别，《弥勒菩萨所问经论》：

> 分别世间行者，略有二种分别：一者实分别，谓色是可见相，如是
> 等。二者胜分别，即彼色中青黄赤白等。世间者，即五阴烦恼。稠林
> 者，深崄黑闇恐怖可畏，不可观察难见难知。如是菩萨摩诃萨观察自体
> 分别、胜分别、五阴分别，如向所说事中不着。作是思惟。我当云何令
> 众生解。是故偈言：如实知诸法，实胜阴一二，不见众生事，云何化众
> 生？菩萨摩诃萨，修行无漏智，及以功德行，趣于出世道。②

五阴构成世间，众生界即是五阴世界，菩萨化度众生，于五阴世间成就
佛道。《道行般若经》：

> 佛语须菩提："怛萨阿竭持五阴示现世间。"　须菩提言："云何于般若
> 波罗蜜示现五阴？何所是般若波罗蜜示现于五阴者？"佛语须菩提："无所
> 坏者，以是故得示现，亦无无坏而示现。空者无坏亦无有坏，亦无想亦
> 无愿，亦无坏亦无有坏，以是故示现于世间。"③

---

① （元魏）菩提流支译：《胜思惟梵天所问经论》卷三，《大正藏》第26册，第348页上—中。
② （北魏）菩提流支译：《弥勒菩萨所问经论》卷一，《大正藏》第26册，第237页下。
③ 《道行般若经》卷五，《大正藏》第8册，第449页上。

如来虽以五阴显现世间，但从般若波罗蜜观五阴，则呈现出无坏，同时无有坏的特点，也即是"幻"的另一种表达方式。从五阴角度分析，人无真我，只有假我，《成实论》云：

> （《洴沙王迎佛经》）佛语诸比丘："汝观凡夫随逐假名谓为有我，是五阴中实无我无我所。"又说："因五阴故有种种名，谓我、众生、人、天等，如是无量名字，皆因五阴有，若有我者，应说因我。"①

如果真有恒常不变的"我"的主体，则不应说"因五阴故有种种名"而说"因我而有总总名"，因此，假我由五阴组成，五阴离散则无"我"和"我所"。《放光般若经》中，佛告舍利弗：

> 菩萨行般若波罗蜜者，不见有菩萨，亦不见字，亦不见般若波罗蜜。悉无所见，亦不见不行者。何以故？菩萨空，字亦空。空无有五阴。何谓五阴？色阴、痛阴、想阴、行阴、识阴。五阴则是空，空则是五阴。何以故？但字耳。以字故名为道，以字故名为菩萨，以字故名为空，以字故名为五阴；其实亦不生亦不灭，亦无着亦无断。菩萨作如是行者，亦不见生亦不见灭，亦不见着亦不见断。何以故？但以空为法立名，假号为字耳。菩萨行般若波罗蜜，不见诸法之字，以无所见故无所入。②

从空的角度观察五阴，五阴与空相即；从假名的角度分析，空与五阴均为名字；从实相的角度体证，则破除了假名与各种见，不见生灭与非生灭，无所见亦无所入，因此诸法无别：

---

① （姚秦）鸠摩罗什译：《成实论》卷三，《大正藏》第32册，第259页中。
② 《放光般若经》卷一，《大正藏》第8册，第4页下。

诸法亦不去、亦不来、亦无有住处。何以故？五阴性、五阴相、五阴事、五阴如，亦不来、亦不去、亦无住处。眼耳鼻舌身意，色声香味细滑识法、性、如、事、相，亦不来、亦不去、亦无住处。四大，性、如、事、相，识性空，如、事、相，亦不来、亦不去、亦无住处。如、真际、不可思议性，亦不来、亦不去、亦无住处。六波罗蜜，性、如、事、相，亦不来、亦不去、亦无住处。……须菩提！如汝所言，摩诃衍亦不见东西南北、四维上下者，名与三世等，是故为摩诃衍。①

从性、相、事、如四方面分析五阴，都具有不来、不去、无有住处的特点，此即是大乘的境界，名与三世等，也就是无分别。同时，在无别的基础上，五阴也有别与其他佛教事数：

须菩提言："拘翼！菩萨不住五阴有所倚，亦不住六情有所倚。不住于六情有所倚，从三十七品至萨云若皆不住有所倚。从须陀洹至阿罗汉、辟支佛上至佛皆不住有所倚。从五阴至萨云若，是为不住亦无所倚。从须陀洹至佛，亦不住有所倚。"②

认识到五阴、六情、三十七品、萨云若、阿罗汉、辟支佛、佛的分别，最后归于平等的方法之一，在于不住：

佛言："于五阴无有二，至道亦无有二。云何五阴无有二，至道亦无有二？五阴五阴自空。何以故？五阴与诸波罗蜜一法耳，无有二法。

---

① 《放光般若经》卷五，《大正藏》第8册，第32页下。
② 《放光般若经》卷六，《大正藏》第8册，第39页上。

于道亦一法，无有二。是故，阿难，般若波罗蜜于五波罗蜜中最尊，乃至萨云若亦复于中最尊。譬如大地，下五谷种以散其中，随时而生。般若波罗蜜者是地，诸波罗蜜、三十七品至萨云若，皆从其中出生。萨云若者，因般若波罗蜜出生。五波罗蜜者，亦复因萨云若出生。是故，阿难！般若波罗蜜者是五波罗蜜之导。至五波罗蜜、佛十八法，皆随从。"①

五阴与道从名字分别上而言显然是不同的，但实则无分别，因为诸法为一法，无有二法。般若波罗蜜证明了诸法的无分别性，五阴、六波罗蜜、三十七道品、佛十八不共法皆如阿耨多罗三耶三菩，无所住、无所还、无所有，即无所有，即是无常，即是非我。《四分律名义标释》云：

（五阴）亦云五蕴，谓色、受、想、行、识也。阴以盖覆为义，谓能盖覆出世真明之慧，而增长生死，集散不绝，故名为阴。若具此五，名之为生；若散坏时，名之为死。色者，即质碍之义，谓眼、耳、鼻、舌、身诸根和合积聚，故名为色。受者，即领纳之义，谓六识与六尘相应，而有六受，和合积聚故名为受。想者，即思想之义，谓意识与六尘相应，而成六想，和合积聚故名为想。行者，即迁流造作之义，谓因意识思想诸尘，造作善恶诸行，和合积聚故名为行。识者，即了别之义。谓以眼、耳、鼻、舌、身、意六种之识，于诸尘境上，照了分别、和合积聚，故名为识。②

此段语境中，增加并突出了"阴"所蕴含的"盖覆"之义，因此"五

---

① 《放光般若经》卷七，《大正藏》第8册，第49页下。
② 《四分律名义标释》卷二，《卐续藏经》第44册，第416页中。

阴"具有两个主要特点：第一是盖覆，第二是积聚。在"五阴"的构成要素中，色因眼、耳、鼻、舌、身等诸根积累、可见而得名，和合聚集可见时谓生，散则谓死；受指眼、耳、鼻、舌、身、意六识，与色、声、香、味、触、法六尘相互作用，因生灭、累积而有领会、感受；想指意识与色、声、香、味、触、法相应，和合积聚而起的思、想；行指造作，致使善、恶等和合积聚；识指六识了别、分别根、尘、境的能力以及能分别与所分别的全体。

较郗超提到"识"的"累"义而言，慧远与弘赞均点出了"阴"总体具有积、聚的义项，在弘赞看来，"阴"还具有"和合"、"盖覆"之义。

进一步追溯"阴"于佛教教义中的本义，按《杂阿含经》：

> 更有所问："世尊！云何名阴？"佛告比丘："诸所有色，若过去、若未来、若现在，若内、若外，若麤、若细，若好、若丑，若远、若近，彼一切总说阴，是名为阴。受、想、行、识亦复如是。如是，比丘！是名为阴。"①

此即是说，"阴"是"一切总说"，具有"一切"、"总"的特点。以"色"为例，既包括了以过去、现在、未来，内、外，粗、细，好、丑，远、近等作为标准分别的事物，又指超越了所有分别的整体；既在时空之中，又超越了时空；既指具体分类，又抽象而成为一般，表现出由时间的积聚，空间的积聚，具体的积聚，抽象的积聚所体现的全、总的性质，即所谓"积聚"义。以此类推，受、想、行、识亦同。此或可佐证"积"、"聚"是早期佛教"阴"的本义。

---

① 《杂阿含经》卷二，《大正藏》第2册，第14页下。

第二节 "五蕴"替代"五阴"的原因

一、释"阴"

现存佛教经典中,"五阴"与"五蕴"作为skandha的译词并存,其中,"五阴"用于早期佛教译经,自唐玄奘之后,为"五蕴"所替代。要研究这一译词从"阴"到"蕴"转变的原因,需从中国文化入手,分析中文"阴"与"蕴"的语义。

首先来看"阴"。《说文》:

陰,陰,闇也。水之南、山之北也。从𨸏,侌声。

闇,闇,闭门也。从门,音声。

昧,昧,爽,旦明也。从日,未声。一曰闇也。

月,月,阙也。大阴之精。象形。凡月之属皆从月。

魄,魄,阴神也。从鬼,白声。

婚,婚,妇家也。《礼》:娶妇以昏时,妇人阴也,故曰婚。

地,地,元气初分,轻清阳为天,重浊阴为地。万物所陈𠛱也。从土,也声。

荫,荫,艸阴地。从艸,阴声。

情,情,人之阴气有欲者。从心,青声。

综之,"阴"本指山之北、水之南,相对于山之南,水之北来说,此二处的阳光照射较少,故与明相对,表示暗,也可用闭门、昧来形容;由本义引申,又具有荫、地、月、魄、婚、情等义项;进一步引申,也表示鬼、欲、夜、女、幽隐、暗藏、荫翳、荫覆等。

从字形上来看,"阴"小篆为陰、陰,金文为𨸏,表现出大地上的人所感受的阳光因云、气的聚集而减少,从而使周围环境变暗的过程,与"荫"所表达的因为树叶的聚集而使叶下能感受到的阳光减少的状况一致,因此,阴也具有聚集、阴覆的特点。

将"阴"放于中国传统文化语境中考察,此"阴"含义众多,其一为与

"阳"相对，表达了形而上的哲学概念。

《说文》：

𤟇，陽，高、明也。从𨸏，易声。

𢘇，性，人之阳气性善者也。从心，生声。

因此，"阳"为高、明，"阴"指低、暗；"阳"是性，是善，"阴"是情，是欲。进一步推衍，"阳"可象征天、男、刚、太阳、春夏；与之相对，"阴"则象征地、女、柔、月亮、秋冬。

"阴"与"阳"作为对立的概念，在不同的语境中有特定含义。《周易·系辞》载："一阴一阳之谓道。"《老子》载："道生一，一生二，二生三，三生万物。万物负阴而抱阳，冲气以为和。"《春秋繁露·阴阳义第四十九》载："天道之常，一阴一阳。阳者，天之德也；阴者，天之刑也。迹阴阳，终岁之行，以观天之所亲，而任成天之功。"《周易》与《老子》中的"阴"、"阳"表达了抽象的意义，与"道"相合，表示性质互补、相对的两种关系，合而可谓一，分而为阴阳。至《春秋繁露》，东汉董仲舒又将"阳"定为"天之德"，与之相对的"阴"，即为"天之刑"，出现了价值判断。

佛教传入中国后，时人也用阴阳的关系比附佛与道，如《广弘明集》录：

> 《老子·序》云："阴阳之道，化成万物，道生于东，为木阳也；佛生于西，为金阴也。道父佛母，道天佛地，道生佛死，道因佛缘，并一阴一阳不相离也。佛者，道之所生，大乘守善道者，自然无所从生。"[①]

因为道在东方，东在五行中属木，即为阳；佛出于西方，西大五行中属金，即为阴。道与佛的关系如放在中国的五行学说中考察，就是"木"与"金"的关系，也是"阳"与"阴"的关系，因此，道可被视为父、天、

---

① 《广弘明集》卷九，《大正藏》第52册，第146页下。

生、因；佛则被看作母、地、死、缘。参考中古时期中国人的价值判断，可以说天高于地，生大于死，即是道高于佛，"阳"胜于"阴"。

清朝朱骏声在《说文通训定声》中，对历代出现的"阴"字义进行梳理。他认为，"阴"是会意字，指：

> 暗也。山之北，水之南也，从阜，从侌。其中，《易·系辞传》："一阴一阳之谓道。"《春秋繁露·人副天篇》："阴，地气也。周理大司徒曰：西则景朝多，阴疏即雨也。"又《礼记·祭义》："阴阳长短。"疏谓夜也。《大荒北经》："赤水之北有神人，是烛九阴，是谓烛龙，注照九州岛之幽隐也。"……《史记·吕不韦传》："私求大阴人嫪毐为舍人，谓暗藏之形体也，又为荫。"……《释名·释车》："阴，荫也。横侧车前所以荫笭也。又为噤、为瘖、为暗。"《书·洪范》："阴，骘下民。"《释文》："默也。"……《释名·释天》："阴，荫也气，在内奥，荫也。"又《释形体》："阴，荫也，言所在荫翳也。"①

"阴"本义指山之北，水之南，此二处接受的太阳光最少，故为暗。阴也解释为地气、夜、幽隐、暗藏、默、荫翳，均与阳相对。

实际上，在中国传统文化语境中，"阴阳"的含义众多，阳可指天、男、太阳、刚、春夏；与之相对，阴为地、女、月亮、柔、秋冬。如以女、男代表阴、阳，则诠释体系进一步扩大，在佛教的解释系统中，基于阴阳区分的女、男分别，具有一定的象征意义，称为男女表法。《观音义疏》解释：

> 次明修因论男女者，先辩法门，次明与愿。法门者，无明为父，贪爱为母，六根男，六尘女，识为媒嫁，生出无量烦恼之子孙。此男、女不

---

① （清）朱骏声：《说文通训定声》，临部第三。

劳愿求,任运成眷属也。若外书以天阳、地阴沈动为男、女,何况佛法而无此耶。若就佛为国王,经教为夫人,出生一切菩萨、佛子。又善权方便父,智度菩萨母,一切诸导师,无不由是生。又慈悲为女,善心为男;或禅定静细为女,观慧分别为男。二乘定多慧少,菩萨定少慧多。大经云:若闻大涅槃佛性之法,当知是人有丈夫相。正观刚决为男,无缘慈悲含覆一切为女。今借世间男女,以表法门尔。①

无明、贪爱,六根、六尘,天、地,阴、阳,方便、智度,慈悲、善心等对应之概念,在不同的语境中作为象征,以男女为代表符号,说明需要通过这此言语领悟的佛法精要。又:

> 问:"那得以男女表法门?"无男女故即无法门。如大经永离十相,名《大涅槃》。《大论》云:"无男女相,故名无相。"《净名》云:"一切诸法非男非女。如佛所说亦非男非女。"《安乐行》云:"亦不分别是男是女。"《入不二法门》云:无声闻心,即无于定;无菩萨心,即无于慧。小乘三藏缘谛理,吾闻解脱之中无有言说。《成论》"入空平等,亦无男女。"男女既无,所表安在?故知无定慧法门也。②

此即是说,所谓的法门不同,缘于分别取舍。在所有的分别之中,又以男女分别为基础。智顗在引用佛教各经论的基础上,说明男女的分别在佛教中用于指代修行法门,但在体悟到空后,表法指代的目的已达到,分别男女已无意义,法门不同得以消除。如根据辟支佛、菩萨的修行特点,男、女又有特定表法:

---

① (隋)智顗说、灌顶记:《观音义疏》卷二,《大正藏》第34册,第930页下。
② 《观音义疏》卷二,《大正藏》第34册,第930页下—931页上。

次支佛者，缘方便道起慈观名女，慧观为男；若发真缘理名男，出观缘慈名女。支佛譬鹿，犹有回顾之慈也。若不得如此定慧，何由速出殷勤求法？若得愿满，坦然快乐。次明六度菩萨，菩萨有慈悲不断惑，在生死利物名女；行六度方便智慧名男。女人法应生子，慈悲法应受生死化物，化于前人，善心开发，即是生子义。前人生五度者是生女，前人生智慧是生男。若定慧义不成，则菩萨行不立，故求观音而获愿满。次通菩萨，既断烦恼，则有智断，缘谛理之慧为男，慈悲扶余习入三界名女。何以故？如男法不生，表智慧决断断于烦恼，不生三界，而今还生者，乃是慈扶余习故得更生，称之为女，求愿观音蒙此愿满。次明别教十信菩萨，修福德庄严五波罗蜜为女；从一地二地智慧庄严为男。……慈悲被物，物荷恩故，称为大慈大悲。大慈大悲能成佛道，生出般若，是诸佛之祖母，故称为大女。十力无畏等，众生不知故不名为大也。次圆教以无缘慈悲种、三十二相业亦名为女，此女端正有相。以中道智慧为男，此男质直福德，十信六根清净名为处胎，初住慈智男女双生，若得此男不畏爱，见大悲顺道法爱，亦不畏无慧方便，缚无方便慧缚，方便与慧俱解者，即男女具足。①

对辟支佛来说，缘方便道起慈观为女，慧观为男。对菩萨来说，有慈悲不断惑，有生死利物名女，行六度智慧为男；断烦恼得理慧为男，慈悲入三界度世为女；生中道智慧名男，发无缘大慈心名女。大慈大悲称为大女，方便与智慧并具名为"男女具足"。佛教诠释对于男女的区分，借用并丰富了中国传统观念中"阴""阳"的用法。

《大乘义章》在谈到佛土时，引用了"五行""阴阳"的概念：

---

① 《观音义疏》卷二，《大正藏》第34册，第931上—下。

唯一佛土，或分为二，唯真与应。自所诧，名之为真；随他异现，说以为应。其真土者，即是平等法门之土，妙寂离相，圆备众义，形无定所，无处不在。其犹阴阳、五行之法，此喻似法，持宜审记。土既如是，诸相庄严，宁可别取，虽无别状，不得言无土，虽妙寂与是缘起作用之性，万物依生，化应所托。其犹阴阳、五行等法，能造世间一切色像，真土如是，其应土者，随情现示有局别，染净躯分，形殊善恶，诸相庄严，事别各异。①

与基于"阴阳"与"五行"的世界观相似，应化的佛土也由可显现出各种状况，构成物质世界，表现为五阴中可见之"色"之部分。色属"五阴"之一，与"阴阳"同一"阴"字，如不考察语境，在谈"阴"时或会引起理解上的歧义。

二、释"蕴"

再来看"蕴"。《说文》：

蕴，蕴，积也。从艸，温声。《春秋传》曰："蕴利生孽。"

积，积，聚也。从禾，责声。

聚，聚，会也。从乑，取声。邑落云聚。

会，会，合也。从亼，从曾省。曾，益也。

合，合，合口也。从亼、从口。

亼，亼，三合也。从人、一，象三合之形。凡亼之属皆从亼。

众，众，多也。从乑、目，众意。

蕴，《说文》作蕴，训为积，与聚、会、合、集、众递训，表达了积聚、聚合、聚集、会合、众多的概念。

---

① （隋）慧远：《大乘义章》，《大正藏》第44册，第835页上—中。

从字型上来看，蕴从昷得声，与其具有相同声符的温、瘟、煴等字，均有暖、热等义项，表示温度升高，与生活中将麦秆、稻草等堆聚成堆，因其聚集而生热于其中的情景相合。这些物质的聚集，在适当的温度与湿度下，易于滋养生命，此即《春秋传》所谓"蕰利生孽"。

再参考《说文解字义证》释"蕰"：

> 积也，从艸，温声。《春秋传》曰："蕰，利生孽，于粉切。"汉《郭究碑》："皇精蕰良"，《世说》中，心蕰结或作蕰。《魏书·殷绍传》："练精锐思，蕰习四年。"《西京赋》："既蕰崇之又行火焉。"或借苑宛诗我心苑，结礼运大积焉不苑。《荀子·哀公篇》："富有天下，而无宛财，积也者。"《一切经音义·二十三》引《字林》同《广雅》、《方言》并同。隐公六年，《左传》："艾夷蕰崇之。"杜云："蕰，积也。"昭二十五年，传蓄而弗治，将蕰。杜云："蕰，积也。"襄十一年，传毋蕰年。注云："蕰，积。"①

前文已明此段所引《一切经音义》之文，蕰表示"积"，与"蕰"同义，从"温"得声。又，《说文通训定声》：

> 昷，十二名，凡昷之派皆衍，昷声，乌浑切。……昷，仁也，从以皿食，囚会意。官溥说："凡温良、温柔，字经传皆以温为之。"……《一切经音义》引《说文》："殟，暴无知也。"凡三见声类，殟欲死也。《广雅·释诂》："殟，病也；殟，极也。"《广韵》："心闷也。"《楚辞·九思》"恒殟绝兮咶复苏"，皆同义。《说文》："颐篆解，系头殟也"。当据以订正文。煴，纂烟也。从火，昷声。《汉书·苏武传》："置煴火"。注谓聚火无焱者也。《贾子·道术》："欣懙可安谓之煴。"按温暖、温和字经传皆

---

① （清）桂馥：《说文解字义证》卷四，清同治刻本，《中国基本古籍库》版。

以温为之。……《广雅》释训煴:"煴,元气也。"《文选》典引注:"烟烟煴煴,阴阳和一,相扶貌也。"亦重言形。况字《思元赋》:"天地烟煴",注和貌鲁。《灵光殿赋》:"合元气之烟煴",注天地之蒸气也。《易·系辞》下传作"烟缊",亦叠韵连语。愠,怒也,从心,昷声。……《广雅·释诂二》:"愠,愁也。"(假借)为蕴。檀弓《释文》引庾、皇注:"愠,积也。又为缊。"《易·夬》"若濡有愠",洪颐煊云:"读为玉藻,缊为袍之缊。"……《易·系辞》"乾坤其易之缊"。虞注:藏也。王注:渊奥也。又为蕴。《广雅·释诂四》:"缊,饶也。又为纁小。"《尔雅·广诂》:"缊,朱也。"……《易·系辞》:"天地烟缊"。《释文》本又作"氲"。《后汉·马融传》:"缊,巡注并行貌也。"辒,卧车也。从车,昷声,字亦作辌。按如衣车密闭者为辒,开窻牖者为辌。……《汉书·薛广德传》:"温雅有酝",藉注言如酝酿也。按藉亦厚而不薄之谓,又为裹藏之义字,作韫。《广雅·释诂四》:"围,裹也。"……《后汉·周荣传》"緼椟古今",注:蕴藏也。①

从朱骏声的统计来看,"蕴"所含之义与意义演变过程比较清晰。蕴从"昷"得声,从"昷"派衍之字如"温"、"煴"、"殟"、"辒"、"韫"、"缊"、"辒"、"愠"带有聚、暖、积累变化、无固定形态之义。

再考清朝段玉裁《说文解字注》对"醖(酝)"的训释:

> 酿也。引申为酝藉。《诗·小宛》笺、《礼记·礼器》注、《汉书·匡张孔马传赞》皆曰"酝藉"。师古云:"谓如酝酿。及荐藉,道其宽博重厚也。今人多作蕴藉,失之远矣。"《毛诗》假借温字,从酉昷声。②

---

① 《说文通训定声》,屯部弟十五。
② 《说文解字注》,第1296页。

此即是说，酝、酿互训，在语言传播发展过程中，"酝藉"与"蕴藉"或因音训而同义，"酝"即是"蕴"，假借为"温"，表示事物经过时间、温度等条件的积累、积聚，而发生质变，如米水之与米酒。

综之，"蕴"有两种主要含义：第一，表现了可见的色的众、聚、集、会、合；第二，从可见推至可感、可思，表现了因聚集而产生的变化。

三、"五蕴"替代"五阴"的原因

佛经翻译史上，对梵文skandha众多的中文译词，出现过两次重要的规范：其一为魏晋南北朝，规范为"五阴"，以鸠摩罗什译经为代表；其二为唐朝，规范为"五蕴"，以唐玄奘译经为代表[①]。

慧琳《一切经音义》释《对法论》：

> 梵言"塞达陀"，此翻名蕴，由积聚义，说名蕴。《字林》："蕴，积也。"《广雅》："蕴，聚也。聚音才句反。"《左传》："蕴，藻也。"杜预曰："蕴，亦聚也。"蓄藏诸色，故言色蕴，受、想（行、识）等四义亦如之。旧经论中或言"五众"，又云"五聚"，颇亦近是。[②]

此即是说，之所以用"五蕴"统称色、受、想、行、识，是因为"蕴"具有积、聚之义，此与《字林》、《广雅》与《左传》中"蕴"的用法一致，带有众、积、聚、蓄、藏的特点，故也译为"五众"或"五聚"。

回溯佛教经典翻译史，"五众"的译法确早于"五阴"，僧佑《出三藏记

---

① 笔者按：以般若类经典为例，译为"五阴"的有：《道行般若经》（东汉·支娄迦谶译），《大明度经》（吴·支谦译）《放光般若经》（西晋·无罗叉译），《光赞经》（西晋·竺法护译），《摩诃般若波罗蜜经》、《小品般若经》（姚秦·鸠摩罗什译）。译为"五蕴"的有：《大般若经》（唐·玄奘译），《仁王护国般若波罗蜜多经》（唐·不空译），《佛说佛母出生三法藏般若波罗蜜多经》（宋·施护译）。自唐玄奘译经之后，"五阴"为"五蕴"所替代。

② 慧琳：《一切经音义》卷四十七，《大正藏》第54册，第621页中。

集》云:"旧经为五众,新经为五阴。"又,僧叡《大品经序》:

> 其事数之名与旧不同者,皆是法师以义正之者也。如"阴、持、入"
> 等,名与义乖,故随义改之。"阴"为"众","入"为"处","持"为
> "性","解脱"为"背舍","除入"为"胜处","意止"为"念处","意
> 断"为"正勤","觉意"为"菩提","直行"为"圣道"。诸如此比,改
> 之甚众。①

此即是说,旧译表示色、受、想、行、识的"五众",应改为"五阴"。

再考现存佛教经典中"五众"之记录。《大智度论》释佛名号"修伽陀"
时云:

> 或说戒,或说涅槃,是人应说五众、十二因缘、四谛等诸法能入道,
> 如是等种种知弟子智力而为说法,是名好说。②

此段中,"五众"与"十二因缘"、"四谛"对举,即或是色、受、想、
行、识。又:

> 问曰:"五众、十八界、十二入,何处说是魔?"答曰:"莫拘罗山中,
> 佛教弟子罗陀:色众是魔,受、想、行、识亦如是。"③

此段中,"五众"与"十二入"、"十八界"对举,即是五阴。

---

① 《大品经序》,《出三藏记集》卷七,《大正藏》第55册,第53页中。
② 《大智度论》卷二,《大正藏》第25册,第72页上。
③ 《大智度论》卷五,《大正藏》第25册,第99页下。

又,《翻译名义集》：

> 阿罗汉、辟支佛是诸圣人,破吾我相,灭一异相故。但观从因缘相续生诸欲,心慈念众生时,从和合因缘相续生,但空五众,即是众生念。是五众以慈念众生,不知是法空而常一,心欲得乐圣人愍之,令随意得乐,为世俗法故,故名为法缘。①

此段中的"五众",与因缘和合连用,即是五阴。

在佛教翻译过程中,"五众"不仅表示色、受、想、行、识,表达了积累、多的特点;也为对佛"五众弟子"的缩写,如"除佛五众,余残出家人皆名外道"②中的"五众",指比丘、比丘尼、沙弥、沙弥尼和式叉摩尼。《十诵律》：

> 长老优波离问佛："谁应安居?"佛言："五众应安居。何等五：一者比丘,二者比丘尼,三者式叉摩尼,四者沙弥,五者沙弥尼。"③

此"五众"指佛的五众弟子。《高僧传》中,南朝慧基被"勅为僧主掌任十城,盖东土僧正之始也。于是从容讲道,训厉禅慧,四远从风,五众归伏"④。此"五众"指佛的"五众弟子",即比丘、比丘尼、式叉摩尼、沙弥、沙弥尼。

综上,笔者认为,尽管"众"为"聚"义,用"五众"作为skandha的

---

① 《翻译名义集》卷四,四部丛刊景宋刊本。
② 《十诵律》卷五,《大正藏》第23册,第32页下。
③ 鸠摩罗什译：《十诵律》卷二十四,《大正藏》第23册,第173页中。
④ 《高僧传》卷八,《大正藏》第50册,第379页中。

译词表明了基本含义，但经典中存在同一"五众"含义有二的情况，如不区分具体语境，则易混淆，或致在分析概念的过程中，出现误解和曲解，故用"五阴"替换"五众"。

此外，在"五蕴"替换"五阴"之前，"五聚阴"和"五聚蕴"也作为译词出现，保留于现存佛经中。如《正法念处经》：

> 于佛、法、僧生清净信，信于生死，常一切时善摄诸根。不著境界，怖畏生死，知爱别离、生老病死、恩爱聚会、恩爱离别，一切皆知。于五聚阴，识知其过，常勤精进，顺行善业，离恶知识。[1]

又，《阿毗达磨大毗婆沙论》：

> 若执内蕴为我，彼执外蕴为我所；若执外蕴为我，彼执内蕴为我所，故亦无失。问有五蕴外执有我不？设尔何失？若有者，契经所说，当云何通？如契经说："诸有沙门或婆罗门，施设有我，一切皆缘五聚蕴起。"[2]

以上所云"五聚阴"和"五聚蕴"，突出了"阴"或"蕴"共有的"聚"的特点，与"阴"或"蕴"组合成词来强调聚、积之义，或属于从"五阴"到"五蕴"的过渡形式。

"五蕴"作为最终确定的译词具有必然性、合理性与有效性。结合上节对"阴"与"蕴"的语义分析，笔者认为，第一，从佛教经典释义来看，"阴"与"蕴"均有积、聚之义，可以表现色、受、想、行、识的特性。

---

[1] 《正法念处经》卷四十一，《大正藏》第27册，第242页中。
[2] （唐）玄奘译：阿毗达磨大毗婆沙论》卷八，《大正藏》第27册，第38页上。

第二，从积、聚的义项来看，"阴"义隐而"蕴"义显。第三，从"阴"和"蕴"的释义来看，"阴"义广而"蕴"义狭，"阴"的语义外延大于"蕴"，带有中国文化特色，具有哲学思辨的特点，出现价值判断，并不断引申；"蕴"围绕积累、积聚之义而深入，突出了积、聚的形式和性质。基于上述几条，笔者认为，用"五蕴"替换"五阴"，表达色、受、想、行、识积聚、变化、无常的特点，是恰当的选择。

综上所述，从"格义"视角分析，梵文skandha的译词从"五众"、"五聚"、"五受阴"、"五阴"、"五聚阴"、"五聚蕴"到"五蕴"的替换轨迹，从语言层面勾勒出佛教"格义"的线索：早期佛经译者注重与原义对应，译为"众"与"聚"，其得在易于理解；失在侧重直观，缺少中国文化中"品藻"的意韵，不利于吸引知识分子关注佛教。魏晋南北朝时期的译者，倾向于用"阴"替换"众"，以"外典"释"内书"，用中国传统文化诠释印度佛教义理，突出二者相似的特点，忽略相异之处。其得在于使之与中国文化中的"阴阳"相联系，具有哲学思辨特点，意味深长，为士人所喜爱和接受；失在于"阴"之含义众多，并不断引申出新的语义，如由本义引申出"盖覆"、"阴覆"，发展出"阴魔"、"阴郁"、"阴暗"等否定义，渐远离原义。自唐玄奘之后，在总结前译，体证佛法的基础上，以"蕴"替换"阴"，凸显了积累、积聚、聚合、聚集之义，并由可见上升至可感、可思，表现了"五蕴"积累、变化、无常的特点，更接近梵文skandha的本义。"五蕴"语义的确立，避免了中国文化"前见"的影响，成为中国佛教哲学语言体系中重要的概念之一。

用"五蕴"最终替换"五阴"，显示出异质文化交流时，从对目的语言、概念的借用，用本国文化解释外来思想；直至双方融会、发展，完善语言哲学体系的动态过程，即是从"格义"到超越"格义"。在此过程中，"五阴"的义项"聚"，在"内书"训"阴"为"聚"、"积"的同时，也明确了"外书"之"阴"所有之"聚"、"积"义，丰富、发展了"阴"的语义。

第六章　"格义"视域下"本无"的发展

中国传统文化中，讨论"有"与"无"的关系自老子开始，为道家与魏晋玄学所重视，从"有生于无"的生存论，发展到了"有本于无"的本体论。在佛教解释体系当中，从生灭层面来说，"无"的意义之一，表示与"有"相对的"没有"，是对"有"的否定，即"本有今无"；从逻辑层面考虑，"本无"作为万物的本性和本原，存在于一切之中，即"诸法本无"。佛教传入中国早期，曾用"本无"翻译"性空"，但在中国文化背景下，用玄学的"本无"来解释佛教的般若"空性"，不能完全和正确表达般若空性不即不离、不一不异的特点，而成为与魏晋玄学相近的"好无之谈"，因此，在佛教教义发展过程中，"本无"最终被"性空"取代，完成了佛教"格义"的过程。

第一节　"本无"的意义生成和演变

一、"本"、"无"释义

佛经翻译中使用"本"、"无"的概念，与中国哲学中对"本"与"无"的诠释有关，也由"本"与"无"的字义所决定。《说文》：

屮本。木下曰本。从木，一在其下。徐锴曰："一，记其处也。本、末、朱皆同义。"

此即是说，"本"为木，特指木下之部分。在此条释义中，徐锴认为与

"本"、"末"与"朱"同义。寻此线索，再考察"末"与"朱"：

末　末，木上曰末。从木，一在其上。

朱　朱，赤心木。松柏属。从木，一在其中。

本、末、朱均指木，本为木下，末为木上。朱虽指木，但所指为木的品种，与本、末有别。假设"朱"与"本"同义，则需证明。从声音的线索分析，与"朱"发音相同的有"株"，从训释角度来看，以"株"为训的有"根"：

株　株，木根也。从木朱声。

根　根，木株也。从木艮声。

株为本根，根为木株，株、根互训，与本为木下同义。株、根、本、末递训。其中，本为木下之部分，根据自然界的生长规律，木之生长，必由下至上，因此本就具有了始、初的意义。或基于此，在训诂学中，本字，指最初的字；本音，指最初的发音。用于哲学，"本"则成为超越现象的一般和基础。

再看"无/無"。

無　無（无），亡也。从亡，无声。武扶切。兂奇字无，通于元者。

按此，"无"一指"亡"。一指"元"。

首先，来看"亡"，《说文》：

亡　亡，逃也。从人，从乚。

逃　逃，亡也。从辵，兆声。

亡/乚、逃互训。

《说文》中从"亡/乚"以及用"亡"解释的字有：

匿　匿，亡也。从匚，若声。

喪　喪，亡也。从哭，从亡。

忘　忘，不识也。从心，从亡。

匿、喪、忘表达了"有"之后"不有"的状态，匿、喪基于人物而言，忘从心、识而言。再看《说文》中用"無（无）"解释之字有：

暗　暗，日無（无）光也。从日，音声。

瞽　瞽，埃瞽，日無（无）光也。

秃，無发也。从人，上象禾粟之形，取其声。凡秃之属皆从秃。

屺，山無草木也。

泣，無声出涕曰泣。

聾，無闻也。

袢，無色也。从衣，半声。

稞，谷之善者。从禾，果声。一曰無皮谷。

宋，無人声。从宀，未声。

怕，無为也。从心，白声。

普，日無色也。从日，从並。徐锴曰："日无光则远近皆同，故从並。"

乍，止也，一曰亡也。从亡，从一。徐锴曰："出亡得一则止，暂止也。"

其中，暗、皆表达了与"有强阳光照射"相对的"无光"的状态，秃表示与"有发"相对的"无发"的状态，屺表示与"山有草木"相反的山无草木的状态，泣表达了与"有声哭"相对的无声而泪下的状态，袢表示和"有色"外衫相对的素无色内衣，稞表示与"有皮"谷相对的谷去皮后的状态，聾表示无声，宋/寂、怕均表示与"有"相对，逻辑上的"无"的状态，普表现出与"有差别"的因日光多少而显现的不同到"无差别"的日无光的状态，乍表示从"有动作"进入静止的状态，以上各字释义显示了带用"无"所释之字表达了与"有"相反、相对的义项。

再看有"無"作为声旁的字，《说文》：

幠，覆也。从巾，無声。

撫，安也。从手，無声。一曰循也。

蕪，薉也。从艸，無声。

薉，蕪也。从艸，歲声。

荒，蕪也。从艸，充声。一曰艸淹地也。

其中，幠表示与"有露"相对的用布料覆的状态，撫表示与"有不安"相对的用手使不安去除的状态，蕪表示与土地"有作物"情况相对的无物作草生长的荒蕪状态。幠、撫、蕪表达了对某种"有"的否定。

再考察"有"的意义。《说文》："有，不宜有也。"《春秋传》曰："日月有食之。"从月又声。凡有之属皆从有。段玉裁注："谓本是不当有而有之称。引伸遂为凡有之称。"此即是说，有表示一般之"有"，是相对的抽象，或者说是"不无"[①]，也即是"无为"。

其次，来看"元"，《说文》：

元 元，始也。从一，从兀。徐锴曰："元者，善之长也，故从一。"

始 始，女之初也。从女，台声。

初 初，始也。从刀，从衣。裁衣之始也。

一 一，惟初太始，道立于一，造分天地，化成万物。凡一之属皆从一。

丕 丕，大也。从一，不声。

天 天，颠也。至高无上，从一、大。

其中，元、始、初递训，一化成万物，"从一"的字丕表示大，天表示"无上"。《尔雅·释诂一》："初、哉、首、基、肇、祖、元、胎、俶、落、权舆，始也。"据此推论，"本无"即具有了"本元"、"元初"、"本初"之义。

再考佛教经典中，"本无"与"本元"的用法。三国康僧会《六度集经》录：

> 道士曰："吾为国王，国大民多，宫宝媒女诸国为上，愿即响应何求不得？吾以国为怨窟，以色声香味华服邪念，为六剑截吾身，六箭射吾体，由斯六邪轮转受苦，三涂酷烈难忍难堪，吾甚厌之。捐国为沙门，愿获如来·无所著·正真道·最正觉·道法御·天人师，开化群生，令还本元，岂但汝等三人而已乎？各还旧居见汝所亲，令三自归无违佛教矣。"[②]

---

① 《玉篇·有部》更将有解释为："有，不无也。"
② (吴) 康僧会译：《六度集经》卷五，《大正藏》第3册，第28页上。

此段中之"本元"，宋、元、明刻本作"本无"，"本元"即"本无"。梁朝宝唱所编《经律异相》并录此则①，写为"本元"。又，唐朝道宣编《大唐内典录》：

化佛乘机而现，是以三身离合，二谛有空，逐情量而抑扬，赴前缘而隐显，讨其本也，终归本元。试论教体，则方等一乘，因缘方便，在物成务。②

此"本元"，宋、元、明刻本也作"本无"。

综之，笔者认为，"无"字具有两种含义：第一，从"亡"字释义，表示"不有"。第二，从"元"字释义，无具有"一"、"始"、"初"之义。

二、"无"对"有"的否定

佛教经论对"无"的释义之一，表示与"有"相对的"没有"，即是对"有"的否定。在生灭的意义上，所谓"无"，即本有今无。《道行般若经》：

佛语须菩提："诸经法无有能坏者，菩萨随般若波罗蜜教，当如是；虚空不可尽，菩萨随般若波罗蜜教，当如是；五阴本无形，菩萨随般若波罗蜜教，当如是；四大本无形，菩萨随般若波罗蜜教，当如是。"③

此段语境下，"五阴本无形"与"四大本无形"中的"本无"表示对五阴与四大"形"的否定，此"本"与"末"相对，"有"与"无"相对，即是对"有形"或"现形"本性"有"的否定。这种"无"的用法，相当于"不"

---

① 《经律异相》：道士曰："吾为国王，……故捐国为沙门，愿获佛道开化群生，令还本元。岂但汝等三命而已乎，各还旧居见汝所亲，令受三自归无违佛教。"
② 《大唐内典录》卷六，《大正藏》第55册，第284页下。
③ 《道行般若经》卷九，《大正藏》第8册，第470页上。

或"非"。又如：

> 舍利弗谓须菩提："何而心亦不有亦不无，亦不能得，亦不能知处者？如是亦不有，亦不无，亦不有有心，亦不无无心？"①

此"不有"与"不无"是对执心常"有"观点的破斥，即"非有"、"非无"，"无有"、"无无"之意。"有"与"无"相应，"有"表示与"无"相对的状态，即"本无今有"；"无"表示"本有今无"。

《放光般若经》：

> 佛告舍利弗言："如是，如是！舍利弗！如汝所言，假令本有众生，令无有者，菩萨及佛便当有咎；假令本无五道生死之趣，令有者，亦是如来菩萨咎。"②

这里的"本有众生"相对于"令无有者"来说"有"；"本无五道生死之趣"相对于令有"五道生死"来说是"无"。此"有"是"无"中的有，"无"为"有"中的无。若"有"灭，则"无"息。又，《长阿含经》：

> 佛告帝释："贪嫉之生，皆由爱憎，爱憎为因，爱憎为缘，爱憎为首，从此而有，无此则无。"③

从缘起角度解释，所谓的"有"，只是因缘的聚合，此类有条件的存在，

---

① 《道行般若经》卷一，《大正藏》第8册，第425页下。
② 《放光般若经》卷十九，《大正藏》第8册，第134页上。
③ 《长阿含经》卷十，《大正藏》第1册，第64页上。

因为条件的缺失或消亡而消失，即谓"无"。又，《梵网六十二见经》：

> 若有异道人，意念痴其痴人念言："本无世间，今适有世间，我本无，今自生有。"所以者何？我本无，今自生有，是谓为本无有世间，是为第二见。其异道人所可谓，我本无所从来生，念无所从生。见谓本法世间，今适有世间者，皆在是二见中。[①]

在此语境中，"本无世间"与"今有世间"为相对存在的两种世间状态，"我本无"与"今自生有"是我存在的两种对立状态，无论执着于"有"还是"无"，都属于"见"，需要破除。以此类推，适用于世间法。

《杂阿含经》：

> 佛告婆罗门："且置汝年少弟子知天文、族姓，我今问汝，随汝意答。婆罗门，于意云何？色本无种耶？"答曰："如是，世尊。""受、想、行、识本无种耶？"答曰："如是。世尊。"[②]

佛与婆罗门的对话显示，正如色本来没有"种"的分别和差别一样，受、想、行、识等五蕴的组成要素同样没有分别和差别，因此，由五蕴构成的世间与人也没有"种"的固定分别和差别。进而言之，再对所有的感知与形象加以否定，就能接近于对佛教空性的体会：

> 佛言："苾刍，空性无所有，无妄想，无所生，无所灭，离诸知见，何以故？空性无处所，无色相，非有想，本无所生，非知见所及。离诸

---

① （吴）支谦：《梵网六十二见经》卷一，《大正藏》第1册，第266页上。
② 《杂阿含经》卷二，《大正藏》第2册，第13页上。

有著，由离著故，摄一切法，住平等见，是真实见。苾刍当知，空性如是，诸法亦然，是名法印。"①

对执着于生、灭、想、见、色相的知见加以否定，逐渐达到修行的"无著"状态，此"无著"平等、真实，能摄一切法，与空性相即，名为法印。另外，在将"无"用作否定意义时，所谓"空"也指在修行菩萨道过程中，对所有形象、思想、所得的不执著：

如是菩萨作是念："为欲度人，度十方人为欲度空。"何以故？空亦无有远，亦无有近，亦无所有，用是以菩萨勤苦行，索人本无有，欲度人为度虚空，被德铠，用人故被德铠，欲过度人，是故菩萨为被德铠。如佛所说，人无有本。晓知人本无所有，是为度人。②

菩萨并不耽著于度人的功德，而能了达所度之人、能度之人与所度之法本空的真实，才是菩萨救度众生的真意。亦如《放光般若经》云：

于空无法，不见空无无相之法有可贪者。何以故？一切诸法有无之事相皆空故。③

一切诸法的"有"与"无"相，以法性观之即是"空"，即是"人无有本"、"人本无所有"所表达之义。

在"无"对"有"的否定上，梁·慧观认为：

---

① （宋）施护译：《佛说法印经》卷一，《大正藏》第2册，第500页中。
② 《道行般若经》卷八，《大正藏》第8册，第467页上。
③ 《放光般若经》卷十三，《大正藏》第8册，第88页上。

师子震吼，则众兽伏焉；圣王轮宝，诸雄悚然。揽斯法界，廓清虚津，入有不惑，处无不沈，自非道起群方，智鉴玄中，孰能立无言之辩于灵沼之渊，寄言述于七觉之林，可谓无名于所名，而物无不名；无形于所形，而物无不形；无事于所事，而物无不事者哉。①

一方面，此"有"相对于"无"而言，有无之间可谓既对立，又相互依存；另一方面，用"无"消解"有"，对有的实在性加以否定。在此两方面辩证统一的基础上，将"有"与"无"统一于名、物、形中。其中，基于"无名于所名"之所名即为"假名"。又，《摩诃般若经》：

释提桓因言："无有法名众生，假名故为众生。是名字本无有法，亦无所趣，强为作名。"②

万法所称与被称之名，非真，为假名、为强名，如佛、众生乃至一切法，如一切法是谓"有"是"名"，无名则为"无"。在基于对"假名"的认知上，《胜天王般若波罗蜜经》提到"有"、"无"因语境区别而有不同定义：

菩萨摩诃萨行般若波罗蜜，具足正信，心不放逸，勤修精进即得正念，用是念智知有知无。云何有无？若修正行得正解脱，是名为有；若修邪行得正解脱，是名为无。眼、耳、鼻、舌、身、意，世谛为有；真实中无。菩萨摩诃萨勤修精进能得菩提，是名为有；懒惰菩萨得菩提者，是名为无。若说五阴皆从虚妄颠倒而生，是名为有；若谓世法不从

---

① 慧观：《修行地不净观经序》，《出三藏记集》卷九，《大正藏》第55册，第67页上。
② 《摩诃般若经》卷八，《大正藏》第8册，第279页中。

因缘自然生者，是名为无。色是无常、苦、败坏法，是名为有；若言常乐、非败坏法，是名为无。受、想、行、识亦复如是。无明缘行，是名为有；若离无明而行生者，是名为无。行缘识，乃至生缘老死、忧悲、苦恼皆亦如是。施得大富，是名为有；施得贫穷，是名为无。清净持戒得生善道，是名为有；若生恶趣，是名为无。乃至般若波罗蜜能得成圣，是名为有；修行般若波罗蜜作凡夫者，是名为无。若修多闻能得大智，是名为有；得愚痴者，是名为无。若修正念能得出离，是名为有；不得，为无。若行邪念不得出离，是名为有；得者，为无。无我、我所能得解脱，是名为有；有我、我所而得解脱，是名为无。若言虚空遍一切处，是名为有；五阴中我，是名为无。如实修智能得解脱，是名为有；若著邪智而得解脱，是名为无。若离我见、众生见、寿者见、人见能得空智，是名为有；著我、众生、寿者、人见能得空智，是名为无。大王！菩萨摩诃萨行般若波罗蜜，如是知世有无，能修平等，了知诸法因缘而生，世谛故有不起常见，知因缘法本性自空不生断见，于诸佛教如实通达。①

"有"与"无"相对而言，从正解脱来说，得正解脱即名为有，不得正解脱即名为无；从世谛角度观眼、耳、鼻、舌、身、意名为有，从真谛观是名为无；从五阴生世间万物名为有，不从因缘生者名为无；听经得大智为有，得愚痴者为无；修智得解脱为有，依邪见得解脱为无；等等。"有"与"无"在不同的语境中解释不同，两者都有肯定和否定两方面的意义，实际上，世间的"有"、"无"都是相对的，如能平等观之，则是行波若波罗蜜，则是具大智慧。

作为否定用法的"无"、"不"与"非"同义，此"无"、"不"、"非"在

---

① 《胜天王般若波罗蜜经》卷五，《大正藏》第8册，第713页上—中。

《肇论》中同时出现：

> 至人寂怕（泊）无兆，隐显同源，存不为有，亡不为无。何则？佛言：
> "吾无生不生，虽生不生；无形不形，虽形不形。"以知存不为有。经云：
> "菩萨入无尽三昧，尽见过去灭度诸佛。"又云："入于涅槃而不般涅槃。"
> 以知亡不为无。亡不为无，虽无而有；存不为有，虽有而无。虽有而
> 无，故所谓非有；虽无而有，故所谓非无。"①

此段中，"不为有"是对"有"的否定，"无形不形"是对"形"的否定，
"非有"是对"有"的否定，"非无"是对无的否定。一方面，对世间显现的
万物来说，"存"即是"有"，"亡"即是"无"，"无生"与"不生"同义；另
一方面，对于涅槃境界来说，"存"不是"有"，"亡"不是"无"，"非有"与
"非无"义同。唐·元康在《肇论疏》中谈到：

> 意谓"至人寂泊无兆"，下通示至人之相也。隐显同源者，谓隐显无
> 别，即如下说也。何则佛言"吾无生不生"？下无有生处，而不受生。
> 此《大品经》文也。彼具文云："菩萨终不受胞胎，终不受五欲，无生
> 不生，终不为生法所污。"今加以无形不形，准生言之耳，以知存不为有
> 者，此结不有也，以此文证，故知存不为有也。②

元康认为，"无生不生"出于《大品般若经》（《放光般若经》），指菩萨虽现
世间，而不生胞胎、不受五欲、不为尘世所污的状态。实际上，在佛教看
来，无论是心，还是境，从法性角度分析，都不能谓"有"。

---

① （东晋）僧肇：《肇论》，《大正藏》第45册，第158页下。
② （唐）元康：《肇论疏》，《大正藏》第45册，第195页中。

元·文才在《肇论新疏》中谈到：

　　意谓"至人寂怕（泊）无兆，隐显同源，存不为有，亡不为无"，至人法身德也。正位之中有无几微，亦不形兆，故云寂怕（泊）。余可了。何则佛言："吾无生不生？"虽生不生，无形不形，虽形不形，以知存不为有。初句《放光》，即彼二十六中文。无形下亦义，引《放光》、《涅槃》等经，以知下论断。生谓四生，无生不生者，犹云无一生而不生；形谓六道万类之形，犹云无一形而不形。何者？如忍辱、太子等胎生也，雁王、鹦鹉卵生也，顶生、手生湿生也，为天、为鬼化生也，四生摄于万类。如《涅槃·三十二》云："菩萨摩诃萨受熊身，乃至鹿、兔、龙、蛇等身，然但由感起，即应而真故。"复云不生不形，即不为有也。①

　　文才认为，"无生不生"出于《放光般若经》，此中"生"指构成世间生命状态的胎生、卵生、湿生和化生，"无生不生"也指"无一生而不生"。并引《涅槃经》为证，表明"生"由业感缘起，即真应物。

　　僧肇、元康、文才均提到了《放光般若经》，现参考原经文：

　　(菩萨)悉总持诸陀邻尼门，便得四无碍慧，便受神通，终不堕女人胞胎。不受色欲，无生不生，虽生不著于生。何以故？善观于幻法，知所有如幻，救济众生便得无众生之相，以无所得法立众生于无所得法，以世俗数不以最上要。②

　　此段中的"无生不生"相对于"幻化"而言，因"幻化"即不能谓之

---

① （元）文才：《肇论新疏》，《大正藏》第45册，第233页下—234页上。
② 《放光般若经》卷十七，《大正藏》第8册，第123页中。

生，所以"无生"。《大般涅槃经集解》录：

> 僧亮曰："身以生灭、聚积为义，而有真有应也。真身非生灭、积聚，故非身也。应身无生不生，无形不形，故是身也。"[1]

僧亮认为，"生"是"生灭"中的生，真身非"生灭"可拟，所以以真应化，则谓"无生不生"，也即"无形不形"。"无"和"不"是对"生"和"形"的否定。"不生"与"无生"同义。又，《妙法莲华经文句》：

> 若无无明，则实报不生，生亦不生，不生亦不生，故名不生，是名别教无生智也。约圆教观无生智者，观镜团圆，不观背面，不观形像，非背非暗，非面非明，不取种种形容，不取种种檠像，但观团圆，无际畔、无始终、无明闇、无一异差别者。譬于圆观，不取十法界相貌，无善恶、无邪正、无小人等，一切皆泯。但缘诸法实相、法性、佛法，若色、若香无非实相，观烦恼业生，即无生，无生不生，故曰无生。[2]

智顗在这一段中，将"不生"与"无生"作为观法和结果，对生灭、明暗、一异、大小、善恶等对立加以否定后显示诸法实相。此种用"无"、"不"、"非"来表示否定的判断，即佛教"遮诠"的论述方式。《中论》著名的"八不偈"即用此法指示了中道实相：

> 不生亦不灭，不常亦不断，不一亦不异，不来亦不出。能说是因缘，

---

①　(梁) 宝亮：《大般涅槃经集解》卷十，《大正藏》第37册，第421页中。
②　(隋) 智顗：《妙法莲华经文句》卷一，《大正藏》第34册，第9页中。

善灭诸戏论，我稽首礼佛，诸说中第一。^①

因为实相超越表相和文字，若有所著，即有所失，因此采用"遮诠"之法排除一切相对分别，从而达到无分别的无所得境界。笔者认为，此亦为"无"之否定义所要表达的主要含义。

三、从"有生于无"到"以无为本"

中国传统文化中，"有"与"无"的关系自老子开始，为道家与魏晋玄学所重视。老子认为："天下万物生于有，有生于无。""无"指无形无状，是所有"有"，产生于有形有状之前，即存在的本源。历代注疏对此句进行了重点解释，构建了宇宙生成论和本体论。

《河上公章句》在注解《老子》时谈到：

> 《德经》曰："天下万物生于有，有生于无。"河上注云："万物皆从天地生，天地有形位，故言生于有也。天地神明、蜎飞蠕动皆从道生，道无形，故言生于无。"^②

河上公认为，万物为有形的天地所生，而天地为无形之道所生，推之，即是有生于无。在对"反者道之动，弱者道之用，天下之物生于有，有生于无"作出诠释时，唐·陆希声认为：

> 夫权也者，以反为动而合于正者也；实也者，以弱为用而制于强者也。天下之物皆生于有形，有形之物必生于无形；天下之事皆生于有

---

① 《中论》卷一，《大正藏》第30册，第1页中。
② （清）惠栋：《周易述》卷二十，清文渊阁四库全书本。同见《老子道德经河上公章句》，中华书局，2009年，第162页。

兆，有兆之事必生于无兆。故知反之为动，必生于弱之为用，则动微之几，必生于静之理。然则几生于理，终归于理，权生于实，终反于实，此皆道之通变，覆却相济者也。①

从权、实角度分析"动"与"用"的关系，就推出权为动，实为用；强为动，弱为用的规律。这一规律显示了权生于实，终反于实；无形生有形之物，无兆生有兆之事的道理。再将此规律运用、升华、提炼，就推出了道的"变通"和"相济"的关系。

在中国哲学史上，王弼发展了老子"有生于无"的宇宙生成论，将"无"提到了本体论的高度，形成了"以无为本"的本体论。他在《周易注疏》中解释"复"卦时提出：

> 复者，反本之谓也。天地，以本为心者也。凡动息则静，静非对动者也；语息则默，默非对语者也。然则天地虽大，富有万物，雷动风行，运行万变，寂然至无，是其本矣。

在天地之中，万物千变万化之上，有一个寂然不动的"无"是所有"有"的"本"。"无"不仅是万物的"本"，也是万物的体，万物必将归复于无。他说：

> 天下万物，皆以有为生。有之所始，以无为本。将欲全有，必反于无也。②

此则说明，本为静，所谓复，即复归于本、根、元、母、道、无中。

---

① （唐）陆希声：《道德真经传》卷三，清嘉庆宛委别藏本。
② 《老子·四十章注》。

魏晋玄学的本体论在魏晋清谈中得以发展：

> 清谈起于魏正始中，何晏、王弼祖述《老》、《庄》，谓天地万物皆以无为本，无也者，开物成务，无往而不存者也（《王衍传》）。……学者以《老》、《庄》为宗而黜六经，谈者以虚荡为辨，而贱名检。……王衍为当时谈宗，自以论《易》，略尽然，亦有未了。……是当时父兄师友之所讲求，专推究《老》、《庄》以为口舌之助，五经中惟崇易理，其他尽阁束也。①

六朝清谈之风始于曹魏正始年间，代表人物为何晏和王弼，涉及的主要观点是对中国哲学本体论的探讨。这一本体论以《老子》、《庄子》、《周易》等"三玄"为经典依据，促进了时人对此三种经典的研究。与赵翼总结的观点相同，费密《弘道书》也认为：

> 先魏正始中王弼、何晏共好清谈，创天人神明之论，崇尚《老》、《庄》，以无为贵，始以无为宗旨。王、何之说一倡，盛于王衍，谓天地万物皆以无为本。无也者，开物成务，无往不存者也。阴阳恃以化生，万物恃以成形，贤者恃以成德，不肖恃以免身，故无之为用，无爵而贵矣。六朝以《周易》、《老》、《庄》谓之三玄，当时王公与贵游子弟慕尚清谈，风成俗改，虽佛氏言理大行，别为一家，盖二氏虚无静坐之说同，而设施之次弟异。自魏晋老氏之说始入于儒，吾道杂乱之所由，起浮虚之所由出也。儒说遂小而妄矣。②

---

① （清）赵翼：《廿二史札记》卷八，清嘉庆五年湛贻堂刻本。
② （清）费密：《弘道书》卷下，民国九年怡兰堂刻本。

　　魏晋玄学的本体论始论于何晏与王弼，至王衍得到极大发展，认为天地万物皆以无为本。此为"本"之"无"无往不存，是所有存在的本体。在费密看来，这一"本无"的本体论，与佛教哲学有相近之处，佛教和玄学在修证上也有相似处，就是"尚虚无"和"静坐"。魏晋以降，儒学吸纳的部分《老子》的观点，使得儒学学说杂乱，也在一定程度上导致了儒学的衰微。

　　费密的观点一定程度上反应了魏晋南北朝佛教哲学的状况，本文第一章已考察，魏晋南北朝时期玄学奉行的经典《老子》、《庄子》、《易经》等三玄，也为其时大多数义学名僧所精通，如竺法潜、支遁、昙一、昙二、道安、慧远、僧肇、慧观、慧琳、僧瑾、弘充、昙斐等，用玄学的本体论"格义"佛教性空之学也是题中应有之意，其时佛教学者与僧人采用和借用了玄学"本无"的概念，用以诠释佛教的本体论，如东晋支道林《首闲菩萨赞》录：

　　　首闲齐吾我，造理因两虚；两虚似得妙，同象反入麤；何以绝尘迹，忘一归本无；空同何所贵，无贵乃恬愉。①

　　支道林引用了庄子"齐物"的观点，以"本无"为贵，将"本无"视为忘一的归处。文中对"两虚"的重视，与前文费密所言"尚虚无"相合。支道林的"本无"带有"本"和"宗"的特点。他从本、宗角度分析万理之源，则得出物必有本的道理：

　　　异常未足以征本，新声不可以经宗，而遗异常之为谈，而莫知伤本之为至。伤本则失统，失统则理滞，理滞则惑殆。若以殆而不思其源，困而不寻其本，斯则外不关于师资，内不由于分得，岂非仰资于有知，自塞于所寻，困蒙于所滞，自穷于所通，进不暗常，退不研新，说不依

---

　　① 《广弘明集》卷十五，《大正藏》第52册，第197页中。四部丛刊景明本录为"闲首菩萨"。

本，理不经宗，而忽咏先旧，毁呰古人，非所以为学，辅其自然者哉。夫物之资生，靡不有宗，事之所由，莫不有本，宗之与本，万理之源矣，本丧则理绝，根朽则枝倾，此自然之数也。^①

　　如道家所提倡的"执一统众"一样，有统理之本，此"本"与"宗"为事物发展的根本和依据，乃言论的基础与根据，可谓万理之源。在支道林看来，用"本无"来解释"般若波罗蜜"是较为合适的。《大小品对比要抄》云：

　　夫般若波罗蜜者，众妙之渊府，群智之玄宗，神王之所由，如来之照功。其为经也，至无空豁，廓然无物者也。无物于物，故能齐于物；无智于智，故能运于智。是故夷三脱于重玄，齐万物于空同，明诸佛之始，尽群灵之本无，登十住之妙阶，趣无生之径路。何者？耶赖其至无，故能为用。夫无也者，岂能无哉，无不能自无，理亦不能为理。理不能为理，则理非理矣；无不能自无，则无非无矣。是故妙阶则非阶，无生则非生，妙由乎不妙，无生由乎生。是以十住之称兴乎未足定号，般若之智生乎教迹之名，是故言之则名生，设教则智存。智存于物，实无迹也；名生于彼，理无言也。何则？至理冥壑归乎无名，无名无始道之体也。无可不可者，圣之慎也；苟慎理以应动，则不得不寄言，宜明所以寄，宜畅所以言，理冥则言废，忘觉则智全。若存无以求寂，希智以忘心，智不足以尽无，寂不足以冥神，何则故有存于所存，有无于所无。存乎存者，非其存也；希乎无者，非其无也，何则徒知无之为无，莫知所以无；知存之为存，莫知所以存。希无以忘无，故非无之所无；寄存以忘存，故非存之所存。莫若无其所以无，忘其所以存。忘其所以存，则无存于所存；遗其所以无，则忘无于所无。忘无故妙存，妙存故

　　①　（东晋）支道林：《大小品对比要抄》，《出三藏记集》卷八，《大正藏》第55册，第56页中—下。

尽无，尽无则忘玄，忘玄故无心，然后二迹无寄，无有冥尽。是以诸佛因般若之无始，明万物之自然，众生之丧道，溺精神乎欲渊，悟群俗以妙道，渐积损至无，设玄德以广教，守谷神以存虚，齐众首于玄同，还群灵乎本无。"①

支道林认为阿赖耶识以"无"为用，"般若"无始，万物"自然"，玄同必归于"本无"。此"本无"之"无"，指无物于物而齐于物，此无非无，即是"即色游玄"，同于般若性空之说。用"本无"来翻译、解释"性空"，或为东晋时较通行的选择。

《梵摩渝经》：

佛为说至道之要，诸苦万端皆兴于身，明人深照知乐者，或返流求原逮于本无，斯谓上士慧明真谛。不知身之尤，苦者皆由习生，上士觉之，斯明者真谛。三界若幻有合则离，何盛不衰？因缘合则祸生，诸缘离则苦灭，上士观本乃知其空，斯明者真谛。以知本无即逮三界，空其心、净其行，不愿诸欲得无想定，在心所取三尊可得也。②

此段中，"空"与"本无"、与"净"对举，指从生到灭的现象，因灭而归本原，所归为"本无"，此"本无"具有原、根、本体的意义。

隋·释慧远在《众经教迹义三门分别》③中谈到：

又《提谓经》说诸众生吾我本净，吾我本净是众生空。又说诸法皆归

---

① 《大小品对比要抄》，《出三藏记集》卷八，《大正藏》第55册，第55页上—中。

② （吴）支谦译：《梵摩渝经》卷一，《大正藏》第1册，第885页下。

③ 三分别谓：一叙异说，二辨是非，三显正义。

本无，诸法本无即是法空。又复提谓为众忏悔，五逆等罪悟解四大、五阴本净。阴大本净，亦是法空，二空即是出世直道。①

《提谓经》即《提谓波利经》，原经已不存，流传于北魏时期，被《出三藏记集》列为疑伪经。根据此节慧远对《提谓经》的引用来看，在佛教传入中国早期，用本无来解释法空，将本无用为诸法的归处，使其具有了本体论的意义。

唐朝释道宣《大唐内典录》录：

所言大乘藏者，谓诸佛大人之用心也。教本无相，理趣无缘，统群有而出，重昏拔心，因而静烦妄斯，其致也。故《经》云"言语道断，心行处灭。"强以名相，用显筌蹄，故能声满天下，而无滞于有空；形充法界，而超挺于情境。既亡于彼此，何小大之可乘？随机适化，示缘相之殊；计试论教，主义显三焉。……二谛有空，逐情量而抑扬，赴前缘而隐显，讨其本也，终归本无。试论教体，则方等一乘；因缘方便，在物成务。②

此即是说，执"有"或执"空"均为滞，当谈"空"是在"有"的基础上，以"有"为比量时，此"空"也是"有"。虽然佛教的二谛学说说明了"真谛无"和"俗谛有"，但说"有"和说"空"都有一定的因缘，在一定的条件下进行，只有破除对"有"与"空"的知见，才能体悟佛教的究竟"空"，或可用"本无"来表达逻辑上最初和最后的状态。此段中"本无"的用法，与支谦所用近似。

① （隋）慧远：《大乘义章》卷一，《大正藏》第44册，第465页中。
② （唐）道宣：《大唐内典录》卷六，《大正藏》第55册，第284页下。

东晋·慧远《大智论抄序》谈到：

> 咸生于未有，而有灭于既有而无。推而尽之，则知有无回谢于一法，相待而非原；生灭两行于一化，映空而无主。于是乃即之以成观，反鉴以求宗，鉴明则尘累不止，而仪像可睹；观深则悟彻入微，而名实俱玄。将寻其要，必先于此，然后非有非无之谈，方可得而言。尝试论之：有而在有者，有于有者也；无而在无者，无于无者也。有有则非有，无无则非无，何以知其然？无性之性，谓之法性，法性无性，因缘以之生，生缘无自相，虽有而常无，常无非绝有，犹火传而不息。夫然则法无异趣，始末沦虚，毕竟同争，有无交归矣。故游其樊者，心不待虑，智无所缘，不灭相而寂，不修定而闲，不神遇以斯通焉。识空空之为玄，斯其至也，斯其极也。[①]

"未有"、"无"有不同的使用范围。"法性"之所以名法性，是因为法性无自相，依因缘而生，因因缘而，虽以"有"的形式出现，其性却是"无"，但此"无"绝非空无一物。

从本体的意义上，《道行般若经》录：

> 须菩提言："云何，于本无中见三道不？"舍利弗言："不见也。何以故？从本无中不可得三事。"[②]

舍利弗所说的"本无"的性质之一即是"不可得"。

唐·元康《肇论疏》：

---

① （东晋）慧远：《大智论抄序》，《出三藏记集》卷十，《大正藏》第55册，第76页上。
② 《道行般若经》卷五，《大正藏》第8册，第454页上。

今初言大分深义者，此语出《十二门论》也。彼论云："大分深义，所谓空也，若通达是义，则达大乘，具足六波罗蜜，无所障碍。"今以本无是空义故，发首言之，此谓宗本义也。而言大分者，大分为言也，厥者其也。故建言宗旨，标乎实相者，实相即本无之别名。以本无是深义故，建初言本无实相等也。①

在早期佛教译经时，"本无"是使用得较多的一个概念，表达了如、真如、实相、自然、无为、空的意义。在有相、无相的层面上分析，本无是无相，因而趋近于真实。实际上，南北朝时期，佛教一方面使用"本无"的概念，一方面又对"本无"的使用限定范围。刘宋·宗炳《答何衡阳书》录：

又云："析毫空无伤垂荫之茂，离材虚室无损轮奂之美，贝锦以繁采发华，和羹以盐梅致旨，以塞本无之教，又不然矣。佛经所谓本无者，非谓众缘和合者皆空也。垂荫轮奂，处物自可有耳，故谓之有谛。性本无矣，故谓之无谛。吾虽不悉佛理，谓此唱居然甚矣。自古千变万化之有，俄然皆已空矣，当其盛有之时，岂不常有也，必空之实，故俄而得以空邪。亦如惠子所谓'物方生方死'，'日方中方睨'，死睨之实，恒预明于未，生未中之前矣。愚者不睹其理，唯见其有。"②

宗炳认为自已对佛学的研究不够精深，但就对"本无"的理解来说，他认为玄学和佛教是不一样的，玄学的"本无"是万物的本体，佛教的本无并非指绝对的无，在一定程度上是众缘和成的"有"，只是这种因缘聚会而成

---

① （唐）元康：《肇论疏》，《大正藏》第45册，第164页上。
② 《弘明集》卷三，《大正藏》第52册，第18页中。

的"有"终会随因缘的缺失而灭，所以能通过"有"来体会事物的性为"本无"。佛教的本无是从真谛、俗谛二谛的分析中得出的，所有的"有"一定会"无"，正如惠施所说的"方生方死"一样，一切都处于"有"与"无"的循环、轮回与变换之中。

佛教经典中，并非所有"本无"都具有本体的意义，东晋译《增一阿含经》在"无"的意义上使用"本无"：

> 尔时，世尊便说此偈："咄此老病死，坏人极盛色；初时甚悦意，今为死使逼；虽当寿百岁，皆当归于死；无免此患苦，尽当归此道；如内身所有，为死之所驱；外诸四大者，悉趣于本无。是故求无死，唯有涅槃耳，彼无死无生，都无此诸行。"①

此中，"本无"与"涅槃"相对，与"死"相应，指四大离散，形体消亡的状态。

第二节 "性空"对"本无"的融摄和超越

一、佛教的"空境"与"空性"

译为中文的佛教典籍中的"空"字，具有多种层面的意义，包括"虚空"与"自性空"。从梵文字源上来看，表示虚空、空间的"空"对应梵文"ākāśa"；而"自性空"的梵文字源则是"sūnya"，曾译为舜若、空无、空虚、空寂、空净、非有。

在古印度的词汇中，"空"即指虚空。《鹧鸪氏奥义》在论述世界的生成时谈到："由我生空，由空生风，由风生火，由火生水，由水生地，由地生植

---

① （东晋）僧伽提婆译：《增一阿含经》卷十八，《大正藏》第2册，第637页中。

物。"①把空解释为与地、水、火、风四种元素相对的第五种元素。此与《中阿含经》中的六种元素：地、水、火、风、空、识②同义，也即《放光般若经》中的六大③，《大宝积经》中的六界④，为佛教对婆罗门哲学思想继承的表现之一。

"空"表示虚空的用法也出现在《道行般若经》、《光赞经》、《放光般若经》与《六集度经》中。《光赞经》：

> 眼、耳、鼻、舌、身、意自然相者、无所从来、无所从去、亦无所住。其地、水、火、风、空是诸种者、无有清净、亦无无本、其自然者亦无地种自然相者、无所从来、无所从去、亦无所住、水、火、风种、虚空、识种、亦复如是。⑤

此段中，空为"五大"：地、水、火、风、空之一，即"虚空"，如《放光般若经》：

云何菩萨不作住处，亦不与虚空作期，无所依怙，何以故？无有形像故。⑥

《六度集经》：

---

① 黄心川：《印度哲学史》，商务印书馆，1989年，第65页。

② 《中阿含经》卷三十四，《大正藏》第1册，第645页上："若有比丘作如是念：'地是我，我有地，水、火、风、空、识是我，我有识'者，彼比丘必被害，犹如商人为罗刹所食。"

③ 《放光般若经》卷五："诸法皆无所生。何以故？五阴无所生，六情亦无所生，六性——地、水、火、风、空、识——是六性亦无所生，身口意行亦无所生，至萨云若亦无所生。"

④ 《大宝积经》卷九十四："复次知四界：欲界、色界、无色界、无为界，是名知四界。复次知六界：所谓欲界、恚界、害界、出界、不恚界、不害界，是名知六界。复次知六界：所谓地、水、火、风、空、识界，是名六界。观地大，无常变坏，无坚无牢相，若无常即是苦，若是苦即无我。水、火、风、空、识大，无常变坏，无坚牢相，若无常即苦，若苦即无我，是名知六界。"

⑤ 《光赞经》卷八，《大正藏》第8册，第203页下。

⑥ 《放光般若经》卷四，《大正藏》第8册，第29页上。

天人报（常悲菩萨）曰："尔自斯正东行，无念色、痛、想、行识，无念苦乐、善恶、耳、目、鼻、口、身、心、吾我，及人往世所更、来世之事，无念地、水、火、风、空，青、黄、白、黑都及众色，贪淫瞋恚，愚痴嫉妒，男女九族，左右前后高下迟疾。"①

与《光赞经》相同，此段《六度集经》中的空为地、水、火、风、空等"五大"之一，此五大即《三慧经》所说之"外色"：

有内力、有外力，有内色、有外色，有内识、有外识。能制恶意，是为内力；能有所作，举重瞋恚，是为外力。痛痒、思想、生死、识是为内色；地、水、火、风、空是为外色。意念为内识，眼见为外识。②

在对外色的认知上，地水火风空也被看作组成"我"的基本元素。

《道行般若经》中，"空"有不同的词汇组合，如"空身慧"、"空闲处"、"空中"、"空寂"、"空处"、"空负"、"虚空"、"空本无有形"，"人身若干种空，其念亦若干种空"，"空亦无有远，亦无有近，亦无所有"等，多用于表示空间的含义，突出了虚空无形、无象的特点：

释提桓因语须菩提言："如须菩提所说，一切为说空事，为悉无所著。譬如射虚空了无所著，须菩提所说经亦如是了无所著。"③

---

① 《六度集经》卷七，《大正藏》第3册，第43页中。
② 《三慧经》卷一，《大正藏》第17册，第703页上。
③ 《道行般若经》卷八，《大正藏》第8册，第468页上。

此段对话中,"空事"与"虚空"中的"空"含义不同,"空事"中"空"的特点是"无所著"。又:

> 须菩提白佛言:"摩诃衍,于天上天下人中,正过上无有与等者,衍与空等,如空覆不可复计阿僧祇人,摩诃衍覆不可复计阿僧祇人,尔故呼摩诃衍。"①

此段中,"空"指虚空或空间,表明了大乘佛教能度之人如空间所能承载的无量众人一般不可计量,所以被称为"摩诃衍"。空除表示"虚空"之外,还与"实"相对,表示"无实":

> 但用无黠故还堕四颠倒——无常谓有常,苦谓有乐,空谓有实,无身谓有身。②

"空"表示存在的本然状态:

> 如色痛痒思想生死识不见,是世间亦不见其相者,亦不见是世间示现所有,皆从般若波罗蜜。何谓是般若波罗蜜示现持世间?其忧世间是亦为空,其忧世间是亦为恍忽,其忧世间是亦为寂,其忧世间是亦为净,是者即为世间示现。③

空、恍忽(恍惚)、寂(寂然)、净(本净)、自然在东晋之前的译经中,曾被视作

---

① 《道行般若经》卷一,《大正藏》第8册,第428页上。
② 《道行般若经》卷三,《大正藏》第8册,第438页中。
③ 《道行般若经》卷五,《大正藏》第8册,第450页下。

同义词^①，形容世界的存在的本真状态，"空"多在"幻"的意义上使用。《道行般若经》：

> 须菩提语诸天子："设复有法出于泥洹，亦复如幻。何以故？幻人、泥洹赐如空，无所有。"^②

人、世间乃至涅槃均如幻，不可得，亦无所失，此亦为佛作为世间导之教化：

> 何等为世间导？菩萨得阿惟三佛，便说色、痛痒、思想、生死、识空，说诸法空，是亦无所从来亦无所从去，诸法空，诸法无有想，诸法无有处，诸法无有识，诸法无所从生，诸法空，诸法如梦，诸法如一，诸法如幻，诸法无有边，诸法无有是，皆等无有异。^③

此段中的"空"，借由"梦"、"幻"为喻，在破除"幻有"的同时，表达了佛教"性空"的意味。《道行般若经》：

> 佛语须菩提："空者无所转，亦无转还，亦无想，亦无愿，亦无生死，亦无所从生，亦不有转，亦不转还。作是说者，是为说法无所说者，亦无所得，亦无有证，作是说法亦不般泥洹，作是说法亦无有

---

① （西晋）竺法护译：《文殊师利佛土严净经》卷一，《大正藏》第11册，第896页上："又如仁问逮立佛法；随仁意答。谁求志者？色志佛道乎？色志本净志佛道乎？其色本无志佛道乎？色自然，色悉空，色恍忽，色本净，色寂然，以此色法志求佛道成正觉乎？"

② 《道行般若经》卷一，《大正藏》第8册，第430页上。

③ 《道行般若经》卷五，《大正藏》第8册，第450页下。

尽。"①

此即是说，空是对"转"、"还"、"想"、"愿"、"生死"、"得"、"证"、"般泥洹"、"有尽"的否定。再看《放光般若经》中"空"的意义：

> 须菩提报言："菩萨摩诃萨行般若波罗蜜，于色、痛、想、行、识不作相行，亦不言五阴有常无常，于五阴亦不作苦乐行，亦不作是我所非我所行，于五阴不作空、无相、无愿行，于五阴亦不作寂静行。以是故，舍利弗！以五阴空为非五阴，五阴不离空，空不离五阴；五阴则是空，空则是五阴。六波罗蜜、三十七品及佛十八法皆空。假令空者亦不离十八法，十八法亦不离空。菩萨如是行般若波罗蜜，则为是沤惒拘舍罗。菩萨作是行般若波罗蜜，便成阿耨多罗三耶三菩。行般若波罗蜜，亦不见般若波罗蜜，亦不见行者，亦不见不行者。"②

以"五阴"为例，此段中所表达的"空"义，是非五阴、不离五阴、是五阴的整体观。以此类推，适用于一切法。

早期的佛教是在否定婆罗门教中关于"梵"是"常"、是"我"的说法中建立、完善佛教的理论系统，主张"诸行无常"、"诸法无我"，侧重解脱实践，所以部派佛教时期对"空"的认识也主要集中在修行过程中对各种

---

① 《道行般若经》卷四，《大正藏》第8册，第444页上。
② 《放光般若经》卷三，《大正藏》第8册，第16页上。

"境"①、"相"的破斥，多为"境空"②、"我空"和"心空"。大乘佛教时期，由于佛教自身的发展需要，佛教在义理及哲学方面有了更全面的认识，表现在对"空"的理解上，用缘起法的假名有来解释"毕竟空"③。实际上，对"空"的理解在佛教发展过程中出现过不同，也即所谓"相空"、"分析空"与"断灭空"的观点，因为只看到了"我法俱空"，过于强调法无自体，空不可得，而没能看到与真空一体的"妙有"，从文字上来看，并未达到理解性空之真义而受到批判。为了对治以上对佛教空观的不正确理解，《大般若经》译出"十八空"，破斥种种与大乘空义不符的各种"空"见，从不同层次、不同的角度确定立的"性空"正义。此十八种空，包括：

（1）内空 (adhyātma-śūnyatā)，指眼、耳、鼻、舌、身、意等六内处中，无我、无我所及无彼之法。

（2）外空 (bahirdhā-śūnyatā)，指色、声、香、味、触、法等六外处中，无我、无我所及无彼之法。

（3）内外空 (adhyātma-bahirdhā-śūnyatā)，即总六根、六境，指内、外十二处中，无我．无我所及无彼之法。

（4）空空 (śūnyatā-śūnyatā)，不著"内空"、"外空"与"内外空"，强调非真实性。

---

① 笔者按：在佛教的名相中，"境"指思想以外的客观实在或客观世界。

② 笔者按：佛教禅定中的空境指观照身由"四大假合而成，本来空也。无我者，谓四大各离"。早期佛教修持用"安般守意"来实现禅定。"安般"指通过控制呼吸及其频率进入禅定，"守意"指禅定时特殊的观想方法。观想地、水、火、风四大，并且心如四大；作不净观、白骨观等，最后将所有的观想都空掉，"一心缘空，与空相反，即入无边虚空处"，进入"有心无境"的状态，以达到在禅定中对"空"，对世界真相的认识。

③ 笔者按：佛教传入中国后信仰者关注的重要问题之一是是否有轮回的主体。从缘起的角度，五蕴为假名，处于生灭变化的无常当中，没有一个恒常不变的"我"存在。但同时由于缘起中的业果相续，是否存在轮回主体，就成了信仰者思考、争论的一个问题。部派佛教时期，各派对此主体有不同的看法，犊子部提出"不可说的补特伽罗"，经量部把"识"作为永恒，说一切有部将"我"看作是一种假名，我空，但法有，所谓"三世实有，法体恒有"，东晋慧远也提出了"形尽神不灭"的观点。

（5）大空（mahā-śūnyatā），指十方世界相空，否定了事物的真实性。

（6）第一义空（paramārtha-śūnyatā），又作胜义空、真实空、涅槃空，即离诸法外，别无第一义实相之自性可得，于实相无所著而言之空。

（7）有为空（saṃskṛta-śūnyatā），指有为之法空，即因缘集起之法与因缘之法相皆不可得而空。

（8）无为空（asaṃskṛta-śūnyatā），指与"有为法"相对的"无为法"是空，即无生、住、灭三相是空。

（9）毕竟空（atyanta-śūnyatā），又作至竟空，即以有为空、无为空破一切法，毕竟无有遗余。

（10）无始空（anavarāgra-śūnyatā），又作无限空、无际空、无前后空，指一切法虽生起于无始，而亦于此法中舍离取相，破除、超越了时间的观念。

（11）散空（anavakaāra-śūnyatā），又作散无散空、不舍空、不舍离空，指诸法和合为假有，因缘离散而成空。

（12）性空（prakṛti-śūnyatā），又作本性空、佛性空、自性空、法性空。

（13）自相空（svalakṣaṇa-śūnyatā），又作自共相空、相空，指诸法总别、同异之相不可得而空。

（14）诸法空（sarva-dharma-śūnyatā），又作一切法空，即于蕴、处、界等一切法中，性、相皆空。

（15）不可得空（anupalambha-śūnyatā），又作无所有空，指在诸因缘法中，求我、法不可得而空。

（16）无法空（abhāva-śūnyatā），又作无性空、非有空，指诸法无实，无自性可得，体、性皆空。

（17）有法空（svabhāva-śūnyatā），又作自性空、非有性空，即诸法相状但由因缘而有，故现在之有即非实有。

（18）无法有法空（abhāva-svabhāva-śūnyatā），又作无性自性空，即总括世间与出世间、三世一切有为法及无为法，一切皆不可得。

二、"本无"、"真如"、"自然"与"空"

早期般若类经典中,"本无"、"自然"、"空"与"真如"相即。《道行般若经》:

> 怛萨阿竭知色之本无,如知色本无,痛痒思想生死识亦尔。何谓知识?知识之本无。何所是本无?是欲有所得者,是亦本无,怛萨阿竭亦本无,因慧如住。何谓所本无?世间亦是本无。何所是本无者?一切诸法亦本无。如诸法本无,须陀洹道亦本无,斯陀含道亦本无,阿那含道亦本无,阿罗汉道、辟支佛道亦本无,怛萨阿竭亦复本无,一本无无有异,无所不入,悉知一切。是者,须菩提!般若波罗蜜即是本无。怛萨阿竭因般若波罗蜜,自致成阿耨多罗三耶三佛,照明持世间,是为示现。怛萨阿竭因般若波罗蜜,悉知世间本无无有异。如是,须菩提!怛萨阿竭悉知本无,尔故号字为佛。①

《道行般若经》中,"本无"作为万物的本性和本原,存在于一切之中:五阴、世间、诸法、五道乃至于佛。此"本无"呈现出"无有异"的特点,无有异即无分别,是所有法的共性,即是"诸法本无"。换一个角度说,般若波罗蜜即是本无。又:

> 佛言:"如是,诸天子!诸法无所从生,为随怛萨阿竭教。随怛萨阿竭教是为本无,本无亦无所从来,亦无所从去。怛萨阿竭本无,诸法亦本无;诸法亦本无,怛萨阿竭亦本无,无异本无如是。须菩提随本无,是为怛萨阿竭本无,怛萨阿竭本无住如是,须菩提住随怛萨阿竭教,怛萨阿竭本无无异,本无无异也,诸法是无异无异。怛萨阿竭本无,无所

---

① 《道行般若经》卷五,《大正藏》第8册,第449页下—450页上。

里碍，诸法本无，无所里碍。怛萨阿竭本无，诸法本无碍，一本无等，无异本无。无有作者，一切皆本无，亦复无本无。如是怛萨阿竭本无，不坏亦不腐，诸法不可得。须菩提随诸法教，怛萨阿竭本无，诸法本无，等无异，于真法中本无。须菩提随怛萨阿竭教，怛萨阿竭本无，无有过去、当来、今现在，诸法本无过去、当来、今现在。须菩提随怛萨阿竭教，怛萨阿竭本无，过去本无，当来本无，今现在怛萨阿竭本无，等无异，是等无异为真本无。"①

"本无"不仅存在于空间之中，也贯穿了时间，甚至否定了人们所能认知的空间与时间的存在形式，否定了所有的相对而进入了绝对。"本无"无作者，等无异，也"不可得"，是"无异无异"的平等。与此段内容相似，《大明度无极经》的翻译风格略有不同：

善业言："如来是随如来教。何谓随教？如法无所从生为随教，是为本无，无来原亦无去迹。诸法本无，如来亦本无无异。随本无，是为随如来本无。如来本无立，为随如来教。与诸法不异，无异本无。无作者，一切皆本无，亦复无本无，等无异。于真法中本无，诸法本无，无过去、当来、今现在，如来亦尔，是为真本无。闿士得本无如来名，地为六震，是为如来说本无，是为弟子善业随如来教。复次，五阴、沟港、频来、不还、应仪、缘一觉不受，是为随教。"②

在这里，首先，"本无"指"无所从生"，指"无来原亦无去迹"，指如来。其次，"本无"指"诸法不异"、"无异本无"，突出了"本无"的平等性。再

---

① 《道行般若经》卷五，《大正藏》第8册，第453页中。
② 《大明度无极经》卷四，《大正藏》第8册，第493页下—494页上。

次，"本无"无作者，不受任何限制，是绝对的自由。最后，"本无"是"本无"的"本无"，"诸法本无"就具有了哲学本原的意义。再看《摩诃般若抄经》相似段落：

佛言："随本无者，为随怛萨阿竭教。诸法亦本无。如诸法本无，怛萨阿竭亦本无。一切本无悉为本无。是为须菩提以随怛萨阿竭教无有异。随本无者，是为怛萨阿竭教不异无有异。随怛萨阿竭者为随本无，本无者是为怛萨阿竭。立须菩提之所立，为随怛萨阿竭教。如怛萨阿竭本无无所碍，诸法亦本无无所碍。是者，须菩提！为随怛萨阿竭教。以如怛萨阿竭本无者，于法亦本无，一本无等无异。我者亦无，作者本无，亦无作者，一切皆本无，亦复无本无。如本无本无，我者亦尔，故须菩提为随怛萨阿竭教。如怛萨阿竭本无不异无有异，是故诸法亦本无不异无有异。是为怛萨阿竭本无亦不坏，亦不腐，不可得，是者须菩提为随怛萨阿竭教。怛萨阿竭与诸法俱本无无异，小无异本无，亦不有异本无，悉皆是本无。如须菩提所随者，以入不可计人，亦复无所入，是为随怛萨阿竭教。怛萨阿竭者是为本无，亦不过去、当来、今现在，及诸法悉皆本无故，亦无过去、当来、今现在。如是者，须菩提为随怛萨阿竭教。以如来本无者，即曰怛萨阿竭教，怛萨阿竭者即是本无。当来亦本无，过去亦本无，现在亦本无。以随过去本无，怛萨阿竭教是为本无。"[1]

此段中，"诸法本无"、"一切本无悉为本无"、"本无无所碍"、"本无本无"的意义与《道行般若经》与《大明度无极经》相同，均突出了"一切皆本无"的观点。

---

[1]　《摩诃般若抄经》卷四，《大正藏》第8册，第525页上—中。

西晋时期，《道行般若经》、《大明度无极中》中的"本无"在《光赞经》中多次被"自然"代替，此"自然"即"本无"：

> 一切求菩萨悉不可得、亦不可见，当云何说般若波罗蜜教菩萨耶？菩萨而复号菩萨，但有字耳。譬如人自言："吾有我。"本末求之悉无所有，诸法自然。[①]

从终极的意义上来说，菩萨之所以名为菩萨，只是名称的分别，正如仔细分析、观照"我"而发现没有正真"我"的存在一样，菩萨之名亦非真。"诸法自然"，也就是诸法求之本末都无所有，即《道行般若经》中的"诸法本无"。又：

> 须菩提谓舍利弗："人无所有故，过去菩萨而不可得，众生悉空，是故过去菩萨而无所受。众生恍忽，是故过去菩萨而无所受，色无所有，是故菩萨不受过去痛痒、思想、生死、识，空无所有，是故菩萨不受过去受。过去色空，痛痒、思想、生死、识亦空；色恍忽，痛痒、思想、生死、识恍忽；色自然，痛痒、思想、生死、识自然；是故菩萨不受过去。檀波罗蜜、尸波罗蜜、羼波罗蜜、惟逮波罗蜜、禅波罗蜜、般若波罗蜜，悉无所有，是故菩萨不得过去。所以者何？舍利弗！其以空者不可得过去当来中间，无有异空、无有菩萨，无有过去空菩萨及过去事，皆悉无二、无若干也。"[②]

此段中，"无所有"、"不可得"、"空"、"无所受"、"恍忽"、"自然"均为

---

① 《光赞经》卷九，《大正藏》第8册，第204页下。
② 《光赞经》卷九，《大正藏》第8册，第205页上一中。

对"空"的多角度描述。此《光赞经》中的"色无所有"与《道行般若经》中的"色本无"在般若类经中表达了相同的含义。此"无所有"即彼之"本无",亦即"自然"。又,佛告舍利弗:

> （开士大士）身至梵天,不以神足而自贡高,意不慢恣亦无所念,其神足亦无所得,亦无㤭逸。起亦无所想、亦无念者,兴自然空,自然空者则为寂寞,其自然者亦无所起。又如斯者,不发神足及神足行,唯以专思诸通慧事,是开士智度无极神足证慧神足所由。[①]

其中,"自然空"即是"寂寞","自然"表示"无所起"。那么,"自然"究竟是何义呢?须菩提进一步说:

> 菩萨摩诃萨行般若波罗蜜,自然不可得。由是之故,波罗蜜为无所有,则为自然。以是故,舍利弗!菩萨摩诃萨行般若波罗蜜,无所受、无所行、不受不行、不行不受、不有所行亦不非不行,是故无所受亦不有所受。所以者何?一切诸法为无所有,则谓自然。是故无所至、无所犯负,是名曰一切不受三昧之定。[②]

所谓"自然",包括了"不可得"、"无所有"、"无所受"、"无所行"、"不非不行"、"不有所受"、"无所至"、"无所犯"的特点,就是"无所不有",超越了相对分别的绝对,即是"本无"。

三国支谦译《大明度无极经》中,"自然"就已出现,一定程度上与"本无"互用,表达了相同的概念:

---

① 《光赞经》卷二,《大正藏》第8册,第159页下。
② 《光赞经》卷四,《大正藏》第8册,第172页上。

　　善业曰："如是，贤者！其于色也，休色自然（菩萨学明度，本心欲分别知望得惠，当休是欲知望之想，无所复起也），于痛、想、行、休识自然，明度无极休识自然。明度无极休智自然，行此道者于智休止，智之自然者休矣（于五阴中皆休，其自起不复起矣）。相休止，相之自然者休矣。"①

　　此段中，"明度无极"即是"般若波罗蜜"，"休色自然"强调的是色无所复起的特点。五阴、相、般若波罗蜜均离相，离相即自然。

　　再进一步分析"自然"的特点，《摩诃波若抄经》：

　　须菩提语舍利弗："离色者，色之自然。痛痒、思想、生死、识离，识之自然。离般若波罗蜜，般若波罗蜜之自然。般若波罗蜜自然，为离相故。相之自然，为离故。相自然相，相之自然离相。"②

　　此"色之自然"与"色本无"一致。"自然"离相，与"本无"相即。又，《放光般若经》：

　　"世尊！波罗蜜自然？"答言："般若波罗蜜自然，诸法中得自在故。"③

　　自然的含义包括自在，在此意义上，般若波罗蜜使得自在，即是自然。又，《小品般若经》：

① 《大明度经》卷一，《大正藏》第8册，第479页中—下。
② 《摩诃般若钞经》卷一，《大正藏》第8册，第509页中。
③ 《放光般若经》卷十，《大正藏》第8册，第69页上。

　　"世尊！如波罗蜜是般若波罗蜜，诸法不异故。世尊！自然波罗蜜是
般若波罗蜜，诸法无性故。"①

在这段中，"波若波罗蜜"侧重于法，强调诸法不异；"自然波罗蜜"则侧
重于性，强调诸法无性。"诸法不异"与"诸法无性"相即。又：

　　如来法、佛法、自然法、一切智人法，不可思议，不可称，不可量；
色亦不可思议，不可称，不可量；受、想、行、识亦不可思议，不可
称，不可量。②

从"法"的角度观察，如来、佛、自然、一切智具不可思议、不可称、
不可量的特点，此"自然"即"如来"。进一步，"自然"也与"无上"、"大"
同义：

　　须菩提！是名诸佛无所畏道。菩萨行是道，修习亲近，若当不得佛无
上智、大智、自然智、一切智、如来智，无有是处。③
　　如是略说，乃至八万四千法蕴，皆从般若波罗蜜多广大明句所出生
故。所有佛智、自然智、不思议智，亦复由此大明生故。④
　　世尊告尊者须菩提言："如是，如是！须菩提！菩萨摩诃萨行般若波
罗蜜多，若如是行者，是为不行色，不行受、想、行、识。……如是行
者，是无所行而行、无所住而住，能入佛性，入如来性、自然智性、一

① 《小品般若波罗蜜经》卷四，《大正藏》第8册，第553页下。
② 《小品般若波罗蜜经》卷五，《大正藏》第8册，第559页上—中。
③ 《小品般若波罗蜜经》卷八，《大正藏》第8册，第572页下。
④ 《佛说佛母出生三法藏般若波罗蜜多经》卷三，《大正藏》第8册，第598页下。

切智性。如是行者，最上无胜，与般若波罗蜜多胜行相应，若诸菩萨摩诃萨于昼夜中如是勤行，即能近阿耨多罗三藐三菩提，乃至速能成就阿耨多罗三藐三菩提。"①

佛性、如来性、自然智性、一切智性并举，均为无所行而行，无所住而住的境界，在此意义上，佛即如来、自然智、一切智，最上无胜、阿耨多罗三藐三菩提、无上正等正觉同义。又，《佛说佛母出生三法藏般若波罗蜜多经》：

如来真如波罗蜜多是般若波罗蜜多，一切法真如平等故。自然智波罗蜜多是般若波罗蜜多，一切法自性平等故。一切智智波罗蜜多是般若波罗蜜多，一切法性一切法相，不可得不可知故。②

宋朝将"自然波罗蜜"另译为"自然智波罗蜜多"，以一切法自性平等，不可得亦不可知故，等同于"般若波罗蜜多"。在"平等"的意义上，真如、自然、自性、一切智智相即。或言，"自然"即是"空"。《光赞经》：

梦、幻、水月、芭蕉、野马、深山之响，皆悉自然，自然之事如来之化。三界自然则无所生，萨芸若者则无所住。所以者何？须菩提！如梦自然，梦自然者悉无所有，幻化之事亦复如是。须菩提！其欲令檀波罗蜜有，尸波罗蜜、羼波罗蜜、惟逮波罗蜜、禅波罗蜜、般若波罗蜜生者，则为欲令无相法生。所以者何？须菩提！六波罗蜜者悉皆自然，从三界生，萨芸若者亦无所住。所以者何？须菩提！六波罗蜜者则为自

① 《佛说佛母出生三法藏般若波罗蜜多经》卷二十，《大正藏》第8册，第655页上。
② 《佛说佛母出生三法藏般若波罗蜜多经》卷九，《大正藏》第8册，第620页上。

然，其自然者故曰为空。其有欲令无相法生者，则为欲令内空、外空、有空、无空、近空、远空、真空出生。所以者何？须菩提！其七空者则为自然，以自然故，因三界生，萨芸若者则无所住。

自然之事无所生，是如来的化现。梦、芭蕉、野马作为佛经中常用的比喻，表示色相无真实性，也是对一切有为法"实有"的破除。如梦一般，世界中的万物也是如来的幻化，从本性上来说，是自然幻化，是无所有，也即是空。同理，大乘佛教提出的六波罗蜜，也是三界中自然所生，是为有相，本性为空。只有了达万象不具有常住不变的本性，具有一切智智，才能无所住，不为所缚。

所以者何？须菩提！用七空自然故名曰为空，故空为空。须菩提！其有欲令无相法生者，则为欲令四意止、四意断、四神足念、五根、五力、七觉、八道行生。所以者何？皆自然空，因三界生，萨芸若者则无所住。须菩提！其有欲令三十七品出生者，则为欲令无相法生。所以者何？须菩提！三十七品则为自然，不生三界，萨芸若者则无所住。所以者何？三十七品自然空，空故曰空。须菩提！其有欲令十力、无畏、十八不共诸佛之法、四分别辩，悉自然空，空故曰空。须陀洹、斯陀含、阿那含、阿罗汉、辟支佛，上至怛萨阿竭阿罗诃三耶三佛生者，则为欲令无相法生。所以者何？须菩提！其三乘者亦复自然，不出三界，萨芸若者则无所住。所以者何？须菩提！阿罗汉者则为自然，自然故空，故曰为空。辟支佛者则为自然，自然故空，故曰为空。怛萨阿竭则为自然，自然故空，故曰为空。[1]

---

① 《光赞经》卷八，《大正藏》第8册，第199页中—200页上。

上文所提及的内空、外空、有空、无空、近空、远空、真空等七种空，因有名为空，故也需空此空。与梦、幻、六波罗蜜、七空同理，三十七道品、如来十力、十八不共法、须陀洹、斯陀含、阿那含、阿罗汉、辟支佛与如来俱自然，因其自然故，为空，亦名"自然空"，"自然"即是"空"。又，《光赞经》：

> 一切诸法空，悉自然无所有故。空波罗蜜自然空故，一切德具足波罗蜜所度无极。[1]

这里所说的"空"，一方面指自然无所有，一方面也指具足一切，"有"与"无"相即不相异。又，《小品般若经》：

> 佛说一切法无垢。何以故？一切法性空，一切法无我、无众生，一切法如幻、如梦、如响、如影、如炎。[2]

因为幻化真空，实现了"有"与"无"的相即不相异，诸法没有恒长不变的法性，所以一切法性空。《摩诃般若经》：

> 复次，舍利弗！菩萨摩诃萨欲住内空、外空、内外空、空空、大空、第一义空、有为空、无为空、毕竟空、无始空、散空、性空、自相空、诸法空、不可得空、无法空、有法空、无法有法空，当学般若波罗蜜。菩萨摩诃萨欲知诸法因缘、次第缘、缘缘、增上缘，当学般若波罗蜜。[3]

---

① 《光赞经》卷二，《大正藏》第8册，第161页中。
② 《小品般若波罗蜜经》卷九，《大正藏》第8册，第580页中。
③ 《摩诃般若经》卷一，《大正藏》第8册，第219页下。

在《光赞经》"七空"的基础上，《摩诃般若经》增加到了"十八种空"。此十八种空与《道行般若经》中的"本无"、《放光般若经》中的"自然"、《佛母出生三法藏般若波罗蜜多经》中的"真如"相即。

道安《道行般若经》序：

> 执道御有，卑高有差，此有为之域耳；非据真如，游法性，冥然无名也。据真如，游法性，冥然无名者，智度之奥室也。名教远想者，智度之蘧庐也。①

道安认为，"真如"、"法性"皆以无名为特征，只有通过万有反思无名，超越名教之限制，才能体会般若真意。但"无名"并不脱离"有名"而存在，"无言"通过"言说"来表达。

在早期传译般若类经典中，"本无"、"空"、"自然"、"真如"在同一经典译本中同时出现。《胜天王般若波罗蜜经》：

> 时宝功德菩萨告大众言："如来世尊无生无灭，何用劝请勿入涅槃。若虚空入涅槃，如来乃入涅槃；若实际、真如、法界、不思议界入涅槃，如来乃入涅槃。何以故？如来之法，无成无坏，无染无净，非世出世，有为无为，非断非常。"②

用实际、真如、法界来表达同一概念，说明了实相无坏无成、无染无净、非常非断的即事超越性，"真如"即是"无为"。以无为真如为本，显现出

---

① 释道安：《道行般若经序》，《大正藏》第8册，第425页上。
② 《胜天王般若波罗蜜经》卷六，《大正藏》第8册，第720页中。

世间的万事万物，但在究极的意义上，所有显现之物皆不可取、不可得，真如与万物的关系非一亦非异。比照本书第三章所录李善注《文选》所引"阮籍通《老子》论曰：道者自然，《易》谓之太极，《春秋》谓之元，《老子》谓之道也。"自然亦即道。

　　综之，在表达万物无自性的特点上，"本无"、"自然"、"真如"与"空"相即，但是，由于文字本身的生命力以及词语承载的语义演变和发展，各词又在解释、理解上存在差别，所有的传承与变化共同组成了丰富的语义内涵，发展了中国佛教哲学。

三、以"性空"超越"本无"

佛教传入中国早期，在译经中用"本无"翻译般若性空，对中国传统文化中的"本"与"无"思想加以借用并融会，与魏晋玄学共同发展，促进了中国对佛教义理的接受和理解，自东汉《道行般若经》的翻译开始，逐渐形成了中国佛教哲学解释体系，以"性空"代替"本无"，超越了王弼所提出的"以无为本"的本体论。

学者们对佛教的"空"与玄学的"本无"进行比较，如《六臣文选注》在注解"泯色空以合迹，忽即有而得"时提出：

　　善曰："言有既滞有，故释典泯色空以合其迹，道教忽于有而得，于郭象《庄子注》曰泯。平，泯也。"又曰："本末、内外畅然俱得，泯然无迹。"《维摩经》喜见菩萨曰："色、色空为二色，即是空非色，灭空色性。"自空如是，受、想、行、识、识空为二识，即是空非识性，自空于其中，通而达者，为入不二法门。有谓有形也。王弼《老子注》曰："有皆始于无。"又曰："有之所始，以无为本。"然王以有皆以无为本，无以有为功，将欲瘠无，必资于有，故曰即有而得也。王弼又曰："无，有也。"向曰："道也，色五色，空虚空。"今言视此二者，泯然如一，忽自遣有之情而得于道也。①

唐·李善注萧梁·萧统《文选》时认为，王弼提出的"有皆以无为本"不够究竟，当说到"有"与"无"时，并没有脱离"有"的痕迹，不若佛教泯色空为一，忘有而合道之说的境界。此"色空为一"、"忘而合道"即是"性空"的玄学化表述。

佛教解释体系中，"缘起性空"被视作对佛教"性空"最究竟的理解，但直到龙树的《中观论》被鸠摩罗什译为中文时，对"自性空"和"缘起有"的认识才得到进一步提高。特别是《中观论》提出了"不生亦不灭，不常亦不断，不一亦不异，不来亦不出"的中道观，明确了"众因缘生法，我说即是无，亦为是假名，亦是中道义。未曾有一法，不从因缘生，是故一切法，无不是空者"②的观点，确立了"假名有"与"般若空"的辩证关系，即是"缘起性空"，也即"般若性空"。青目的释文译本将"众因缘生法，我说即是无"写为"众因缘生法，我说即是空"，此两句同意义的表述，将"无"和"空"等同起来，用"空"代替了"无"。

> 众因缘生法，我说即是空。何以故？众缘具足、和合而物生，是物属众因缘故无自性，无自性故空，空亦复空，但为引导众生故，以假名说。离有无二边故名为中道，是法无性故不得言有，亦无空故不得言无，若法有性相，则不待众缘而有，若不待众缘则无法，是故无有不空法。③

在此因缘和合而万法生中的"空"，与"有"相对，通过"有"而体知

---

① 《六臣注文选》卷第十一，四部丛刊景宋本。

② 《中论》卷四，《大正藏》第30册，第33页中。

③ 《中论》卷四，《大正藏》第30册，第33页中。

"空",因为没有一法不从因缘生;同时,"空"又含万有,因为因缘合而万法生。空、有的关系,"无自性"与"假名有"的关系体现于因缘和合而无自性上。

由于经典翻译的完备,在总结前人经验基础上,僧肇在中国文化语境内将般若空从"空有"的关系转化成"真假"的问题。僧肇认为:

> 欲言其有,有非真生;欲言其无,事象即形。象开不即无,非真非实有。然则不真空义,显于兹矣。①

有"象"即不可谓"无",非"真"即不可谓"有",此所谓"空"之不真之义显矣。不真之空,包括"真"与"幻"的关系,正如在对于"人"的认识上,要明了"非无幻化人,幻化非真人"的道理,不能只看到空,而乎略有的一面,因为空是通过有而显现的,只是"万物非真,假号久矣",人们通过假有认识、体会真的意义;也不能只看到"有",而不能认识"空",因为空性显现于假如之中。以般若性空的观点看,既要看到假,又不能执着于假;既要理解真,又不能执着于真。对空性的体证离不开假名的作用,又是对假名的否定,如人饮水,冷暖自知,超越了语言文字。僧肇所理解的般若性空,将"有"与"无","色"与"空","真"与"假"看作非一非异的关系,也就是"非离真而立处,立处即真也":

> 是以圣人乘真心而理顺,则无滞而不通;审一气以观化,故所遇而顺适。无滞而不通,故能混杂致淳;所遇而顺适,故则触物而一。如此,则万象虽殊,而不能自异。……即万物之自虚,岂待宰割以求通哉。……故经云:"甚奇世尊,不动真际,为诸法立处。"非离真而立处,

---

① 僧肇:《不真空论》,载《中国佛教思想资料选编》,中华书局,1981年,第146页。

立处即真也。然则道远乎哉？触事而真。圣远乎哉？体之即神。①

色与空②的关系不能简单地割裂，"有"与"无"相即亦相异。

《大智度论》、《中观论》、《百论》翻译之前，时人对理解佛教教义中究极的"空"所能参考的佛教经论较少，因此两晋时期，研究般若学的中国僧人在对"空"进行解释时，参考、融会了中国传统思想中与"空"类似的概念及其思维方式。对这一现象，僧叡在《毗摩罗诘提经义疏序》中提到：

> 自慧风东扇，法言流咏已来，虽曰讲肆，格义迂而乖本，六家偏而不即，性空之宗，以今验之，最得其实。然炉冶之功，微恨不尽，当是无法可寻，非寻之不得也。何以知之，此土先出诸经，于识神性空明言处少，存神之文其处甚多，《中》、《百》二论文未及此，又无通鉴，谁与正之？先匠所以辍章遐慨，思决言于弥勒者，良在此也。③

由于早期传译的般若类经典对"性空"讲得不够直接和透彻，中土的义学僧多根据对经典的体会结合中国文化中"空"和"无"的意义生成演变来理解般若性空，形成了中国文化语境下对"性空"的特定理解，以"六家七宗"为代表。

"六家七宗"对般若思想的理解和发挥，以魏晋玄学为底蕴，通过对"有"、"无"，"本"、"末"，"色"、"心"关系的探讨，形成佛教思想体系。

对"六家七宗"的分类标准与代表人物，现代学者较为认同观点为：第一，本无宗，以释道安、竺法汰为代表；第二，本无异宗，以竺法深为代

---

① 僧肇：《不真空论》，载《中国佛教思想资料选编》，中华书局，1981年，第144—146页。
② （唐）玄奘译：《成唯识论》卷二，《大正藏》第31册，第6页："诸心心所依他起故，亦如幻事，非真实有。为遣妄执心心所外实有境故，说唯有识。若执唯识真实有者，如执外境亦是法执。"
③ 《毗摩罗诘提经义疏序》，《出三藏记集》卷八，《大正藏》第55册，第59页上。

表；第三，即色宗，以支道林为代表；第四，识含宗，以于法开为代表；第五，幻化宗，以道壹为代表；第六，心无宗，以支愍度、竺法蕴、道恒为代表；第七，缘会宗，以于道邃为代表。"七宗"即以上的分类，"六家"将本无宗与本无异宗合为一家。

首先来看本无宗。

从道安与竺法汰的学术背景分析，道安擅讲《道行般若经》、《光赞经》、《放光经》，竺法汰主要讲《放光经》，二人均精通《老》、《庄》、《易》三玄，故本无宗的观点与玄学与道家联系较多。释道安提出"无在元化之前，空为众形之始，故称本无"，明确了"本无"的重要性：

> 弥天释道安法师《本无论》云："明本无者，秤如来兴世，以本无弘教，故方等深经皆云五阴本无，本无之论，由来尚矣。须得彼义为是本无，明如来兴世只以本无化物，若能苟解无本，即思异息矣。但不能悟诸法本来是无，所以名本无为真，末有为俗耳。"①

道安认为"本无"是佛教的重要观点，大乘经典均对"本无"给予重视并加以说明。道安的"本无"观点相当于"自性空"的概念，如早期般若类经典中选择用"本无"翻译"性空"的方法相同，如《道行般若经》：

> 何谓所本无？世间亦是本无。何所是本无者？一切诸法亦本无。如诸法本无，须陀洹道亦本无，斯陀含道亦本无，阿那含道亦本无，阿罗汉道、辟支佛道亦本无，怛萨阿竭亦复本无，一本无无有异，无所不入，悉知一切。是者，须菩提！般若波罗蜜即是本无。②

---

① 元康：《肇论疏》卷一，《卐续藏经》第54册，第59页中。
② 《道行般若经》卷五，《大正藏》第8册，第450页上。

此"诸法本无"的"本无",即后译《大明度无极经》中之"本无":

> 善业言:"如来是随如来教。何谓随教?如法无所从生为随教,是
> 为本无,无来原亦无去迹。诸法本无,如来亦本无无异。随本无,是为
> 随如来本无。如来本无立,为随如来教。与诸法不异,无异本无。无作
> 者,一切皆本无,亦复无本无,等无异。于真法中本无,诸法本无,无
> 过去当来今现在,如来亦尔,是为真本无。开士得本无如来名,地为六
> 震,是为如来说本无,是为弟子善业随如来教。"①

在此段《大明度无极经》中,"诸法本无"即《道行般若经》的"诸法本
无",与"诸法实相","实相"、"本无"与"性空"相即。

吉藏在《中观论疏》中谈到:

> 什师未至长安,本有三家义:一者释道安明"本无义"。谓无在万化
> 之前,空为众形之始。夫人之所滞,滞在未有,若诧心本无,则异想便
> 息。睿法师云:"格义迂而乖本,六家偏而未即。"师云:"安和上凿荒途
> 以开辙,标玄旨于性空,以炉冶之功验之,唯性空之宗最得其实。"详此
> 意安公明本无者,一切诸法本性空寂,故云本无。此与方等经论、什肇
> 山门义无异也。次琛法师云:"本无者,未有色法,先有于无故,从无出
> 有。"即无在有先,有在无后,故称本无。此释为肇公不真空论之所破,
> 亦经论之所未明也。若无在有前,则非有本性是无,即前无后有,从有
> 还无。经云:"若法前有后无,即诸佛菩萨便有过罪,若前无后有,亦有
> 过罪。"故不同此义也。②

---

① 《大明度无极经》卷四,《大正藏》第8册,第493页下—494页上。
② (隋)吉藏:《中观论疏》卷二,《大正藏》第42册,第28页中。

吉藏认为，道安所说的"本无"，指以无为本，与魏晋玄学王弼提出的"以无为本"相似，带有魏晋玄学"崇本息末"的特征；竺法深提出的本无，指无在有之先，类似生成论上的无，非佛教所标性空之旨。

僧肇在《不真空论》中，对"本无"提出批评①，认为：

> 本无者，情尚于无，多触言以宾无。故非有，有即无；非无，无亦无。寻夫立文之本旨者，直以非有非真有，非无非真无耳。何必非有无此有，非无无彼无？此直好无之谈，岂谓顺通事实，即物之情哉！②

对此段所提及"本无"观点的评断重点在于，如果将重点放在"无"就会割裂"有"与"无"的内在联系而忽视"有"的一面。

第二，即色宗。

即色宗的代表人物支道林著《即色游玄论》，根据元康《肇论疏》所引，即色宗的主要观点为：

> 夫色之性也，不自有色，色不自色，虽色而空。③

支道林对"色"与"空"关系的理解，带有《庄子》的痕迹：

> 支道林云："物物而不物于物，故逍然不我待；玄感不疾而速，故遥然靡所不为；以斯而游天下，故曰逍遥游也。"④

---

① 笔者按：有观点认为僧肇批判的本无宗，并非释道安的本无宗，而是竺法汰的本无异宗。
② 《不真空论》，《大正藏》第45册，第152页上。
③ 元康：《肇论疏》，《大正藏》第45册，第171页下。
④ （宋）从义撰：《法华经三大部补注》卷十二，《卍续藏经》第28册，第372页中。

此"物物而不物于物"或基于对"不自有色，色不自色"的认知，在"物物"时能够做到"不物于物"，即不为物牵、不为物系，从而达到逍遥的境界。

对于"即色"的观点，僧肇在《不真空论》中提出：

> 即色者，明色不自色，故虽色而非色也。夫言色者，但当色即色，岂待色色而后为色哉？此直语色不自色，未领色之非色也。

僧肇认为，"即色"的观点明白"色不自色"，人所感知的"色"非"自色"，但在认识论上需要分析后得出"色"与"非色"的关系，割裂了二者之间整体的联系。吉藏在《中观论疏》进一步谈到：

> 第二即色义。但即色有二家，一者关内即色义，明即色是空者，此明色无自性，故言即色是空，不言即色是本性空也。此义为肇公所呵。肇公云："此乃悟色而不自色，未领色非色也。"次，支道林著《即色游玄论》，明即色是空，故言即色游玄论。此犹是不坏假名，而说实相，与安师本性空故无异也。

吉藏认为，支道林在《即色游玄论》中提出的"即色是空"是"不坏假名，而说实相"，与道安的"本无"义同；另一派"关内即色义"所提之"色无自性，故言即色是空"才是僧肇所批判的，因为只说明了色的存在是有条件的，而没有明白色的本性是非色。《名公法喜志》"王坦之"条录：

> （王坦之）与支道林相友善。道林尝造《即色论》曰："色之性也，不自有色，色不自有，虽色而空，故曰色即为空。色复异空。"论成以示坦

之，坦之都无言。①

此段所记录之支道林的《即色论》，在"即色为空"、"虽色而空"的基础上，又加上一了条"色复异空"，此或正是僧肇所言"未领色之非色"，吉藏所言"不言即色是本性空"所呵斥的，此与般若性空之义有所区别，即非般若正义，也与佛经中的"无复异空"不相应。《佛说大方等顶王经》录：

> 佛复告善思："色空不可得，痛、想、行、识空亦不可得。所谓空者，色则为空，无复异空，痛、想、行、识空，无复异空，四大、五阴、十八诸种、三界本空，十二因缘无则为空，无复异空。现世度世、有为无为，四大皆空，无复异空。色如聚沫、痛痒如泡、思想如芭蕉、生死如梦、识如幻、三界犹化、五趣如影，所以如影，从缘对生。三界本末，欲界、色界及无色界，心意所为，犹如画师治素壁板，因缘合成。"②

此段经文所明"空""不复异空"，即"所谓空才，色则为空，不复异空"。

对于佛教"色"与"空"关系的认识，周颙著《三宗论》提出了"不空假名"、"空假名"和"假名空"的观点。《中观论疏》录：

> 齐隐士周颙著《三宗论》："一不空假名，二空假名，三假名空。不空假名者，《经》云，色空者，此是空无性实，故言空耳，不空于假色也。以空无性实，故名为空，即真谛；不空于假，故名世谛。晚人名此为'鼠楼栗义'"。难云："《论》云：诸法后异，故知皆是无性，无性法亦无，一切法空故，即性、无性一切皆空。岂但空性而不空假！此与前即色义不异也。空假名者，一切诸法众缘所成，是故有体，名为世谛；

---

① （明）夏树芳辑：《名公法喜志》卷一，《卐续藏经》第88册，第326页上。
② （西晋）竺法护译：《佛说大方等顶王经》，《大正藏》第14册，第593页上—中。

折缘求之都不可得，名为真谛。"①

在吉藏看来，周颙的观点在于"空性不空假"，此与即色宗同，都强调了色的无实性，但也将空与色区别开来。

第三，心无宗。

僧肇《不真空论》评价："心无者，无心于万物，万物未尝无。此得在于神静，失在于物虚。"心无宗将心与物对立起来，一定程度上割裂了及心与物的关系，在主观上排除了外物对心的干扰而达到"神静"的状态。这种"神静"并未关涉客观物质，没有正面应答"色"与"空"的关系。心无宗代表人物为支愍度②所倡"心无义"，其"虚而能知，无而能应"一句，据陈寅恪先生考证③，与王弼《老子注》中的"虚而不得穷屈，动而不可竭尽"，以及《周易注》中的"寂然不动，感而遂通"相似，可以看作玄学化了的般若学。

主张心无义的还有道恒、法温④等人。吉藏在《中观论疏》中谈到：

> 第三温法师用"心无义"。心无者，无心于万物。万物未尝无。此释意云："经中说诸法空者，欲令心体虚妄不执，故言无耳。"不空外物，即万物之境不空。肇师详云："此得在于神静，而失在于物虚。"破意云："乃知心空而犹存物有，此计有得有失也。"此四师即晋世所立矣。爰至宗大

---

① 《中观论疏》卷二，《大正藏》第42册，第28页下。
② 笔者按：陈寅恪《支愍度学说考》认为支愍度之"心无义"与王辅嗣韩康伯老子周易注旨意相似，且可"互证"者不少，如"虚而能知，无而能应"之说即与王弼注《老子》中"虚而不得穷屈，动而不可竭尽"，以及《易·系辞上》所说"寂然不动，感而遂通"一致。（见《金明馆丛稿初编》）
③ 陈寅恪：《支愍度学说考》，见《金明馆丛稿初编》。
④ 笔者按：汤用彤、陈寅恪认为，温法师或以为即竺法深弟子竺法蕴，因为《高僧传·竺道潜传》录：竺法深有弟子竺法蕴，"悟解入玄，尤善《放光般若》"。（见《汉魏两晋南北朝佛教史》、《金明馆丛稿初编》）

庄严寺昙济法师著《七宗论》，还述前四以为四宗。①

此即是说，"心无宗"对"空"的理解带有局限性，只从心上着力，并未取消万物的有，也没有认识到万物的空的本性。又，《高僧传·竺法汰传》录：

时沙门道恒，颇有才力，常执心无义，大行荆土。汰曰："此是邪说，应须破之。"乃大集名僧，令弟子昙壹难之。据经引理，析驳纷纭，恒仗其口辩，不肯受屈。日色既暮，明旦更集。慧远就席，攻难数番，关责锋起。恒自觉：义途差异，神色微动，尘尾扣案，未即有答。远曰："不疾而速，杼轴何为？"座者皆笑矣。心无之义，于此而息。②

道恒所倡导的"心无义"被倡"本无义"的竺法汰批评，后又被庐山慧远批驳。

第四，含识宗。

吉藏在《中观论疏》中谈到：

第五于法开立识含义。三界为长夜之宅，心识为大梦之主，今之所见群有，皆于梦中所见，其于大梦既觉，长夜获晓，即倒惑识灭，三界都空，是时无所从生而靡所不生。难曰："若尔大觉之时便不见万物，即失世谛，如来五眼何所见耶？"

含识宗的代表人物为于法开，他认为"心识为大梦之主，今之所见群有，皆于梦中所见"。此即是说，三界所显现的实在，实为不实，如梦一般，

---

① 《中观论疏》卷二，《大正藏》第42册，第28页中—下。
② 《高僧传》卷五，《大正藏》第50册，第354页下。

是心识的作用。含识宗关于"大梦"的比喻，来自般若类经。

再看幻化宗。《中观论疏》录：

> 第六壹法师云："世谛之法皆如幻化，是故经云'从本已来未始有
> 也'。"难曰："经称幻化，所作无有罪福，若一切法全同幻化者，实人化
> 人竟何异耶！"又经借虚以破实，实去而封虚，未得经意也。

吉藏认为，幻化宗的代表人物竺道壹认为，世谛之法皆如幻化，幻则未
"有"。如未曾有，就不必承受罪福的果报的观点，从缘起轮回的角度来看，
显然是有所欠缺的。

幻化的观点，受到了般若类经的影响，侧重于对"法"的领悟。关于幻
化，《道行般若经》云：

> 幻化及野马，但有名无形，菩萨随般若波罗蜜教，当如是。[①]

此即是说，"幻化"与"野马"的意象相近，特点是但有名字，而无实存。
《大明度无极经》：

> 人本无形，但字耳，本无所生与灭度等，闿士随明度，当如幻化及野
> 马，有名无形。如地、水、火、风是四事无极，佛身相本无色，佛界本
> 无界，佛诸经法本无无说无教，譬如众鸟飞行空中，无足迹矣。[②]

《光赞经》：

---

① 《道行般若经》卷九，《大正藏》第8册，第470页中。
② 《大明度无极经》卷五，《大正藏》第8册，第503页中。

梦、幻、水月、芭蕉、野马、深山之响，皆悉自然，自然之事如来之化。三界自然则无所生，萨芸若者则无所住。所以者何？须菩提！如梦自然，梦自然者悉无所有，幻化之事亦复如是。

《放光般若经》：

佛言："菩萨行禅，观色如聚沫，观痛如泡，观想如野马，观所作行如芭蕉，观识如幻。"①

以上四种般若类经典，均以梦、幻、芭蕉、野马为喻，表达了万法无实性的特点。《正法华经》亦云：

临欲灭度佛在前住，诲以要法发菩萨意，不在生死不住灭度，解三界空，十方一切如化如幻，如梦、野马、深山之响，悉无所有无所希望，无取无舍无冥无明，尔乃深睹，无所不达见无所见，见知一切黎庶萌兆。②

梦、野马、深山之响喻指"无所有"、"如幻如化"，"野马"之喻体现了佛教对中国文化的吸收与发展。野马的典故出自《庄子·逍遥游》：

谐之言曰："鹏之徙于南冥也，水击三千里，抟扶摇而上者九万里，去以六月息者也。"野马也，尘埃也，生物之以息相吹也。

---

① 《放光般若经》卷十五，《大正藏》第8册，第108页上。
② （西晋）竺法护译：《正法华经》卷三，《大正藏》第9册，第85页下。

《庄子集释》【注】"野马者，游气也。"【疏】"此言青春之时，阳气发动，遥望薮泽之中，犹如奔马，故谓之野马也。"①【释文】"《野马》司马②云：'春日泽中游气也。'崔③云：'天地间气如野马驰也。'"依据对《庄子》中"野马也，尘埃也"的解释，《肇论疏》认为：

> 《庄子》云："野马，尘埃也。"郭注云："野马者，游气也。游气奔竞，喻如野马飘扬也。"④

《肇论新疏》：

> 野马者，《南华》云："野马，尘埃也。"或云："白驹游气。"⑤

根据晋代郭璞对《庄子》的解释，此以"野马"为喻，表现野马群飞奔扬起尘埃的场景，仿似游气浮动，然而，此浮气非气而是野马，故以野马为喻表现浮"气"涌动的状态。佛教经典在采用"野马"喻的基础上，进一步发展。《摩诃般若经》：

> 诸波罗蜜性无所、能作，自性空、虚诳如野马。⑥

① （清）郭庆藩集解：《庄子集释》卷一上，北京：中华书局，2006年，第6页。
② 司马彪，河内人，晋秘书监，注21卷，52篇。
③ 崔譔，清河人，晋议郎，注10卷，27篇。
④ 元康：《肇论疏》卷一，《大正藏》第45册，第168页中。
⑤ 《肇论新疏》卷一，《大正藏》第45册，第205页中。
⑥ 《摩诃般若经》卷二十，《大正藏》第8册，第369页中。

此将"野马"与"自性空"相联系，表示了眼所见事物"不真实"的特点，此"虚诳"不是指野马虚诳，而是以"野马"为喻，与庄子所说的"野马也，尘埃也"相比附，对可见事物的真实性加以否定。或者说"如野马无决定性可得"，"从众缘生法无自性。无自性故空如野马无实"①。《大智度论》：

> 有人初不见揵闼婆城，晨朝东向见之，意谓实乐，疾行趣之，转近转失。日高转灭，饥渴闷极，见热气如野马，谓之为水，疾走趣之，转近转灭。疲极困厄，至穷山狭谷中，大唤啼哭，闻有响应，谓有居民，求之疲极而无所见，思惟自悟，渴愿心息。②

此段中，"野马"指地面的热气，在饥渴之人眼中如水而非水，虽渴其解渴而实不能解渴，与"空山音响"之喻联用，表达了幻化的非真性。玄应《一切经音义》释《放光般若经》时提到：

> 野马，犹阳炎也。案《庄子》所谓"尘埃也，生物之以息相吹"者，注云鹏之所凭而飞者，乃是游气耳。《大论》云"饥渴闷极，见热气，谓为水"是也。③

此将"野马"释为"阳炎"。阳炎的特点在于无实，如《佛本行集经》：

> 譬如阳炎无有实，亦如水上聚浮沤，此事皆从分别生，智人应观如是等。④

---

① 《中论》卷二，《大正藏》第30册，第10页下。
② 《大智度论》卷六，《大正藏》第25册，第103页中。
③ 《一切经音义》卷九，《大正藏》第54册，第358页中。
④ 《佛本行集经》卷四，《大正藏》第3册，第718页上。

如水上沫，无有常定；如热阳炎，诳惑于人。①

僧肇《注维摩诘经》：

"是身如炎，从渴爱生。"肇曰："渴见阳炎惑以为水，爱见四大迷以为身。"②

《维摩义记》：

"是身如炎，从渴爱生。"是彼想阴。炎谓阳炎，浮动相似野马，故《华严》中说为野马。③

此"阳炎"即为被看成"水"的"热气"，借以比喻眼见事物所具有的非真实性。《大智度论》：

行如芭蕉，叶叶求之，中无有坚；相如远见野马，无水有水想，但诳惑于眼。④

又如《摩诃般若经》：

解了诸法如幻、如焰、如水中月、如虚空、如响、如揵闼婆城、如

---

① 《佛本行集经》卷十八，《大正藏》第3册，第737页上。
② 僧肇：《注维摩诘经》卷二，《大正藏》第38册，第341页中。
③ （隋）慧远：《维摩义记》卷一，《大正藏》第38册，第442页下。
④ 《大智度论》卷三十一，《大正藏》第25册，第286页下。

梦、如影、如镜中像、如化，得无阂无所畏。①

借用《庄子》的意象，佛教经典中的"野马"之喻，或为"尘埃"，或为"浮气"，或为"阳炎"，或为"水"，借以表达佛教所认识事物的"幻化"的道理。

第七，缘会宗。

《中观论疏》：

> 第七，于道邃明缘会，故有名为世谛；缘散，故即无，称第一义谛。难云："经不坏假名而说实相，岂待推散方是真无，推散方无，盖是俗中之事无耳。"②

吉藏认为，于道邃的缘会观点，重点在于过度强调"有"是缘聚的产物，"无"指缘散的状态，将"有"和"无"割裂开来，没有认识到"有""无"为一体、"不坏假名而说实相"的思想。于道邃"缘会"的观点类似于"分析空"或"分破空"。

以上"六家"对于"色"与"空"、"空"与"无"关系的认识主要来源于般若类经典。在南北朝之前翻译的般若类经中，"空"与"无"既表达不同的含义，也同时出现，或指相近之义。在《道行般若经》中，已有"诸法皆空"：

> 须菩提白佛言："般若波罗蜜甚深，难晓、难了、难知，如我念是中慧，求阿耨多罗三耶三菩易得耳。何以故？无所有，当何从得阿耨多罗

---

① 《摩诃般若经》卷一，《大正藏》第8册，第217页中。
② 《中观论疏》卷二，《大正藏》第42册，第28页下。

三耶三菩,诸法皆空,索之了不可得,当作阿惟三佛。索法无所得,无有作阿惟三佛,亦无有得阿惟三佛者。若有闻诸法空,求阿耨多罗三耶三菩易得耳。"①

"法"在佛教义理体系中包含丰富意义,既代表佛陀的说教,也指主观世界与客观的界的整体。此段在对"诸法皆空"的解释,重在强调法的"了不可得"上,空表示"不可得",既有"无实"、"如幻"意,又表示"缘会"、"本无"。又,《道行般若经》:

譬如幻师化作象本无所有,般若波罗蜜亦本无所有如是。譬如虚空适无所住,般若波罗蜜亦适无所住如是。譬如幻师学无所不至,般若波罗蜜亦无所不至如是。过去、当来、今现在亦不可合为一,般若波罗蜜无过、现当作是知。名本无形字无有形,般若波罗蜜亦无所不至,亦无所不入,亦无所至,亦无所入。何以故?般若波罗蜜空无所有故。譬如虚空,无所不至,无所不入,亦无所至,亦无所入。何以故?空本无色,般若波罗蜜如是。②

正如梦见须弥山而醒后知彼梦无实一样,般若波罗蜜亦无实,以此类推,扩而广之,观察世界,事间万法无一法为实,都具有时效性与相对性,为幻有。认识到幻有之后,非幻有即无所有,即无所至、无所入,也即无所不至,不所不入,即是如来。

《大明度无极经》:

---

① 《道行般若经》卷五,《大正藏》第8册,第454页上。
② 《道行般若经》卷十,《大正藏》第8册,第475页上—下。

佛言："明度空无所有，是故不远不近、不成不坏。"①

般若（明度）不远不近、不成不坏的原因是"空无所有"。

《放光般若经》谈及"空"与"假名"的关系：

佛报言："菩萨行般若波罗蜜，见恒边沙诸佛皆空，但以名号示现其处。诸假名号之处皆空，若诸刹土诸佛不空者，空为有偏；以空不偏，故诸法皆空。是故，菩萨行般若波罗蜜，以沤惒拘舍罗具足神通，便得天眼、天耳、神足、知他人意，自知所从来生死之事。菩萨不得神通者不成阿耨多罗三耶三菩，是故般若波罗蜜是菩萨摩诃萨之道。"②

诸佛的本性是"空"，示现名号为"假名"。其中，"空"的特点在于"不偏"，"不偏"即"平等"，具有"遍一切处"，"含一切法"的特点。在此意义上，"方便"与"般若"，"假名"与"空"相即，具足神通者的菩萨得五神通，而又"过"一切法而成佛。

在《小品般若经》中，佛说：

善男子！无生无来无去，无生即是如来；实际无来无去，实际即是如来；空无来无去，空即是如来；断无来无去，断即是如来；离无来无去，离即是如来；灭无来无去，灭即是如来；虚空性无来无去，虚空性即是如来。善男子！离是诸法，无有如来。是诸法如，诸如来如，皆是一如，无二无别。善男子！是如唯一，无二无三，离诸数，无所有。③

---

① 《大明度无极经》卷三，《大正藏》第8册，第487页下。
② 《放光般若经》卷十九，《大正藏》第8册，第137页中。
③ 《小品般若波罗蜜经》卷十，《大正藏》第8册，第584页上—中。

因为"法性"、"无性"、"虚空性"无来无去，在此意义上，即是如来。

《摩诃般若波罗蜜经》：

> 佛赞须菩提："善哉，善哉！须菩提！汝为阿惟越致菩萨摩诃萨问是深奥处。须菩提！深奥处者，空是其义。无相、无作、无起、无生、无染、寂灭、离、如、法性、实际、涅槃，须菩提！如是等法是为深奥义。"①

空的意义包括无相、无作、无起、无生、不染、寂灭、离、如、法性、实际、涅槃，此时，由于《摩诃般若波罗蜜经》的翻译，空的意义进一步明晰，超越了前人对佛教"空"的格义和解释，成为佛教中包括一切，不离一切又不即一切的真际。宋朝翻译的《佛说佛母出生三法藏般若波罗蜜多经》中，"空"与"无相"、"无愿"、"无生"、"无作"等并列：

> 佛赞须菩提言："善哉，善哉！须菩提！如是，如是！甚深相者即般若波罗蜜多相，般若波罗蜜多相者即是空义、无相、无愿、无生、无作、无性、无染、涅槃、寂静等义。"②

与《摩诃般若波罗蜜经》相似段落相比，增加了"无性"、"无愿"，减少了"离"、"如"、"法性"、"实际"。又，《佛说佛母出生三法藏般若波罗蜜多经》：

> 佛言："须菩提！空即是无量，是故此中一切法义，无所分别、离诸所作。须菩提！如是说者是佛所说。何以故？若如是说即是无量，无量即无数，无数即空，空即无相，无相即无愿，无愿即无生，无生即无

---

① 《摩诃般若波罗蜜经》卷十七，《大正藏》第8册，第344页上。
② 《佛说佛母出生三法藏般若波罗蜜多经》卷十七，《大正藏》第8册，第644页上一中。

灭，无灭即无作，无作即无知，无知即无性，无性即无染，无染即涅槃寂静。如是法门是即如来、应供、正等正觉所说。如是说者是即一切法无所说。"①

在这里，空、无量、无数、无相、无愿、无性、无知、涅槃、如来、真如、如如一义也，借假名言说以喻实相。

对于"空"与"无"的关系与争论，刘虬在《无量义经序》中谈到：

> 东国明殃，庆于百年；西域辩休，咎于三世。希无之与修空，其揆一也。有欲于无者，既无得无之分；施心于空者，岂有入空之照。……法性从缘，非有非无。忘虑于非有非无，理照斯一者，乃曰解空；存心于非有非无，境智犹二者，未免于有。有中伏结，非无日损之验；空上论心，未有入理之效。而言纳罗汉于一听，判无生于终朝，是接诱之言，非称实之说。②

刘虬认为，中国道、儒注重人世百年，印度佛教关注三世轮回，但从最终趣向来看，中国的"希无"与印度的"修空"并无不同，因为既没有一个"无"可得，也没有一个空可"入"。只有超越了对"有"与"无"，"非有"与"非无"的分别，体证到法性缘起的真正意义，明白"境"与"智"不二的道理，才是佛教所说的"空"。从实相层面出发，佛教对"无"、"生"的论述，只是接引信众的方便法门，不可执取。同样，对于"有"与"空"来说：

---

① 《佛说佛母出生三法藏般若波罗蜜多经》卷十七，《大正藏》第8册，第645页中。
② 《无量义经序》，《大正藏》第9册，第383页下—384页上。

案三乘名教，皆以生尽照息，去有入空，以此为道，不得取像于形器也。今无量义亦以无相为本，若所证实异，岂曰无相？若入照必同，宁曰有渐。非渐而云渐，密筌之虚教耳。①

说"空"，说"有"，顿、渐法门都为说法方便之法，以"名教"度人，以文字"假名"喻真实之理，引导众生领悟诸法实相。

慧达《肇论疏》：

达留连讲肆二十余年，颇逢重席，末睹斯论，聊寄一序，托悟在中，同我贤余，请俟来哲。夫大分深义，厥号本无，故建言宗旨，标乎实相，开空法道，莫逾真俗，所以次释二谛，显佛教门。但圆正之因，无上般若；至极之果，唯有涅槃。故末启重玄，明众圣之所宅，虽以性空拟本，无本可称，语本绝言，非心行处。然则不迁当俗，俗则不生；不真为真，真但名说。若能放旷荡然，崇兹一道；清耳虚襟，无言二谛，斯则净照之功著。故般若无知、无名之德兴，而涅槃不称。②

更进一步，在解释《仁王般若经》时，智顗从"藏、通、别、圆"角度对色与空的关系进行了论述：

波罗蜜者，此云事究竟，亦云到彼岸。生死为此，涅槃为彼，烦恼为中流，六度为船筏，此因缘释也。三藏实有为此，实有灭为彼，见思为中流，八正为船。通教以色为此，即空为彼，见思为中流，六度为船。别教以色空为此，空即是色为彼，无明为中流，无量行为船。圆教以色

---

① 《无量义经序》，《大正藏》第9册，第384页上。
② （唐）慧达：《肇论序》，《大正藏》第45册，第150页中—下。

空、空色不二而二为此，二而无二为彼，无明为中流，一行无量，行无量行，一行为船。随前诸教而度云到彼岸，此约教释也。[①]

以上对佛教文献中的"空"义略作梳理，最后参考《说文》对"空"的释义：

　　空，窍也。从穴，工声。

　　窍，空也。从穴，敫声。

　　窬，穿木户也。从穴，俞声。一曰空中也。

　　孔，通也。从乚，从子。（乚，谓子之候鸟也。乚至而得子，嘉美之也。古人名嘉字子孔。）

综之，空从穴得义，与孔音近，从空（孔）之字，多表因空、通而可以接受光亮，如喻、谕等含有明白、通达之义。此外，空又表示大。如《玉篇·穴部》："空，大也。"《诗·小雅·白驹》："皎皎白驹，在彼空谷。"《毛传》："空，大也。"空具明白、通达之义，也表示大，用于表达佛教五大中"虚空"的概念较为贴切，佛教"空性"的内容远大于中国唐朝之前传统文献对于"空"的释义，故而笔者认为，"空性"是中国传统"空"义在佛教义理中的发展，丰富了语言诠释体系。

综上所述，以"六家七宗"为代表，时人借用中土已有的词汇来解释佛教义理，在佛教传播初期起到了积极的促进作用。其中，《老子》与《庄子》中对于宇宙本体的思索与佛教的超越有一定相似之处；魏晋玄学对于言意的品味也与佛教思想契合；通过对佛经的翻译和解释，道家的思想渗入了佛教思想当中。道、自然、清净、寂净、无为、真如在不同时期均作为"空"的译词，表达佛教"性空"的观念，特别是魏晋玄学的"本无"观念，一定程度上与"性空"较为接近，更利于时人理解其时关注的佛教"空"义。但是，中国传统的哲学与政治的联系较为密切，魏晋玄学所讨论的和本末、体

---

① （隋）智者说，灌顶记：《仁王护国般若经疏》卷一，《大正藏》第33册，第254页中。

用、一多等问题构建的宇宙本体问题在一定程度上也为政治服务，用于论证帝王统治与社会制度的合法性，如"名教"与"自然"的关系即可谓社会秩序与"道"的体现：合于"道"的名教是自然的，体现了"宗长归仁，自然之情"①；违背"道"的"名教"则非自然，需要调整。就这一点来说，玄学和佛教的根本观念不相同。

　　一定意义上，魏晋玄学理论的核心在于揭示心性本体与宇宙本体的同一，佛学在对心性本体与宇宙本体同一的基础上达到对本体的超越，二者的区别是明显的，但道安认为，"以斯邦人《庄》、《老》教行，与方等经兼忘相似。故因风易行也"②。此即是说，佛教要在中国传播发展，就必须对中国哲学思想与佛学的关系作出回应和解释；佛教要实现中国化，就必须与中国传统思想保持联系并找到契合点而加以发展，故而在中国佛教传播初期的佛学解释玄学化，及随后佛学对玄学的超越，显示出语义从借用到丰富的轨迹，建立、完善中国佛教语言哲学体系是必然的发展结果。此即从"格义"到超越"格义"的过程。

　　本书围绕佛教中国化历史进程中的"格义"问题，从六个方面对《道行般若经》进行面、线、点相结合的深入研究，在整体概述基础上进行个案分析，试图以小见大，勾勒出佛教"格义"基本的线索：第一章主要运用训诂方法，辨析佛教"格义"，考察"格"字的本义与引申义，通过对不同文献语言中的"格"义进行剖析，对佛教"格义"的特点、必然性与局限进行分析，全面梳理和澄清"格义"在佛教中国化历史进程中的重要作用。第二章通过对《道行般若经》历代异译要点比较，在搜集历代般若类经译本与现存文献的基础上，参照已有的梵文、英文译本，对以东汉支娄迦谶译《道行般若经》为第一译的般若类经进行比较研究。特别选取与"格义"相关的

----

① 嵇康：《大师箴》。
② 释道安：《鼻奈耶序》，《大正藏》第24册，第851页上。

重点词句进行对比，分析文化发展对词语翻译与语义变化的影响，从佛经译场、佛教讲说方式、佛经重译原因分析等角度深入探析从整体来看《道行般若经》历代异译所体现出的佛教"格义"的特点。第三章对《道行般若经》进行解题，通过对其中关键词"道"与"般若"的训诂与哲学分析，从"格义"视角探讨《道行般若经》以"道"为名的原因、影响与作用。第四章从"格义"视角，对《道行般若经》中的"怛萨阿竭阿罗诃三耶三佛"一词历代异译及其诠释体系的变化进行比较，从具体词义的演变分析借由此显现的"格义"过程。第五章从"格义"视角，对《道行般若经》中的"五阴"一词译词的变化过程进行分析，从具体词语的翻译变化的角度，探求其中反映的佛教对中国文化的吸收、融会、发展过程。第六章从佛教哲学角度，以《道行般若经》中的重要概念"本无"为例，探讨"本无"一词在两晋以降所译般若类经典中被翻译为"真如"、"自然"、"性空"等的演进过程，在这一过程中，佛教吸收、丰富中国传统文化，以"性空"融会、超越"本无"，建立了佛教缘起性空的"般若空观"，从一个侧面反映出中国佛教语言体系的建立过程，亦即佛教从"格义"到超越"格义"的过程。

佛教传入中国初期，译经者与传教者将佛教的名相与中国传统思想中的概念相对应，以适应佛教在中国的传播，不仅见于般若类经典，如前所论，时人将佛教的"三归"与儒家的"三畏"，佛教"五戒"与儒家"五常"相拟配，认为："(佛教) 其始修心，则依佛、法、僧，谓之三归，若君子之三畏 (畏) 也。又有五戒，去杀、盗、淫、妄言、饮酒，大意与仁、义、礼、信、智同。"①这样，就将三归于佛、法、僧，与畏天命、畏大人、畏圣人之言等同起来，将释教与孔教联系在一起，实现了印度文化与中国文化的"互训"和"格义"，一定程度上促进了早期佛教在中国的传播。或可以说，早期佛教在中国的传播侧重于寻找佛教与中国文化的共同点而加以宣传，目的在得到时人对于佛教的认同。

---

① 《魏书·释老志》，《广弘明集》卷二，《大正藏》第52册，第101页中。

在佛、儒、道三家的关系上,梁·释智藏认为:

> 心源本无二,学理共归真;四执迷丛药,六味增苦辛;资缘良杂品,习性不同循;至觉随物化,一道开异津;大士流权济,训义乃星陈;周孔尚忠孝,立行肇君亲;老氏贵裁欲,存生由外身;出言千里善,芬为穷世珍;但空非即有,三明似未臻;近识封岐路,分镳疑异尘;安知悟云渐,究极本同伦;我皇体斯会,妙鉴出机神;眷言总归辔,回照引生民;顾惟惭宿殖,邂逅逢嘉辰;愿陪入明解,岁暮有攸因。[①]

在智藏看来,虽然佛教、儒学、道家的教义看似有差别,但从心源无二、学理共归真的角度分析,在究极的意义上,可谓殊途同归。

然而随着中国佛教的发展,佛教的义理被更深入地理解,佛教与儒道的不同凸显,佛教在发展过程中即出现了"以佛摄儒"的举措,如唐·宗密《原人论序》:

> 然孔、老、释迦皆是至圣,随时应物,设教殊涂,内外相资,共利群庶。策勤万行,明因果始终;推究万法,彰生起本末。虽皆圣意而有实有权,二教唯权,佛兼权实。策万行,惩恶劝善,同归于治,则三教皆可遵行;推万法,穷理尽性,至于本源,则佛教方为决了。[②]

从权、实的角度分析,儒家与道教皆为"权教",只有佛教解决了本源问题,在权教之上,包含了权教的内容,可谓"实教"。佛教包括权、实,也即统摄了儒家与道教。宋·永明延寿《宗镜录》云:

---

① 《梁开善寺藏法师奉和武帝三教诗一首》,《广弘明集》卷三十,《大正藏》第52册,第362页中—下。
② (唐)宗密:《原人论序》,《大正藏》第45册,第708页上。

又古释云："百家异说，岂文言之能惑者。"此明于三教不惑，各立其宗。儒有二十七家，若契五常之理，即无惑也；黄老有二十五家，若契虚无，亦无惑也；释有十二分教，若了本心，亦无惑也。然则三教虽殊，若法界收之，则无别原矣。若孔老二教，百氏九流，总而言之，不离法界，其犹百川归于大海。若佛教圆宗，一乘妙旨，别而言之，百家犹若荧光，宁齐巨照，如大海不归百川也。①

"无常"之于儒，"虚无"之于道，"本心"之于佛，在永明延寿看来正是三家的区别，但以"法界"观之，则是佛教统摄儒、道与其他各种学说，犹如"百川归于大海"，且"大海不归百川也"。

在佛教中国化历史进程中，佛、道、儒之间的争论、排斥、吸收和融会，共同促进了中国佛教的发展，佛教以统摄儒、道的圆融融入中国文化，建立了中国佛教语言哲学体系，形成了三教同归的气势，正如唐·李去泰碑刻《三教道场文》②记录：

四维无涯，玄黄混其体；精气相射，阴阳孕乎中。寒暑推移，日月所以交会；道德敷畅，仁义所以表仪。即有金人流化，开悟方便之门；宝箓内宗，冲融自然之理。法本无别，道亦强名，随化所生，同归妙用，故知二仪生一，万象起三，殊途同归，体本无异。至哉广运，玄之又玄，方丈之间，示我三教。察其规制，即资州刺史叱干公，作礼虔诚，大历二年（767）十月，奉为我国家之所造也。③

---

① （宋）永明延寿：《宗镜录》卷三十三，《大正藏》第48册，第608页中。
② 笔者按，此即朝请郎行成都府广都县丞李去泰述《资州刺史叱干公三教道场文》。
③ 龙显昭、黄海德主编：《巴蜀道教碑文集成》，四川大学出版社，1997年，第32—33页。

"法本无别",因此儒、释、道三家最终旨趣无别;"随化所生",因而开"方便之门",而有三家之名。"体本无异"、"殊途同归"表现了以李去泰为代表的唐朝文人对儒、释、道三家的认同。又如大历六年 (771) 造"弥勒像记"录:

> 西方大圣,为法现身;不生不灭,无我无人;甘露洒雨,水月净尘;心澄智海,道引迷津;湛然不动,永绝诸因。混元难测,杳杳冥冥,恍惚不物,想象无形,九天辩位,四方居星,中含仙道,下育人灵。法传不死,空余老经。广学成海,焕文丽天。光扬十哲,轨范三千。获麟悲凤,赞易穷玄。首唱忠孝,迹重仁贤。其道不朽,今古称先。①

唐·任维谦所写的此段造像记中,"混元难测"、"恍惚不物"、"中含仙道"带有道教的特点,"首唱忠孝"、"迹重仁贤"与儒家思想相合,碑文显现、折射出佛教吸收、发展了中国文化中的优秀传统思想,为广大人民所接受的情况。此时,在佛教思想中,释、儒、道三家融会,进而发展了印度佛教思想。

最后,从文献翻译方面来看,佛教翻译已从单方面将梵文/胡文译为汉文发展到了将汉文的佛教著述译为梵文/胡文,实现了文化的双向交流:

> 有王舍城沙门,远来谒帝,事如后传,将还本国,请《舍利瑞图经》及《国家祥瑞录》,勅又令琮翻隋为梵,合成十卷,赐诸西域。②

始自隋朝,将中文文献译成梵文并传播到西域已是官方行为。彦琮受

---

① 《巴蜀道教碑文集成》,第33页。文后录:"门师京兆府万年县沙门智顺,书人乐安郡任惟谦,镌字人平原郡雍慈顺,都料丈六弥勒佛匠雍慈敏。"
② 《续高僧传》卷二,《大正藏》第50册,第437页下。

命，将中国编撰的《舍利瑞图经》和《国家祥瑞录》合译为十卷梵文，赐给西域诸国。此举一方面显示出隋朝的强大，另一方面也可看出隋朝执政者将中国佛教看作中国文化的重要组成部分。自隋朝之后，唐·玄奘也将中国经典《老子》译为梵文，送到西域与印度一带：

> 及西使再返，又勅二十余人，随往印度前来国命，通议中书。勅以异域方言务取符会，若非伊人将论声教，故诸信命并资于奘，乃为转唐言，依彼西梵，文词轻重，令彼读者，尊崇东夏。寻又下勅，令翻《老子》五千文为梵言，以遗西域。奘乃召诸黄巾，述其玄奥，领迭词旨，方为翻述。①

因为玄奘精通梵文，故勅令其将《老子》译成梵文，使人带到西域，以传播中国文化。玄奘在充分征求、参考道家意见的基础上，将《老子》翻译成为梵文：

> 道士蔡晃、成英等，竞引《释论》、《中》、《百》玄意，用通道经。奘曰："佛道两教，其致天殊，安用佛言，用通道义，穷核言疏，本出无从。"晃归情曰："自昔相传，祖凭佛教，至于三论，晃所师遵，准义幽通，不无同会，故引解也。如僧肇著论，盛引《老》、《庄》，犹自申明，不相为怪。佛言似道，何爽纶言。"②

道士蔡晃、成英等认为，《大智度论》、《百论》与《中论》等解释佛教般若观的论注，其思想与道教契合，可以用来解释道教哲学、注解《老子》，正

---

① 《续高僧传》卷四，《大正藏》第50册，第455页中。
② 《续高僧传》卷四，《大正藏》第50册，第455页中。

如东晋时期僧肇引《老子》与《庄子》来说明佛教思想的用义一致，均表现了佛教与道教的相通性。但是，玄奘认为，佛、道不同，可谓"天殊"，要注解《老子》，必须使用道教的话语体系：

> 奘曰："佛教初开，深文尚拥，老谈玄理，微附佛言。肇论所传，引为联类，岂以喻词，而成通极。今经论繁富，各有司南，老但五千，论无文解，自余千卷，多是医方。至如此土贤明何晏、王弼、周颙、萧绎、顾欢之徒，动数十家，注解《老子》何不引用？乃复旁通释氏，不乃推步逸踪乎。"①

玄奘认为，僧肇引用《老子》、《庄子》注解佛教思想，是特定时期使用的方便法门，用中国人熟悉的词汇与比喻作为"连类"，帮助时人理解佛教义理。此法有一定适用范围，但非究极之道。佛教与道教各有自己的语言哲学体系，故而在将《老子》译为梵文时，无须用《大智度论》、《百论》与《中论》进行注解，可以选择何晏、王弼、周颙、萧绎、顾欢等的注释。在将《老子》五千言译汉为梵时，仅需译《老子》，至于《老子序》等辅助文献，则无须翻译②。玄奘针对如何将道教重要文献《老子》译为梵文的解释，从一个侧面证明了彼时中国佛教话语已区别于道教话语，可谓超越"格义"阶段，建立并完善了中国佛教语言哲学体系。

---

① 《续高僧传》卷四，《大正藏》第50册，第455页中。

② 既依翻了，将欲封勒，道士成英曰："老经幽邃，非夫序引，何以相通？请为翻之。"奘曰："观老治身、治国之文，文词具矣。叩齿咽液之序，其言鄙陋。将恐西闻异国，有愧乡邦。"英等以事闻诸宰辅，奘又陈露其情。中书马周曰："西域有道如老庄不？"奘曰："九十六道，并欲超生。师承有滞，致沦诸有。至如顺世、四大之术，冥初、六谛之宗，东夏所未言也。若翻老序，则恐彼以为笑林。"遂不译之。奘以弘赞之极，勿尚帝王，开化流布，自古为重。又重表曰："伏奉墨勅，猥垂奖喻，祗奉纶言，精守振越。玄奘业尚空疎，谬参法侣，幸属九瀛有截，四表无虞，凭皇灵以远征，恃国威而访道。穷遐冒险，虽励愚诚，纂异怀荒，寔资朝化。"

综上所述,"格义"是佛教传入中国早期,时人用中国文化解释佛教名相的诠释方式。对这一方式的主动运用,促进并完善了佛教中国化历史进程,"格义"的目的,在于超越"格义",建立中国佛教语言哲学体系。佛教在中国传播的过程中,兼通儒、释、道三家的僧人、儒士与道士,在辩论中吸收各家之所长,促进了中国各家哲学的发展。

作为异质文化交流的成功案例,对佛教"格义"问题的深入研究,在当代多元文化对话背景下仍有其积极意义与重要价值。

主要参考文献
（按音序排序）

一、专著与论文

1.（汉）班固：《白虎通义》，四部丛刊本。

2.（梁）宝亮等集：《大般涅　经集解》，《大正藏》第34册。

3.北京图书馆金石组、中国佛教图书文物馆石经组编：《房山石经题记汇编》，北京：书目文献出版社，1987年。

4.蔡镜浩：《魏晋南北朝词语例释》，江苏：江苏古籍出版社，1990年。

5.[日]常盤大定：《南北对照英汉和译法句经》，东京：博文馆，明治三十九年。

6.陈秀兰：《魏晋南北朝文与汉文佛典语言比较研究》，北京：中华书局，2008年。

7.陈寅恪：《金明馆丛稿初编》，北京：三联书店，2001年。

8.（北魏）崔鸿撰，（清）汤球辑补，王鲁一、王立华点校：《十六国春秋辑补》，山东：齐鲁书社，2000年。

9. [美]David J. Kalupahana, *Buddhist Philosophy: A Historical Analysis*, the University Press of Hawaii, 1976.

10.（唐）杜佑撰，王文锦，王永兴等点校：《通典》（五册），北京：中华书局，1992年。

11.段文杰主编：《甘肃藏敦煌文献》(1~6册)，兰州：甘肃人民出版社，1999年。

12.（清）段玉裁：《说文解字注》，江苏：凤凰出版社，2007年。

13.[印度]多罗那它著，张建木译：《印度佛教史》，四川：四川民族出版社，1988年。

14.（宋）法云：《翻译名义集》，《大正藏》第54册。

15.方东美：《原始儒家道家哲学》，台北：黎明文化事业股份有限公司，1983年。

16.方东美：《中国大乘佛学》，台北：黎明文化事业公司，1984年。

17.方立天：《中国佛教哲学要义》（上下），北京：中国人民大学出版社，1995年。

18.方一新：《东汉魏晋南北朝史书词语笺释》，合肥：黄山书社，1997年。

19.（唐）房玄龄等撰：《晋书》（三册），北京：中华书局，2000年。

20.（隋）费长房：《历代三宝记》，《大正藏》第49册。

21.冯友兰《三松堂全集——中国哲学史新编》第四卷，郑州：河南人民出版社，2001年。

22.高圣兵：《Logic汉译研究》，上海：上海译文出版社，2008年。

23.[清]郭庆藩集解：《庄子集释》，北京：中华书局，2006年。

24.黄永武主编：《敦煌宝藏》（1~140册），台北：新文丰出版公司，1983~1986年。

25.（唐）慧琳撰：《一切经音义》，《大正藏》第54册。徐时仪校注《一切经音义三种校本合刊》（全三册），上海：上海古籍出版社，2008年。

26. [美]Jan Nattier, *A guide to the Earliest Chinese Buddhist Translations: Texts from the Eastern Han "Dong Han" and Three Kingdoms "San Guo" Periods*, International Research Institute for Advanced Buddhology, Soka University, 2008.

27. [美]Jeffrey Walter Dippmann, *The Emptying of Emptiness: the Chao-Lun as*

Graduated Teachings, Northwestern University, 1997.

28.（隋）吉藏：《金刚般若经疏》，《大正藏》第33册。

29.[德]伽达默尔：《真理与方法——哲学诠释学的基本特征》，上海：上海译文出版社，1999年。

30.（后秦）鸠摩罗什译：《仁王般若波罗蜜经》，《大正藏》第8册。

31.（后秦）鸠摩罗什译：《大智度论》，《大正藏》第25册。

32.[美]J.R. Searle, *The Philosophy of Language*, Oxford University Press, 1977.

33.（吴）康僧会译：《六集度经》，《大正藏》第3册。

34.赖贤宗：《佛教诠释学》，北京：北京大学出版社，2009年。

35.[日] 镰田茂雄：《中国佛教通史》（四卷），关世谦译，佛光出版社，1985年。

36.梁启超：《佛学研究十八篇》，北京：中华书局，1989年。

37.梁晓虹、徐时仪、陈五云著：《佛经音义研究通论》，江苏：凤凰出版社，2009年。

38.[日]林屋友次郎：《異譯経類の研究》，東京：东洋文库，1945年。

39.李维琦：《佛经续释词》，长沙：岳麓书社，1999年。

40.（唐）李延寿撰：《北史》（二册），北京：中华书局，2000年。

41.（唐）李延寿撰：《南史》（二册），北京：中华书局，2000年。

42.李志夫：《中印佛学比较研究》，北京：中国社会科学出版社，2001年。

43.（刘宋）刘义庆：《世说新语》，上海：上海古籍出版社，1982年。

44.吕澂：《中国佛学源流略讲》，北京：中华书局，1979年。

45.（唐）陆明德：《经典释文》，北京：中华书局，1983年。

46.罗时宪：《小品般若经论对读》，中国书店，2007年。

47.牟宗三：《般若与佛性》，台北：学生书局，1989年。

48.牟宗三：《才性与玄理》，桂林：广西师范大学出版社，2006年。

49.任继愈主编：《敦煌遗书》（1～139册），北京：北京图书馆出版社，2008～2011年。

50.（清）阮元校刻：《十三经注疏》，北京：中华书局，1980年。

51.[日]森三树三郎：《老壮と仏教》，讲谈社，2003。

52.[日]森三树三郎：《「无」の思想：老壮思想の系谱》，讲谈社，1969。

53.（梁）僧佑撰：《出三藏记集》，《大正藏》第55册。苏晋仁、萧錬子点校：《出三藏记集》，北京：中华书局，1995年。

54.（梁）僧佑撰：《弘明集》，《大正藏》第52册。

55.（宋）施护译：《佛说佛母出生三法藏般若波罗蜜多经》，《大正藏》第8册。

56.（唐）释道宣撰：《广弘明集》，《大正藏》第52册。

57.（辽）释行均编：《龙龛手镜》，北京：中华书局，2006年 。

58.（唐）释智升：《开元释教录》，《大正藏》第55册。

59.[日]水野弘元著，Gaynor Sekimori译，*Essentials of Buddhism: basic terminology and concepts of Buddhist philosophy and practice*，Kosei Pub., 2003.

60.[日]水野弘元：《法句経の研究》，春秋社，1981。

61.[日]水野弘元：《経典はいかに伝わつたか：成立と流伝の历史》，佼成出版社，2004。

62.孙以楷主编，陆建华、沈顺福、程宇宏、夏当英著：《道家与中国哲学——魏晋南北朝卷》，北京：人民出版社，2004年。

63.（后秦）昙摩蜱、竺佛念译：《摩诃般若钞经》，《大正藏》第8册。

64.唐长孺：《魏晋南北朝史论拾遗》，北京：中华书局，1983年。

65.[美]唐纳德·罗佩兹编，周广荣、常蕾、李建欣译：《佛教解释学》，上海：上海古籍出版社，2009年。

66.唐秀莲：《僧肇的佛学理解与格义佛教》，台北：文史哲出版社，2008年。

67.汤用彤校注，汤一玄整理：《高僧传》，北京：中华书局1992年。

68.汤用彤：《汤用彤全集》第一卷，河北人民出版社，2000年。

69.（魏）王弼著，楼宇列校释：《王弼集校释》，北京：中华书局，1980年。

70.王铁均：《中国佛典翻译史稿》，北京：中央编译出版社，2006年。

71.巫白慧：《印度哲学》，北京：东方出版社，2000年。

72.（西晋）无罗叉译：《放光般若经》，《大正藏》第8册。

73. [日]小林正美著，李庆译：《六朝道教史》，成都：四川人民出版社，2001年。

74. [日]辛岛静志，*A glossary of Lokak·ema's Translation of the Aasāhasrikā Prajāpāramitā*，International Research Institute for Advanced Buddhology, Soka University, 2010.

75. [日]辛岛静志，*A Critical Edition of Lokak·ema's Translation of the Aasāhasrikā Prajāpāramitā*，International Research Institute for Advanced Buddhology, Soka University, 2011.

76.徐文明：《中国佛教哲学》，北京：宗教文化出版社，2008年。

77.（唐）玄奘译：《大般若波罗蜜经》，《大正藏》第5册。

78. [荷兰]许里和：《佛教征服中国》，南京：江苏人民出版社，2005年。

79.许嘉璐：《未央续集》，北京：社会科学出版社，2012年。

80.许抗生：《三国两晋玄佛道简论》，济南：齐鲁书社，1991年。

81.许抗生：《僧肇评传》，南京：南京大学出版社，1998年。

82.（东汉）许慎《许文解字》，北京：中华书局，1978年。

83.（汉）扬雄著，（清）钱绎笺疏：《方言》，北京：中华书局，1991年。

84.姚卫群：《佛教般若思想发展源流》，北京：北京大学出版社，1996年。

85.俞理明：《佛经文献语言》，成都：巴蜀书社，1993年。

86.（唐）元康：《肇论疏》，《大正藏》第45册。

87.张幼军：《佛教汉语训释方法探索——以〈小品般若波罗蜜经〉为例》，长沙：湖南师范大学出版社，2008年。

88.（东汉）支娄迦谶译：《道行般若经》，《大正藏》第8册。

89.（吴）支谦译：《大明度无极经》，《大正藏》第8册。

90. [日]中岛隆藏：《六朝思想研究——士大夫与佛教思想》，平乐寺书店，1992。

91. [日]塚本善隆：《肇论研究》，京都：法藏馆，1989年。

92.朱庆之：《佛典与中古汉语词汇研究》，台北：文津出版社，1982年。

93.朱庆之主编：《佛教汉语研究》，北京：商务印书馆，2009年。

94.（西晋）竺法护译：《光赞经》，《大正藏》第8册。

95.（西晋）竺法护译：《佛说阿惟越致遮经》，《大正藏》第9册。

二、论文

1.白欲晓：《"格义"与中国哲学的"致曲"之路——研究者的"自觉"与"选择"》，《福建论坛：人文社会科学版》，2010年第2期。

2.陈义海：《"格义"之法与中国比较文学——一种跨文化传播的范式研究》，《上海师范大学学报：哲学社会科学版》，2008年第2期。

3. [日]船山彻, The Sinification of Buddhism as Viewed from the Translation and the Compilation of Scriptures in the Six Dynasties Period（六朝佛典の翻訳と編輯に見る中国化の问题），东方学报，京都大学人文科学研究所，80：1～18，2007.

4.崔大华：《庄子思想与两晋佛学的般若思想》，载《道家文化研究》第2辑，上海：上海古籍出版社，1992年。

5.党素萍：《略谈〈八千颂般若经〉历代汉译本的特点——从梵汉对勘谈起》，《南亚研究》，2010年第3期。

6.方立天：《中国佛教本无说的兴起与终结》，《中国文化研究》，1997年第18期。

7.高人雄：《佛经传译中的胡汉文化合流》，《西域研究》，2008年第3期。

8.何锡蓉：《从"格义"方法看印度佛学与中国哲学的早期结合》，《上海社会科学院学术季刊》，1998年第1期。

9.何中华《马克思主义中国化四问》，《东岳论丛》，2010年第10期。

10.季琴：《〈道行般若经〉与〈大明度经〉的语法对比》，《西南交通大学学报：社会科学版》，2007年第5期。

11.季羡林：《佛教》，载《季羡林文集》第七卷，江西：江西教育出版社，1998年。

12.林传芳：《格义佛教思想之史的开展》，《华冈佛学学报》，1972年第2期。

13.刘惠卿：《义理佛教：从格义到玄佛合流》，《求索》2006年第1期。

14.刘立夫：《论格义的本义及其引伸》，《宗教学研究》2002年第2期。

15.刘笑敢：《反向格义与中国哲学方法论反思》，《哲学研究》，2006年第4期。

16.买小英：《论"格义"手法在〈般若经〉中的运用》，《宁夏大学学报：人文社会科学版》，2008年第3期。

17. [日]木村清孝：《"空"与"无"——从佛教思想史角度的审视》，载宗性、道坚主编《佛教与中国传统文化——杨曾文先生七秩贺寿文集》，中国社会科学出版社，2009年。

18.倪梁康：《交互文化理解中的"格义"现象—— 一个交互文化史的和现象学的分析》，《浙江学刊》，1998年第2期。

19.彭自强：《从"格义"到"得意"：佛教般若学与魏晋玄学交融的主线》，《佛学研究》，1999年。

20.许嘉璐：《语义的可解与不可解》（上、下、续)，《文史知识》，2009年第01～03期。

21.颜洽茂：《魏晋南北佛经词释》，《杭州大学学报》1996年第1期。

22.杨维中：《六家七宗新论》，《陕西师范大学学报：哲社版》，2002年第1期。

23.张风雷：《论"格义"之广狭二义及其在佛教中国化进程中的历史地位》，载李四龙主编《佛学与国学——楼宇烈教授七秩晋五颂寿文集》，北京：九洲出版社，2009年。

24.张舜清：《对"格义"作为言"道"方式的反思》，《学术论坛》，2006年第6期。

25.赵敦华：《中西哲学术语的双向格义——以〈论语〉为例》，《中国哲学史》，2003年第3期。

三、检索数据库

1. CBETA2010

2. 《中国基本古籍库》